JN087852

日本国際政治学会編

冷戦と日本外交

国　際　政　治

本誌の電子ジャーナルについて

本誌に掲載された論文を、自らの研究のために個人的に利用される場合には、電子ジャーナルから論文の PDF ファイルをダウンロードできます。独立行政法人・科学技術振興機構 (JST) の以下の URL を開き、『国際政治』のサイトにアクセスしてご利用ください。なお、刊行後2年間を経過していない新しい号については、会員のみを対象として限定的に公開します。

J-STAGE　http://www.jstage.jst.go.jp/browse/kokusaiseiji

目次

〈書評論文〉

〈書　評〉

日本国際政治学会編『国際政治』第209号「冷戦と日本外交」（二〇二三年三月）

序論　冷戦と日本外交

黒崎　輝

第二次世界大戦後の国際関係に多大な影響を与えた冷戦の終結から三十年が経過した。その間に冷戦期の国際関係に関する歴史研究は目覚ましい発展を遂げた。「冷戦と日本外交」をテーマとする本特集は、戦後日本外交史研究や冷戦史研究における近年の研究動向を踏まえつつ、日本外交に冷戦が与えた影響や、冷戦への日本の関わり、冷戦に日本が与えた影響などを外交史・国際関係史研究の視点から多角的に検討することを目的として組まれた。その序論となる本稿では、冷戦史研究の動向と関連付けつつ、戦後日本外交史研究の展開と現状を概観した上で、本特集の問題意識と今後の研究課題について論じる。そして後半では特集論文の概要や意義を紹介し、本特集の全体像を素描する。

なお、本稿では「冷戦」を、「イデオロギー、政治、軍事、経済、社会、文化、科学技術など様々な領域で繰り広げられた米国を盟主とする西側陣営とソ連を盟主とする東側陣営の間の対立と競争の継続状態」と便宜的に定義する。近年の冷戦史研究では「冷戦とは何だったのか」を問うことも重要な研究課題になっていることを考慮し[1]、また、特集論文の寄稿者それぞれの「冷戦」観を尊重するため、このような広い意味で「冷戦」という言葉を用いることにしたい。

一　戦後日本外交史研究と冷戦史研究の動向

最初に日本における戦後日本外交史研究の歩みを振り返ってみよう。戦後日本外交に関する実証的な歴史研究は冷戦下の一九八〇年代に本格化し、冷戦が終わりを迎えた八〇年代末までに占領期から五〇年代に至る時期が研究の射程に入った[2]。戦後世界において米国が覇権国として大きな影響力を持ち、日本にとって唯一のシニア・パートナーになったという現実の国際情勢を反映して、特に研究が進んだのは日米関係であった。それを可能にした要因として、米国における外交文書の機密解除の進展を指摘できる[3]。日本では一九七六年に外務省が戦後外交記録の公開を開始した(4)。しかし、史料としての有用性という点では、米国で公開された政府文書が質・量面で外務省の外交文書を凌駕していた。そのため、戦後日本外交史研究は米国の文書史料や日本国内外の関係者への聞き取りに依拠せざるをえなかった(5)。

冷戦終結を経て一九九〇年代に入ると、戦後日本外交史研究は研究対象を拡大させた。まず、五〇年代以降の日本外交が研究対象として扱われるようになった。また、それに伴って日米関係だけでなく、日ソ関係や日中関係、日本の対アジア外交に関する実証的な研究も進められるようになった(6)。講和問題に始まり七〇年代初頭まで日本が優先的に取り組むべき重要な外交課題は、いわゆる「戦後処理」問題であり(7)、その解決に向けた日本外交や日米関係など二国間関係が主要な研究対象になったのである。

また、研究に利用可能な史料にも変化が現れた。冷戦終結後、英国など米国以外の西側諸国でも政府文書の機密解除が進んだだけでなく、ソ連など旧社会主義諸国で党・政府文書の機密解除・公開が始まり、それらを研究者が利用できるようになった(8)。日本では外務省の戦後外交記録公開が継続し、五〇年代から六〇年代の日本外交を日本側の史料に依拠して研究することが可能になった(9)。九〇年代以降も戦後日本外交史研究において米国の政府文書が重要な史料として用いられるという状況は変わらなかったものの、このようにより多様な文書史料へのアクセスが可能になった。

今世紀に入ると、一九六〇年代から冷戦終結に至る時期の日本外交が先端的な戦後日本外交史研究の研究対象になった。それ以前の時期を扱った研究が途絶えたわけではない。九〇年代以降に日本や諸外国で新たに機密解除された党・政府文書など研究に利用可能な史料が増大したことから、それらを利用した占領期から五〇年代の時期の日本外交に関する研究も進められた(10)。しかし、戦後日本外交研究の重心は六〇年代以降に移り、研究テーマが多様化した。六〇年代後半以降、日本は沖縄返還や日中国交正常化など「戦後処理」問題の解決を模索しつつ、西側陣営の一員や経済大国、アジアの主要国として、軍縮・軍備管理、地域紛争、国際経済、エネルギー、開発など様々な分野のリージョナル・グローバルな外交問題にも関わるようになったことから、そうした問題をめぐる日本外交や二国間・多国間関係を研究対象とする戦後日本外交史研究の成果も発表されるようになった(11)。

こうした近年の戦後日本外交史研究の進展を促した要因の一つは、史料となる日本の外交文書へのアクセスの飛躍的な改善にある。日本では二〇〇一年に情報公開法が制定され、研究者は外務省など政府機関に対して公文書の公開を請求できるようになった(12)。これにより、研究者が外務省による自発的な外交文書公開を待つことなく、自らの研究に関連する文書に能動的にアクセスする道が開かれた。また、二〇〇九年には外務省が「要公開準備制度」を開始した。その後、本省から外交史料館への非現用文書の移管が進み、研究者は外交史料館に移管文書の開示を請求し、審査の結果開示された文書を調査できるようになった(13)。さらに、二〇〇九年に長年政権の座にあった自由民主党が下野し、民主党を中心とする連立政権が発足すると、外務省が「密約」調査を実施し、調査報告書と関連文書を公開した(14)。

このような日本の外交文書へのアクセスの改善は、戦後日本外交史研究にとって大きな意味があった。日本側の視点から作成された文書史料に依拠して戦後日本外交史研究を行うことが可能になったからである。また、文書公開の動きと並行して外交・防衛分野のオーラルヒストリー研究が進展し(15)、その成果を文書史料の補完史料としてより有効に利用できるようになった。本学会の事業の一環として日本国内の研究状況を調査した井上正也によれば、「二〇一〇年代に登場した戦後日本外交史研究は複数国の史料と関係者へのヒアリング（オーラル・ヒストリー）を組み合わせて、政策決定プロセスを克明に描き、外交政策形成をめぐる政官関係の変容にも目配りがなされるなど、その実証精度は飛躍的に向上している(16)。」

ところで、このように戦後日本外交史研究が進展した過去二〇年間に、冷戦史研究は大きく変容した。冷戦時代に遡ると、それは機密解除文書の公開が進んだ米国で米国外交史研究の一分野として始まり、米国の視点から米ソ関係を中心として冷戦の歴史が語られる傾向があった。しかし、前述の通り、冷戦終結の結果、各国で冷戦期の党・政府文書の公開が進むに伴い、東西ブロック内の国際関係や同盟政治、第三世界における外交・国際関係に関する歴史研究が進展し、冷戦史を国際関係史として描き出すことが可能になった。また、冷戦を終結後の見地から捉え直すことや、その起源から終焉までを研究対象にすることが可能になり、冷戦史研究の論点が多様化した。さらに冷戦史研究の学際化も進んだ。伝統的な外交史研究だけでなく、経済史や社会・文化史、科学技術史、環境史、トランスナショナル／グローバル・ヒストリーといった研究分野でも冷戦史研究が進展したからである(17)。

その間に日本でも冷戦期の国際関係に関する研究活動が活発化した。日本国内の研究者は冷戦史研究の動向を注視し、日本語で積極的に紹介してきた(18)。本学会では二〇〇〇年度研究大以後、「冷戦史部会」が開催されたり(19)、冷戦をテーマにした特集が本誌で組まれたりしてきた(20)。そして日本国内の研究者によって、冷戦期の日本以外の国・地域を研究対象とした優れた外交史・国際関係史研究の成果が発表されてきた(21)。そのほとんどが日本語で公刊されており、日本における冷戦史研究の成果は海外で注目されてこなかった。とはいえ、日本国内の研究者はグローバルな冷戦史研究の発展に少なからず貢献してきたといえよう。

このような日本国内外の冷戦史研究の発展には戦後日本外交史研究を促進する効果もあったと考えられる。前述の通り、過去二〇年を振り返ると、冷戦期の諸外国の外交やリージョナル・グローバルな国際関係に関する歴史研究の進展に伴い、日本外交を取り巻く国際環境に関する学術的な知見が蓄積されてきたからである。そのような先行研究が存在しなかったなら、現実に起こったようなペースで戦後日本外交史研究は進展しえなかっただろう。

しかし、冷戦と日本外交の関係に関する研究に日本国内の戦後日本外交史の研究者が精力的に取り組んできたとは言い難い。一〇年以上前になるが、本誌に掲載された書評論文の中で河野康子は、「冷戦終結から約二十年を経過した今日、ようやく歴史としての冷戦を日本外交との関わりのなかで考えることが可能になってきた。とは言え、これまで日本外交が冷戦との関係の中で必ずしも十分に解明されてきたわけではない」と論じている。[22] この状況は現在まであまり変わっていないようにみえる。[23]

その原因を特定することは難しいものの、いくつかの要因を挙げることができる。まず、冷戦期の大半を通して、「戦後処理」問題の解決が日本にとって優先順位の高い外交課題であった。また、冷戦の主戦場となり、米ソを頂点とした東西ブロックの対立が続いたヨーロッパとは異なり、日本外交の主舞台となったアジア太平洋地域では、米ソ関係だけでなく、米国の覇権や中ソ関係、脱植民地化、ナショナリズムなども国際関係の重要な規定要因となった。そのため、東西関係以外の問題に着目したり、冷戦以外の歴史的文脈に位置づけたりすることにより、冷戦と関連付けることなしに冷戦期の日本外交を研究することが可能であった。

さらに、もう一つの要因として、日本を「冷戦の受益者」とする見方が戦後日本外交史研究において支配的であったことを指摘できる。[24] なぜなら、そのような見方を受け入れると、冷戦は日本外交にいかなる影響を与えたかという問題意識は持ちえたとしても、冷戦に日本がどのように関わったかとか、冷戦において日本はいかなる役割を果たしたかといった問題意識を抱きにくくなると考えられるからである。

とはいえ、本特集のテーマに関連した研究成果が日本国内で生み出されてこなかったわけではない。まず、冷戦が日本外交に与えた影響について論じた研究がある。たとえば、東西対立の構図の下、日本が米国のジュニア・パートナーとなることを選択した結果、対米関係が日本外交の拘束要因であり続けたことを指摘する研究を、その一つとして挙げることができる。[25] また、「国内冷戦」とも呼ばれる保守陣営と革新陣営の対立や、日米安保体制の国内政治基盤となった自由民主党一党優位の政治体制、いわゆる「一九五五年体制」の成立・定着に関する研究は、国際レベルの冷戦の影響が日本外交の国内要因の一つ、国内政治に及んだことを明らかにしている。[26]

戦後日本外交史研究の進展に伴い、冷戦への日本の関わりや冷戦における日本の役割に関する実証研究も着実に進んできた。たとえば、サンフランシスコ講和条約と日米安全保障条約の締結を経て、西側陣営の一員として国際社会に復帰するに至る日本の選択に関する研究は、冷戦への日本の関わりを、その原点に立ち返って検証しているといえる。[27] また、日米関係や日本のアジア外交に関する研究では、米国のジュニア・パートナーとして日米安保体制や米国を中軸とするアジアの同盟網において日本が担った役割、すなわち日本の防衛努力や米軍への基地提供、日米防衛協力、日米安保体制の負担分担、アジアの反共政権への経済援助などが研究対象となってきた。[28] 一九八〇年代前半の「新冷戦」下で米国の対ソ外交をめぐる西側主要諸国の結束強化に日本が演じた役割や、米国の対ソ外交に与えた日本の影響を指摘する研究もある。[29]

こうして冷戦期の日本外交の実態解明が進んだことは、冷戦史研究の観点からみても重要である。冷戦史研究の泰斗O・A・ウェスタッド（Odd Arne Westad）は、主著『冷戦』の日本語版への序文の中でイギリスの日本史家アントニー・ベスト（Antony Best）の研究に依拠しつつ、「グローバルな現象としての冷戦は日本にとって決定的に重要であり、冷戦にとって日本は決定的に重要だった」と論じている。[30]ウェスタッドによれば、「アメリカとソ連という二つの超大国を除けば、日本以上に冷戦が重要な国を果たした国は考えられない[31]」。そして「冷戦がグローバルに拡張する過程で、そしてその最終的な帰結において日本は大きな役割を果たした[32]」と、ウェスタッドは指摘している。このような見方の妥当性は改めて検討する必要があろうが、日本の外交・国際関係はグローバルな現象として冷戦史を描き出す上で不可欠なピースになりうるといってよかろう。[33]

また、冷戦をグローバルな現象として、またイデオロギー、政治、軍事、経済、社会、文化、科学技術など様々な領域に及んだ現象として捉えようとする冷戦史研究の近年の動向を鑑みると、より幅広い領域の日本外交を、政府間関係とトランスナショナル関係のレベルで冷戦と関連付けることが可能になっているという意味で、冷戦と日本外交を接続する接点が多角化、多層化しているといえる。それは戦後日本外交史研究にとって重要な意味を持つ。冷戦と日本外交の関係に焦点を合わせた研究に取り組みやすい状況が生まれつつあるといえるからだ。そのために近年の冷戦史研究の動向を踏まえて冷戦と日本外交の接続を試みることは、新たな研究課題や研究対象を設定したり、従来の歴史解釈や研究アプローチを再考したりする契機にもなりえよう。

このように考える背景には以下のような研究状況がある。まず、戦後日本外交史研究では、日本の重要な外交案件や対外的課題に関わらない事象やイシューは、それが冷戦史研究の重要な研究対象（たとえばキューバ危機）であっても、主たる研究対象として扱われない傾向がある。逆に戦後日本外交史研究の重要な研究対象が、冷戦史研究でも重要な研究対象として扱われるわけではない。また、近年、日本の外交文書に依拠して日本政府の認識や立場を軸に日本外交を活写することが可能になったこともあり、戦後日本外交史研究では、日本外交の主体性や戦略性が強調されるきらいがある。その一方で冷戦史研究では、「日本」がアクターとして存在感を持って描かれることはまれである。[34]さらに、戦後日本外交史研究では、冷戦史研究ほど研究の視座や手法の多様化が進んでいない。[35]こうした研究状況を考慮すると、両研究を架橋し、冷戦と日本外交の接続を試みることには、冷戦史研究と戦後日本外交史研究の間の溝を埋め、後者の新展開を促す効果も期待できる。

二　戦後日本外交史研究と冷戦史研究の架橋

それでは、戦後日本外交史研究と冷戦史研究を架橋し、冷戦と日本外交の関係に焦点を合わせた研究を推進するためにはどうしたらよいだろうか。本節では、この問いについて考えていこう。そのためにまず、戦後日本外交史研究と冷戦史研究の研究動向を踏まえて、冷戦と日本外交の接続パターンを例示したい。各特集論文の寄稿者はそれぞれ独自の問題意識や視点から冷戦と日本外交の接続を試みているが、以下に挙げる八つの接続パターンは、それらを包摂しつつ、冷戦と日本外交の関係に焦点を合わせた研究プログラム案を示すことを意図している。なお、八つの接続パターンのうち①から⑦は研究対象に、⑧は研究手法に着目したものである。

①米ソ関係：米ソ関係が日本に与えた影響や、米ソ関係に日本が与えた影響を考察する研究、日本の対米・対ソ外交を冷戦史研究の視点から捉え直す研究

②西側陣営の同盟政治：西側陣営における日本の役割や同盟政治に日本が与えた影響を考察する研究、日本の対西側外交を冷戦史研究の視点から捉え直す研究

③アジア冷戦：アジア冷戦における日本の役割やアジア冷戦に日本が与えた影響を考察する研究、日本のアジア外交を冷戦史研究の視点から捉え直す研究

④第三世界における冷戦：第三世界における冷戦に日本が果たした役割や第三世界における冷戦に日本が与えた影響を考察する研究、第三世界に対する日本外交を冷戦史研究の視点から捉え直す研究

⑤国際組織及び非政府組織：冷戦の主体及び舞台としての国際組織及び非政府組織における日本の政府・非政府アクターの役割や影響を考察する研究、日本の国際組織外交や非政府組織の活動を冷戦史研究の視点から捉え直す研究

⑥冷戦史上の重要な事象やイシュー：これまで戦後日本外交史研究の主な研究対象にならなかった冷戦史上の重要な事象やイシューが日本に与えた影響や、それらへの日本の関わりを考察する研究

⑦戦後日本外交史上の重要な事象やイシュー：これまで冷戦史研究の主な研究対象にならなかった戦後日本外交史上の重要な事象やイシューを冷戦史研究の視点から捉え直す研究

⑧分野横断的研究：政治外交史以外の歴史研究のアプローチ（経済史、社会・文化史、科学・技術史、環境史、インテリジェンス・ヒストリー、インテレクチュアル・ヒストリー、トランスナショナル・ヒストリーなど）を用いて冷戦が日本に与えた影響や、冷戦への日本の関わりを考察する研究

これら八つパターンが示す通り、冷戦と日本外交は様々な形で接続することが可能である。誤解を避けるために付言すれば、その接続のパターンは、これら八つに限定されるわけではない。また、現実に行われる研究の多くは、①から⑧のいずれかのパターンに当てはまるわけではなく、複数のパターンを複合したものとなろう。次節で紹介する特集論文に関して言えば、神田論文は⑤と⑧、岡田論文は①と⑦、田中論文は②と⑧、柴田論文は②と⑧、元山論文は③と⑦、八代論文は④と⑧、石本論文は①と⑥、そして李論文は③と⑤

に分類できる。

このように冷戦と日本外交の関係に焦点を合わせた研究の推進は、日本国内の戦後日本外交史研究の活性化だけでなく、それを世界により開かれたものにすることにもつながりうる。これまで日本における戦後日本外交史研究では、国内の外交論争を多分に反映して、「吉田路線」の国家戦略性の評価や、日米関係を基軸とした日本外交における主体性あるいは自主性の分析や解釈などが重要な研究課題になってきた(36)。その意義をここで否定するつもりはない。しかし、そのような「内向き」な問題意識に基づいた研究の場合、海外の研究者に対して学問的な魅力や意義をアピールすることが難しいだろう。なぜなら海外の研究者にとって自らの問題意識や研究課題、研究手法との接点を見出しにくいと考えられるからだ。他方、冷戦と日本外交の関係に焦点を合わせた前記①から⑧のような研究は、海外の冷戦史研究と共通の研究課題や研究手法に基づいており、日本を研究対象としない海外の研究者にも関心を持ってもらったり、学問的な価値をより的確に評価してもらったりする可能性が高い。日本国内の戦後日本外交史研究を活性化し、グローバルな観点からより魅力的なものにするためにも、前記①から⑧のような研究を推進することが望ましい。

そこで鍵になるのは研究の担い手である。冷戦と日本外交の関係に焦点を合わせた研究の担い手は、戦後日本外交史の研究者に限定されない。戦後日本外交史の研究者だけでは、そのような研究の遂行は難しいからだ。たとえば二国間関係において日本外交が相手国に与えた影響を検証する場合、相手国側の国内事情や意思決定過程を分析する必要がある。そして、その分析に説得力を与えるためには日本側ではなく、むしろ相手国側の視点で作成された史資料を調査することが求められる。冷戦が日本に与えた影響を米国やソ連など日本以外の国の対日政策に着目して考察する場合も、相手国側の認識や意図の解明が必要になるため、同様である(37)。一般的に言えば、日本外交史の研究者よりも、相手国を研究対象とする外交史・国際関係史研究者や地域研究者が、こうした調査を行う上で必要な研究能力を備えている。前記①から⑧のような研究の主な担い手は戦後日本外交の研究者になろうが、日本を研究対象としない関連分野の研究者も、その重要かつ不可欠な担い手になる。

このように考えると、日本国内の研究者、特に戦後日本外交史の研究者が取り組むべき課題がみえてくる。ひとつは、冷戦史研究に関心を持つ他分野の研究者との研究交流や共同研究の推進である。戦後日本外交において日米関係やアジアが重要な位置を占める一方、冷戦の主舞台となったヨーロッパへの日本の関与は低調であったことを考えれば不思議ではないが、外交史・国際関係史の分野では、米国やアジアを研究対象とする研究者と戦後日本外交史の研究者の間に比べ、ヨーロッパを研究対象とする研究者と戦後日本外交史の研究者の間の研究交流は希薄である。日本国内で行われた冷戦期の国際関係に関する共同研究のメンバー構成から、そのことは窺える(38)。また、日本国内で大学教育を受けた外交史・国際関係史研究者の多くが、歴史学ではなく、政治学や国際関係論を学問的バックグラウンドにしているためか、同じ現代日本を研究対象としながらも、戦後日本外交史研究者と、他分野の歴史研究者との研究交流も乏しい。冷戦への日本の関わりや、冷戦が日本に与えた影響に関する研究を推進するためには、このような日本国内の研究状況を変えていく必要があろう。

もう一つの重要な課題は、研究成果の海外発信に対する研究者の意欲を高めることである。日本国内で研究成果を発表することを前提として研究に取り組む場合、必然的に日本国内の研究動向や潜在的な研究成果の受け手の関心を意識することになる。それでは、前述のような「内向き」な問題関心に基づく研究から脱却することは難しい。その一方で海外に向けた研究成果の発表（たとえば国際査読誌への研究論文の掲載）を目指す場合、海外の研究動向を意識しつつ、研究の意義を受け手（たとえば査読者）にわかりやすく伝えなければならない。そのため、日本を活動拠点とする研究者であれ、研究成果を海外に向けて発信しようとすれば、研究課題の設定や研究手法を海外向けに調整する必要に迫られるだろう。その結果として、海外に向けた日本国内の研究成果の発信が促進されるならば、国境を越えた研究交流の活発化も期待できる。さもなくば、英語圏で刊行された戦後日本外交史研究の研究成果が[39]、日本国内の研究成果を十分に反映していなくとも、グローバルな影響力を持つ状況が続くことになろう。

三　特集論文の概要と意義

さて、本特集には、それぞれ独自の問題意識や視点から冷戦への日本の関わりや冷戦における日本の役割、冷戦が日本に与えた影響を考察した八本の投稿論文が収録されている。その寄稿者は戦後日本外交史の専門家だけではない。ロシア外交や安全保障、国際経済を専門分野とする研究者も含まれている。本特集の構成に関して言えば、特集論文を、それらが扱うテーマに着目して冷戦の初期から終結へと概ね時系列順に配置している。そこには、冷戦期の日本外交の姿を多面的かつ多元的に浮かび上がらせつつ、その流れや変化も追えるようにしたいという意図が込められている。以下では本特集の全体像を示すため、各論文の概要や意義を紹介していこう。

神田論文は第二次世界大戦後の占領期に遡り、戦後日本外交史研究において保守政党に比して研究が進んでいない革新政党の一つ、日本社会党の対外政策とトランスナショナルな政治活動に焦点を合わせる。そのために神田は、東西対立の激化とグローバル化を背景にして、一九五〇年代初頭に結成された国際社会主義会議委員会（コミスコ）及び、その後継組織である社会主義インターナショナルと日本社会党の関係に着目する。神田によれば、この国際社民ネットワークの中核となった西欧社民勢力の外交路線（国連重視、反共主義、西側志向）は、日本社会党において高い権威をもち、主に右派の外交論において積極的に参照された。その一方で左派には、米ソ両陣営の力の対立の緩和を重視し、アジアの社民勢力に共鳴する傾向があった。日本社会党における右派と左派の講和論争は、このような「社会民主主義外交」の方向性をめぐる両派の基本的な立場の違いに根差していた。このような考察を踏まえ、「日本社会党の左右対立は、冷戦下でグローバルに展開された社会民主主義勢力の交流の中にも位置づけられる」[40]と神田は論じる。神田論文は、トランスナショナル・ヒストリーの視点から冷戦と日本外交を接続する試みであるといえよう。

サンフランシスコ講和を経て主権を回復した日本に残された重要な戦後処理問題の一つに、東側陣営の盟主ソ連との平和条約締結があった。この問題の解決に取り組んだ鳩山一郎内閣は、平和条約締結に失敗したものの、日ソ交渉を通じて国交回復を実現した。岡田論文は、この日ソ国交回復にいたる二国間交渉を研究対象にしている。その特色は、日米両国の外交文書のみならず、旧ソ連の機密解除文書も利用して、日ソ両国の相互作用のプロセスとして日ソ国交回復交渉を新たな視点から再検討する点にある。そのために岡田は、対日交渉に臨むソ連側と日本側、そして第三国として日本の対ソ外交に影響を与えた米国の関心や意図、相手側に対する認識にまで踏み込み、日ソ両国の政策決定や二国間交渉のプロセスを分析し、次のように論じる。すなわち、岡田によれば、日ソ交渉当時、ソ連指導部内部にはまだ「日ソ関係の改善を通じて日本における米国優位を相対化することは可能である」[41]という淡い期待が残っていた。しかし、その一方で日本側では、鳩山政権が「自主外交」を標榜しつつ、あくまでも「米国の後ろ盾によって、ソ連との交渉を少しでも有利に運ぶ」[42]ことを目指したのである。その結果、日ソ間の平和条約の締結と領土問題の解決は先送りされることになったが、「この交渉を通じて日本は、米国の設定する意味における冷戦の受益者たる立場をあらためて選択し、冷戦の固定化、分断による安定に貢献した」[43]と、冷戦史の文脈と関連付けつつ、日ソ交渉における日本の選択の歴史的意義を岡田は評価する。

本特集には近年の冷戦史研究において重要な研究対象となってきた東西ブロック内の国際関係を扱った論文も収録されている。田中論文は、国際社会において原子力平和利用に対する関心が高まった一九五〇年代後半に遡り、対日原子力協力をめぐる米英間の角逐と日本の対応に焦点を合わせて日英両国の対米自主の追求と帰結を考察している。一九五八年に日本は発電炉の早期導入を目指して米英両国とそれぞれ原子力協定を締結した。田中によれば、日本は原子力開発分野における対米依存を回避するため、英国製発電炉導入を目指し、イギリスは世界大国としての復活と対等な対米関係構築を究極的目標として日本に接近した。その意味で日英協定締結の発端は、両国の対米自主追求に動機づけられていた。しかし、スエズ危機といった国際情勢や米国の介入により、「日米両国がそれぞれ目指した当初の自主は、本稿の一連の過程において両国が米国を盟主とする冷戦体制を受け入れ、あくまでも同体制内での自国の地位向上を目指すといった、いわば限定的な対米自主へと変容していった」[44]と田中は指摘する。田中論文は、原子力分野の日米英という多国間関係に着目して、戦後日本外交史研究の主要な論点となってきた日本外交の自主性を再検討した研究成果でもある。

柴田論文は、一九六〇年代前半に西側世界で争点化した日本のＯＥＣＤ加盟問題とドル防衛問題に着目し、冷戦下で日本に期待されていた役割や日本の国際的地位の変化を多角的に考察する。日本がＯＥＣＤ加盟を目指していた当時、西側世界では米国の国際収支の悪化に伴い、米国が負担してきた西側諸国の軍事費や、途上国に対する援助などを各国間で分担するという、負担分担（バードン・シェアリング）が争点として浮上した。その一環として米国は西欧諸国や日本にドル防衛への協力を求めた。柴田の分析の特色は、この二つの問題を関連付け、冷戦、国際貿易、国際金融という異なる分野に特有な多国間関係の力学を析出し、その複合的作用の結果として日本のＯＥＤＣ加盟問題への各国の対応や、ドル防衛問題での西欧諸国や日本の対米協調を説明しようとしている点にある。柴田の分析は、近年の戦後日本外交史研究で強調される傾向がある日本の主体性ではなく、国際政治経済に内在する政治力学を重視しているともいえよう。このような伝統的な外交史研究の手法を用いた戦後日本外交史研究とは異なる分析の視座から、「日本のＯＥＣＤ加盟は、その国際的地位の確立を象徴すると同時に、ドル防衛問題をはじめとした国際問題に対し、日本の関与を高める手段として期待された側面もあった(45)」と柴田は論じる。

一九六〇年代後半から七〇年代初頭にかけて日本にとって最大の外交課題となったのは、沖縄返還問題であった。この問題をめぐる日本外交に関する研究は少なくない。しかし、意外にも同時期に進展した米中接近というアジア冷戦の転換点との関連性に関する実証的な研究は進んでいない。元山論文は、このような研究状況を踏まえて米国の軍事作戦計画と米中接近に向けた両国間の協議を考察対象とし、それを新たに発掘した米国の機密解除文書から得られる情報と照らし合わせることにより、沖縄返還と米中接近との関係、より具体的に言えば、日本による沖縄の核抜き返還要求と、沖縄への核の再持ち込みの保証が米中接近に与えた影響に関して独自の解釈を提示している。元山によれば、沖縄の核抜き合意によって、在沖米軍基地をめぐる米中間の潜在的な論争点が取り除かれた。また、米中協議でのやりとりから、中国は沖縄基地への核再搬入の可能性を認識しつつ、それを過大視していなかったことが窺える。仮に中国側が核再搬入密約を知りえたとしても、それは米中接近の妨げにはならなかった可能性が高い。その一方で米国は、日本側から沖縄への核再持ち込みを維持できたことで、それまでの対中作戦計画の大幅な変更なしに対中接近を図ることができたと、元山は論じる。元山論文は、佐藤栄作首相による核抜き返還と核密約の決断の歴史的意義を冷戦史研究の観点から問い直しているともいえよう。

特集論文の中には、第三世界における冷戦への日本の関わりに焦点を合わせたものもある。一九七四年に田中角栄首相が東南アジア諸国を歴訪した際、タイとインドネシアでは大規模な反日暴動が発生した。八代論文は、この東南アジア反日暴動への日本の外交的対応を独自の視点から考察する。暴動発生当時のメディアや先行研究では、この反日暴動の原因を経済分野に偏重した日本とタイ・インドネシアとの関係に求める「オーバープレゼンス論」が有力であった。しかし、八代によれば、この解釈は東南アジア反日暴動の実態を十分に反映していない。当時、反共親米路線と外資主導型経済開発を掲げたタイとインドネシアの権威主義体制は、冷戦の変容によって動揺していた。このような国内情勢の下、反日暴動の主体になった学生たちは、それ以前から政権打倒を視野に入れた運動を推進しており、反日暴動はその広範な運動の一部ないし延長というべきものであった。しかし、日本の外務省は、そのことを認識しつつも、タイやインドネシアの国内政治対立への関与を避けるために「オーバープレゼンス論」を公式化し、文化外交を推進していった。八代によれば、「オーバープレゼンス論」は暴動の原因を究明する解釈というよりも、新たな東南アジア政策である文化外交を推進するために外務省が選択したロジックであった。八代論文は、トランスナショナル・ヒストリーの視点から、東南アジア反日暴動を、国境を越えて各地で学生運動が発生した一九五〇年代末から七〇年代前半の「長い六〇年代」の歴史的文脈の中に位置づけ、その実態に照らして日本の外交的対応の実像を浮かび上がらせている。

続く石本論文は、一九七〇年代の米ソ・デタント（緊張緩和）を象徴する戦略兵器制限交渉（ＳＡＬＴ）への日本の対応を、日米両国で機密解除された外交文書に依拠して検証している。石本によれば、ＳＡＬＴに対して日本は二つの理由から無関心ではいられなかった。まず、「被爆国」としての立場から、核兵器の制限及び削減に関心を抱いていた。また、米国の「同盟国」の立場から、米国が日本に提供する拡大核抑止の信頼性にＳＡＬＴが及ぼす影響を懸念していた。石本は一九七二年のＳＡＬＴⅠ協定締結から一九七九年にＳＡＬＴⅡ協定締結に至る時期のＳＡＬＴへの日本政府の外交的対応を考察対象とし、主に外務省内部の政策過程を詳細に分析することにより、この「被爆国」と「同盟国」の立場が共存しつつ、日本政府の対応に影響を与えていたことを明らかにする。また、石本は日本のＮＰＴ批准問題とＳＡＬＴへの日本政府の対応との関連性や、デタント終結後の八〇年代に日本の懸案となったソ連の中距離弾道ミサイル問題への外務省の初期対応にも論及することにより、六〇年代から八〇年代に至る米ソ核軍備管理の展開の中に日本外交を位置付けつつ、「被爆国」と「同盟国」という相容れ難い二つの立場が、核兵器問題への日本政府の対応に影響を与え続けていたことを浮き彫りにしている。この歴史的視座は、たとえば二〇二一年に発効した核兵器禁止条約への日本政府の対応を理解する上でも有益であろう。その意味で石本論文には今日的意義もある。

本特集の最後に置かれた李論文は、米ソ関係がデタントから再び緊張状態に戻った一九八〇年代前半の日本の対朝鮮半島外交を独自の視点から考察する。李によれば、冷戦期の日本の対朝鮮半島外交に関する先行研究には、米ソ冷戦や米中対立といった大国間関係や、これらの大国と日本との関係の影響を重視する傾向があった。また、新冷戦期の日本の対朝鮮半島外交に関する研究は、日韓・日朝関係など二国関係に関するものが多い。李論文は、このような研究動向を踏まえ、中曽根康弘首相の下で日本政府は朝鮮半島の平和と安定という長年の外交課題にいかに取り組んだかという問題意識から、北朝鮮の国際海事機関（ＩＭＯ）加盟問題に着目し、この問題をめぐる国際政治おいて日本政府が韓国政府に同調した理由を、日韓両国の外交文書を含む様々な史資料に依拠して分析する。そして、その分析を通じて李は、「西側の一員」として友邦への協力を進める一方、「アジアのリーダー」として地域の平和と安定の維持に努めつつ、日朝関係の打開などの「全方位外交」的な国益をも追求するという、日本外交の多面性を活写している。また、「朝鮮半島というローカルな舞台での対立がグローバルな規模の新冷戦と密接に連動していなかった」(46)ことを実証した点は、冷戦をグローバルな現象と捉える近年の冷戦史研究に対する重要な貢献である。

以上の紹介から明らかなように、特集論文はそれぞれ独自の問題意識と視点から冷戦と日本外交を接続し、冷戦期の日本外交に関する新たな知見を提供しようとしている。そこから浮かび上がるのは、冷戦下の日本外交の多面性や多層性であり、「冷戦の受益者」といった単一のイメージや、「対米協調／自主」といった二項対立の図式では捉えきれない日本外交の姿である。本特集は冷戦と日本外交を接続することにより、戦後日本外交史研究や冷戦史研究の新たな可能性を切り拓く試みであり、特集論文はその可能性の豊かさを具現化している。そして日本国内の外交史・国際関係史研究が海外のそれに比肩しうることも、特集論文は例証している。本特集が日本国内の戦後日本外交史研究や冷戦史研究など関連分野における研究の発展と海外発信の促進につながることを期待している。

（1）田中孝彦「冷戦史研究の再検討――グローバル・ヒストリーの構築に向けて」一橋大学法学部創立五〇周年記念論文集刊行会編『変動期における法と国際関係』（有斐閣、二〇〇一年）、五二三―五二四頁。
（2）先駆的研究として、五百旗頭真『米国の日本占領政策――戦後日本の設計図　上・下』（中央公論社、一九八五年）がある。
（3）井上正也「日本の国際政治学における日本外交史」『国際政治』第一九九号（二〇二〇年三月）、一二八頁。
（4）「外交史料館五〇年の歩み」外務省外交史料館編『外交史料館報』第三五号（二〇二〇年三月）、三八頁。
（5）米国政府の機密解除文書と関係者への聞き取り調査に基づいた八〇年代の戦後日本政治外交史研究の到達点の一つとして、原彬久『戦後日本と国際政治――安保改定の政治力学』（中央公論社、一九八八年）がある。
（6）井上「日本の国際政治学」、一二八頁。
（7）波多野澄雄「総説」波多野澄雄編『日本外交　第二巻　外交史：戦後編』（岩波書店、二〇一三年）、二―三頁。
（8）河野康子『沖縄返還をめぐる政治と外交――日米関係史の文脈』（東京大学出版会、一九九四年）。我部政明『沖縄返還とは何だったのか――日米戦後交渉の中で』（日本放送出版協会、二〇〇〇年）。明田川融『日米行政協定の政治史――日米地位協定研究序説』（法政大学出版局、一九九九年）。坂元一哉『日米同盟の絆――安保条約と相互性の模索』（有斐閣、二〇〇〇年）。田中孝彦『日ソ国交回復の史的研究――戦後日ソ関係の起点一九四五～一九五六』（有斐閣、一九九三年）。陳肇斌『戦後日本の中国政策――一九五〇年代東アジア国際政治の文脈』（東京大学出版会、二〇〇〇年）。吉川洋子『日比賠償外交交渉の研究一九四九―一九五六』（勁草書房、一九九一年）。宮城大蔵『バンドン会議と日本のアジア復帰――アメリカとアジアの狭間で』（草思社、二〇〇一年）。

(9)「外交史料館五〇年」、四一—四二頁。

(10)楠綾子『吉田茂と安全保障政策の形成——日米の構想とその相互作用 一九四三〜一九五二年』（ミネルヴァ書房、二〇〇九年）。柴山太『日本再軍備への道 一九四五〜一九五四年』（ミネルヴァ書房、二〇一〇年）。ロバート・D・エルドリッヂ『沖縄問題の起源——戦後日米関係における沖縄 一九四五—一九五二』（名古屋大学出版会、二〇〇三年）。池宮城陽子『沖縄米軍基地と日米安保——基地固定化の起源 一九四五—一九五三』（東京大学出版会、二〇一八年）。池田慎太郎『日米同盟の政治史——アリソン駐日大使と「一九五五年体制」の成立』（国際書院、二〇〇四年）。山本章子『米国と日米安保条約改定——沖縄・基地・同盟』（吉田書店、二〇一七年）。宮城大蔵『バンドン会議と日本のアジア復帰——アメリカとアジアの狭間で』（草思社、二〇〇一年）。権容奭『岸政権期の「アジア外交」——「対米自主」と「アジア主義」の逆説』（国際書院、二〇〇八年）。

(11)中島琢磨『沖縄返還と日米安保体制』（有斐閣、二〇一二年）。井上正也『日中国交正常化の政治史』（名古屋大学出版会、二〇一〇年）。黒崎輝『核兵器と日米関係——アメリカの核不拡散外交と日本の選択 一九六〇—一九七六』（有志舎、二〇〇六年）。瀬川高央『米ソ核軍縮交渉と日本外交——INF問題と西側の結束 一九八一—一九八七』（北海道大学出版会、二〇一六年）。昇亜美子「ベトナム戦争をめぐる日米関係と日本外交 一九六五年〜一九七三年」（慶應義塾大学、博士論文、二〇〇五年）。田中康友「ベトナム戦争の終結と日本外交——東南アジアの秩序形成と対越政策」（青山学院大学、博士論文、二〇〇六年）。鈴木宏尚『池田政権と高度成長期の日本外交』（慶應義塾大学出版会、二〇一三年）。高橋和宏『ドル防衛と日米関係——高度成長期日本の経済外交 一九五九—一九六九年』（千倉書房、二〇一八年）。白鳥潤一郎『「経済大国」日本の外交——エネルギー資源外交の形成 一九六七—一九七四年』（千倉書房、二〇一五年）。武田悠『日本の原子力外交——資源小国七〇年の苦闘』（中央公論新社、二〇一八年）。宮城大蔵『戦後アジア秩序の模索と日本——「東アジア」の戦後史 一九五七—一九六六』（創文社、二〇〇四年）。

(12)「外交史料館五〇年」、四四—四五頁。

(13)同前、四七—四八頁。

(14)同前、四七頁。

(15)外交・防衛分野の関係者を対象とした組織的なオーラルヒストリー研究の成果として、C・O・Eオーラルヒストリー・政策研究プロジェクトや防衛省防衛研究所戦史研究センターの刊行物がある。また、近年、以下のような政界関係者や外務省高官を対象にしたオーラルヒストリー研究の成果が相次いで商業出版されている。栗山尚一（中島琢磨、服部龍二、江藤名保子編）『沖縄返還・日中国交正常化・日米「密約」』（岩波書店、二〇一〇年）。中曽根康弘（中島琢磨ほか編）『中曽根康弘が語る戦後日本外交』（新潮社、二〇一二年）。

(16)井上「日本の国際政治」、一二九頁。

(17)冷戦終結後の冷戦史研究の展開に関しては以下の文献を参照した。田中「冷戦史研究の再検討」、五二三—五四五頁。田中孝彦「冷戦史の再検討」『国際政治』第一三四号（二〇〇三年一一月）、一—八頁。益田実「新しい冷戦認識を求めて——多元主義的な冷戦史の可能性——」益田実、池田亮、青野利彦、齋藤嘉臣編『冷戦史を問い直す——「冷戦」と「非冷戦」の境界——』（ミネルヴァ書房、二〇一五年）、一—二四頁。

(18)田中「冷戦史研究の再検討」、五二三—五四五頁。田中「冷戦史の再検討」、一—八頁。益田「新しい冷戦認識」、一—二四頁。日本国内の研究者は英語圏の重要な冷戦史研究の成果の邦訳にも努めてきた。近年刊行された訳書として、O・A・ウェスタッド（小川浩之ほか訳）『グローバル冷戦史——第三世界への介入と現代世界の形成』（名古屋大学出版会、二〇一〇年）、O・A・ウェスタッド（益田実、山本健一、小川浩之訳）『冷戦――ワールド・ヒストリー 上・下』（岩波書店、二〇二〇年）、ロバート・マクマン（青野利彦監訳、平井和也訳）『冷戦史』（勁草書房、二〇一八年）がある。

(19) 田中「冷戦史の再検討」、一頁。

(20) 二〇〇〇年代以降に刊行された本誌の特集テーマを振り返ると、第一二六号（二〇〇一年二月）では「冷戦の終焉と六〇年代性」、第一三〇号（二〇〇二年五月）では「現代史としてのベトナム戦争」、第一三四号（二〇〇三年一一月）では「冷戦史の再検討」、第一五七号（二〇〇九年九月）では「冷戦の終焉とヨーロッパ」というテーマで特集が組まれている。

(21) 二〇〇〇年代以降に日本で刊行された単著の学術書に限っても、冷戦期の日本以外の国・地域を対象にした外交史・国際関係史研究は枚挙にいとまがない。海外の冷戦史研究の動向を意識した共同研究の主要な成果に絞ると、益田ほか編『冷戦史を問い直す』に加えて以下の研究書を挙げることができる。菅英輝編『冷戦史の再検討――変容する秩序と冷戦の終焉』（法政大学出版局、二〇一〇年）。菅英輝編『冷戦と同盟――冷戦終焉の視点から』（松籟社、二〇一四年）。菅英輝、初瀬龍平編『アメリカの核ガバナンス』（晃洋書房、二〇一七年）。菅英輝編『冷戦変容と歴史認識』（晃洋書房、二〇一七年）。細谷雄一編『戦後アジア・ヨーロッパ関係史――冷戦・脱植民地化・地域主義』（慶応義塾大学出版会、二〇一五年）。益田実、齋藤嘉臣、三宅康之編『デタントから新冷戦へ――グローバル化する世界と揺らぐ国際秩序』（法律文化社、二〇二二年）。森口（土屋）由香、川島真、小林聡明編『文化冷戦と知の展開――アメリカの戦略・東アジアの論理』（京都大学学術出版会、二〇二一年）。

(22) 河野康子「日本外交にとって冷戦とは――戦後史と国際関係の視点から――」『国際政治』第一六五号（二〇一一年七月）、一七二頁。

(23) 本誌では冷戦終結後の一九九〇年代以降、第一五一号（二〇〇八年三月）と第一七〇号（二〇一二年一〇月）で戦後日本外交史に関する特集を組んでいるが、冷戦と日本外交の関係に焦点を合わせた特集は本号までなかった。なお、第一五一号の特集テーマは「吉田路線の再検証」、第一七〇号のそれは「戦後日本外交とナショナリズム」であった。

(24) 戦後日本外交史の定評ある大学教育向けテキストの中で、五百旗頭真は次のように「冷戦の受益者」としての日本像を描いている。「戦後日本の政治外交は、与えられた国際環境の下で『安全』と『繁栄』という基本的な国民の必要を見失うことなく、長期にわたり着実に成果を積み重ねた。経済を中心に平和的発展を遂げ、国内に民主主義を定着させ、おそらく世界で最も所得格差の少ない、公平で豊かな社会を築き、東アジアは近隣諸国を中心に途上国の経済発展を支援した。このような成果は、戦後日本が平和憲法の下で軍事的紛争の当事者となることを避け、パクス・アメリカーナの庇を借りて効率のよい安全保障を手にしたことによって可能となったものである。」五百旗頭真「戦後日本外交とは何か」、五百旗頭誠編『戦後日本外交史（第三版補訂版）』（有斐閣、二〇一四年）、三一二頁。

(25) 菅英輝「冷戦とは何だったのか――冷戦後の世界にとっての含意」京都外国語大学国際言語平和研究所『COSMIA』第五〇号（二〇二一年一月）、一六―二〇頁。

(26) 中北浩爾『一九五五年体制の成立』（東京大学出版会、二〇〇二年）。

(27) 楠『吉田茂』。柴山『日本再軍備』。

(28) 坂元『日米同盟の絆』。中島信吾『戦後日本の防衛政策――「吉田路線」をめぐる政治・外交・軍事』（慶応義塾大学出版会、二〇〇六年）。野添文彬『沖縄返還後の日米安保――米軍基地をめぐる相克』（吉川弘文館、二〇一六年）。吉田真吾『日米同盟の制度化――発展と深化の歴史過程』（名古屋大学出版会、二〇一二年）。板山真弓『日米同盟における共同防衛体制の形成――条約締結から「日米防衛協力のための指針」策定まで』（ミネルヴァ書房、二〇二〇年）。高橋

『ドル防衛と日米関係』。武田悠『「経済大国」日本の対米協調——安保・経済・原子力をめぐる試行錯誤、一九七五〜一九八一年』（ミネルヴァ書房、二〇一五年）。吉次公介『池田政権期の日本外交と冷戦——戦後日本外交の座標軸 一九六〇—一九六四』（岩波書店、二〇〇九年）。

（29）瀬川『米ソ核軍縮交渉』。

（30）ウェスタッド『冷戦 上』、vii頁。ベスト論文は以下の通り。Antony Best, "Japan and the Cold War: An Overview," Richard H. Immerman and Petra Goedde, eds., *The Oxford Handbook of the Cold War*. Oxford: Oxford University Press, 2013, pp. 286–302.

（31）ウェスタッド『冷戦 上』、vii頁。

（32）同前、viii頁。

（33）英語圏の冷戦史研究の動向や成果を把握する上で有益な冷戦史研究の論文集には、日本に関する章が設けられている。Best, "Japan and the Cold War," pp. 286–302. Sayuri Guthrie-Shimizu, "Japan, the United States, and the Cold War, 1945–1960," Melvyn P. Leffler and Odd Arne Westad, eds., *The Cambridge History of the Cold War Volume 1: Origins*. Cambridge: Cambridge University Press, 2010, pp. 244–265. Michael Schaller, "Japan and the Cold War, 1960–1991," Melvyn P. Leffler and Odd Arne Westad, eds., *The Cambridge History of the Cold War Volume 3: Ending*. Cambridge: Cambridge University Press, 2010, pp. 156–180.

（34）たとえば、ウェスタッドは大著『冷戦』の中で冷戦を国際関係史として描き出しているが、冷戦下の国際政治のアクターとして日本に論及している箇所は多くない。ウェスタッド『冷戦』。

（35）戦後日本外交史研究について「新史料に依拠した伝統的な政策決定分析が今も中心である」と、井上は評している。井上「日本の国際政治」、一二九頁。

（36）添谷芳秀「戦後日本外交史——自立をめぐる葛藤」李鍾元、田中孝彦、細谷雄一編『日本の国際政治学 第四巻 歴史のなかの国際政治』（有斐閣、二〇〇九年）、二〇九—二二一頁。保城広至「『対米協調』／『対米自主』外交論再考」『レヴァイアサン』第四〇号（二〇〇七年）、二二四—二三六頁。

（37）このような研究の例として、松田武『戦後日本におけるアメリカのソフト・パワー——半永久的依存の起源』（岩波書店、二〇〇八年）、下斗米伸夫『日本冷戦史——帝国の崩壊から五五年体制へ』（岩波書店、二〇一一年）、がある。

（38）たとえば、冷戦史に関する共同研究プロジェクトの成果として刊行された以下の編著書の寄稿者の大半は、その代表者を含めヨーロッパの外交史・国際関係史の専門家であり、戦後日本外交史の研究者は含まれていない。益田ほか編『冷戦史を問い直す』。

（39）海外でも戦後日本政治外交史研究が進められている。近年英語圏で刊行された注目すべき研究成果として、以下のモノグラフがある。Fintan Hoey, *Satō, America, and the Cold War: U.S.-Japanese Relations, 1964–1972*. New York: Palgrave Macmillan, 2015. Yukinori Komine, *Negotiating the U.S.-Japan Alliance: Japan Confidential*. London: Routledge, 2017. Nick Kapur, *Japan at the Crossroads: Conflict and Compromise after Ampo*. Cambridge: Harvard University Press, 2018. Oliviero Fratolillo, *Reassessing Japan's Cold War: Ikeda Hayato's Foreign Politics and Proactivism During the 1960s*. London: Routledge, 2019. Jennifer M. Miller, *Cold War Democracy: The United States and Japan*. Cambridge: Harvard University Press, 2019.

（40）神田豊隆「日本社会党の講話論争とコミスコ・社会主義インターナショナル——冷戦下の『社会民主主義外交』をめぐる葛藤——」『国際政治』第二〇九号（二〇二二年一二月）、一八頁。

（41）岡田美保「日ソ国交回復交渉——「冷戦の受益者日本」の意味を

めぐる交錯――」同前、四五頁。
(42) 岡田「日ソ国交回復交渉」、三四頁。
(43) 同前、四五頁。
(44) 田中慎吾「日英原子力一般協定（一九五八年）――「自主」の試みとその変容――」『国際政治』第二〇九号（二〇二二年一二月）、六〇頁。
(45) 柴田茂紀「日本のＯＥＣＤ加盟とドル防衛問題――冷戦・国際貿易・国際金融の異なる論理――」同前、七七頁。
(46) 李秉哲「新冷戦期における朝鮮半島問題と日本の対応――北朝鮮の国際海事機関（ＩＭＯ）加盟問題を中心に――」同前、一四〇頁。

（くろさき　あきら　福島大学）

日本国際政治学会編『国際政治』第209号「冷戦と日本外交」（二〇二三年三月）

日本社会党の講和論争とコミスコ・社会主義インターナショナル

――冷戦下の「社会民主主義外交」をめぐる葛藤――

神田豊隆

はじめに

冷戦国際関係史研究、とりわけ英語圏のそれにおいては、軍事・安全保障の次元に焦点を当ててきた伝統的な叙述のあり方から視野を拡大する試みの一環として、イデオロギーや思想の要因に注目する潮流が存在してきた。また、米ソ両超大国以外の諸国の主体性により目を向けて冷戦史を描く必要も、しばしば強調されてきた。しかし、特に西欧やアジア諸国において支持勢力を持った社会民主主義の冷戦国際関係史における意義については、あまり論じられては来なかった。共産主義勢力と一線を画した社会民主主義勢力は、多くの国々において主要な政治勢力の一つとなり、その対外政策において大きな役割を担っていた。のみならず、彼ら自身が国境を越えたネットワークを構築し、社会民主主義的国際秩序の形成を共に推進するとともに、内外政策について互いに影響を与え合っていたのである。

もっとも近年、一九五一年に結成された社会主義インターナショナル（Socialist International、以下「ＳＩ」）など、西欧社民政党を中心とするネットワークを主題とした本格的な国際関係史研究が登場するようになった。(1) だが、欧州内部に限定せずに、冷戦期の社会民主主義勢力の交流を考察する研究は、まだ盛んではない。(2) 特にＳＩやその前身の国際社会主義会議委員会（Committee of International Socialist Conference (Comisco)、以下「コミスコ」）には、日本社会党など欧州外からの参加もあり、社会民主主義の国際ネットワークは決して欧州に限定されたものではなかった。

他方で、冷戦期の日本政治史・外交史研究において、社会党など革新勢力の対外政策に関する研究は、急速に進展している政府・保守勢力に関わる領域ほどには進んでいない。また従来、社会党の対外政策については、安全保障問題を中心に対米ないし対中ソ政策について論じられる傾向が強く、西欧などの国際社民ネットワークとの関係が研究対象となることは、同党がそれを極めて重視していたにも関わらず、稀であった(3)。

以上のような冷戦国際関係史と日本政治史・外交史の課題を共に念頭に置きつつ、本稿は、一九四〇年代後半から五〇年代初頭における日本社会党とコミスコ・SIとの関係史を扱うものである。当時の日本社会党は概ね講和論争の時期にあり、まだ結党から歴史の浅かった同党の対外政策の基本的立場が確立されていく重要時期にあった。同様にこの時期は、SIとして帰結する戦後の西欧社民ネットワークの再建過程にあり、東西対立の本格化を受けて、彼らは基本的な国際政策を明確化していった。日本社会党の講和論争に関する先行研究は多いが(4)、こうした西欧社民勢力との交流が、同党の講和論争において重要な影響を持ったことを論じたものはほとんどない。特に、最終的に片面講和と日米安保を容認していく右派の立場は、従来はともすれば「現実論」として簡単に理解されがちであった。しかし、この同時期にコミスコ・SIが結成され、その過程において明確化されていった国連の重視、反共主義、冷戦における西側志向といった西欧社民勢力の外交路線は、日本社会党にとっても高い権威を持ち、主に右派の外交論において積極的に参照されたのである。同党の講和論争は、従来考えられてきた以上に国際的な結びつきを持つものであり、またそれは、国際社民ネットワークが当時有していた影響力を示す一例でもあった。

以下ではそのことを、日欧の社民勢力の交流が本格化する一九四九年までの時期、コミスコがその冷戦政策を明確化していく五〇年から翌年半ばまでの時期、そして五一年半ばのSI発足から、翌年の日本社会党の分裂に至る時期の三つに区分して、時系列に沿って検討する。

一　日欧の社会民主主義勢力の接近

第二次大戦後の欧州において各国の社民勢力が結成した国際的組織は、まず一九四六年五月にロンドンで社会主義情報連絡局（Socialist Information and Liaison Office、以下「SILO」）が設立された後、四七年一一月にそれをコミスコに改組することが決定され、さらにコミスコを母体として、五一年六―七月に開催されたフランクフルト大会でSIが設立される、という変遷を辿った。この過程で一貫して大きな役割を果たしたのは、英国労働党であった(5)。ここで特筆すべきは、第二次大戦以前のインターナショナルの場合とは異なり、彼らが欧州外の社民勢力との提携に熱意を持っていたことである。その中で特に重視されたのが、日本社会党であった。日欧の社民勢力の交流は、日本側以上に、欧州側のより強い熱意によって始まった。日本社会党への接触を図る動きは、早くもSILO時代の四七年七月から見られる(6)。四九年七月、片山哲委員長からコミスコへの加盟申請が行われた[7]。コミスコは同一二月のパリにおける会合で、日本社会党のフル・メンバーとしての加盟を全会一致で可決し[8]、翌年六月のコペンハーゲン大会でそれは正式に承認された[9]。アジアからは初めての参加であった。

西欧の社民勢力が日本社会党への接近を図った背景は、それまでのインターナショナルのような欧州ないし白人に限定された組織のあり方を克服し、社会民主主義の普遍的なネットワークを構築しようとする動機があったことや、一九四七年五月から翌三月まで日本において初の社会党首班の片山政権が成立し、社会民主主義への固い支持基盤が日本に存在することを証明したことが考えられるが、加えて重要であったのは東西冷戦の開始という国際情勢、とりわけ共産主義勢力への対抗という目的であった。

西欧社民勢力は、特に一九四八年二月のチェコスロバキアにおける共産党のクーデタ以後、反共主義において一致結束していた[10]。同じ頃、アジアでも共産勢力の攻勢は強まっていた。四八年にはコミンフォルムの方針を受けて、ビルマやインド、インドネシアで共産党が蜂起し[11]、四九年には中国大陸で共産党が内戦に勝利した。五〇年には北朝鮮が朝鮮戦争を開始した。当時のコミスコでは、アジアにおける共産勢力の拡張が懸念されていた。朝鮮戦争勃発直後、コミスコ幹部のブラウンタールは社会党右派の曽祢益に宛てた書簡で、「欧州の社会主義者は、東アジアにおける社会的・イデオロギー的潮流を最も重視している」と記すとともに「民主的社会主義のみが平和と自由、安全を齎す」ことを強調している[12]。

一方、日本社会党の側、とりわけ右派は、西欧社民勢力との提携に大きな利点を見出していた。結党以来右派中心の体制が続いてきた社会党は、片山政権の退陣と、一九四九年一月の総選挙での惨敗を経て、特に四月の第四回大会以後、党運営における左派の台頭が顕著になっていった[13]。この大会で片山は委員長には留まったが、書記長には左派の鈴木茂三郎が選出された。片山がコミスコ参加へ本格的に取り組むのはその直後からであったが、それは右派による巻き返しの試みの一環であった。片山は新書記長の鈴木に相談することもなく[14]、コミスコ参加を独断で強力に推進した。右派はコミスコの反共主義に共感したのに加え、党の理念や具体的政策、組織のあり方など多くの面で、西欧の社民政党、とりわけ英国労働党を自らに近い存在と見做し、モデルとして仰いでいた[15]。第四回大会ではいわゆる「森戸・稲村論争」が行われ、左派の階級政党論に対して右派が国民政党論を主張したが、この「国民政党」の模範としても、労働党は参照されている[16]。

もっとも、反共主義や西欧社民勢力を模範視する傾向は、当時左派にも共有されていた。そもそも日本社会党は、その大勢が共産党に対して一貫して強い警戒心を持っていた[17]。また後述のように、後に左派は西欧社民政党に不信感さえ持つことになるが、少なくとも一九五〇年頃まで、とりわけ英国労働党は左右両派にとって憧れの的といっても過言ではなかった。社会党は当時労働党の政策文書の翻訳事業を行っていたが[18]、そこには鈴木に近い佐々木更三ら左派も積極的に関わっていた。佐々木によれば、英国労働党は「着々国有化政策を推し進め、今や世界の注視のまとになってゐる。我々社会党員は多くの点で英国労働党に学ばなければならない」[19]。大戦終結直後の選挙でチャーチルの保守党を下して単独内閣を組織し、「ゆりかごから墓場まで」で知られる社会保障政策などを強力に推進していた労働党の権威は、左派にとっても圧倒的であった。右派が労働党を模範として盛んに取り上げたのは、その権威を左派も認めていたが故に、左派への牽制手段として効果的だったからでもあった。

さて、欧州を中心とした東西対立の本格化という情勢を受けて、社会党がその基本的な国際認識と日本の対外方針についての見解を初めて打ち出したのは、一九四九年四月の第四回大会においてであった。同大会で「森戸・稲村論争」の結果として発表された「一九四九年度運動方針書」の「国際情勢」部分は、欧州情勢、とりわけ西欧社民勢力の動向に多くの紙幅を割き、次のように記している。

欧州における経済復興のためには「とくにマーシャル・プランの増強が必要である」。コミンフォルムはその排撃を図ったが、それは失敗に終わった。これに対し、コミスコ大会で「『民主的社会主義を破壊しようとしている共産主義者』と闘うことが声明されたこと」、また英国労働党の提唱で開催された国際労働会議がマーシャル・プランの支持を決めたことは「見逃せない事実である」。米ソの対立は激化しつつある。日本は「複雑な国際情勢の中において中立を保ちつつ、民主と平和の国として」立ち上がらなければならないが、同時に「中立的立場を堅持しつつ、アメリカの対日援助をうけいれ」、日本の再建を推し進める必要がある[20]。

ここで記された内容は、東西冷戦において西側志向なのか中立を追求するのか、やや不明瞭である。米ソ対立を深刻に捉えつつ、反共主義を鮮明にした西欧社民勢力への共感を示し、また日本がアメリカからの援助に依存することも是認するが、同時に国際的中立を堅持することも主張する、という主旨になっているのである。この不明瞭さの原因は、一つには左右各派の個別の主張を併記したためであった。日本の中立を謳った箇所は、この運動方針の第一次草案の時点で記されていたが、この草案を書いたのは左派の稲村順三であり、また起草委員長は鈴木であった。他方、コミスコなど西欧社民勢力の反共主義に関心を示した部分は、第一次草案には存在せず、対案として提出された右派の森戸辰男の草案において登場したものであった[21]。西欧社民的反共主義への関心と中立は、その間の関係について両派で議論を詰めることなく、やや無頓着に並べられたのである。

もっとも、この時点での左右両派の外交政策をめぐる齟齬は、まだ全く深刻ではなかった。特にこの頃右派は、東西冷戦における中立を支持していた。一九四九年一二月、社会党は「講和問題に関する一般的態度」（以下「一般的態度」）を発表した。ここでは、後に「平和三原則」と称される全面講和・中立・基地提供反対や、日本の安全は国連による集団安全保障に依拠すべきであること、また国際自由労連に協力するとともに、コミスコへの参加を待望することが謳われた[22]。この原案を起草したのは、外交官出身で、その後右派の対外政策の中心的論客となる曽祢であった[23]。

中立や全面講和を訴えるこうした内容を、右派の中心にいた曽祢が執筆したのはなぜなのか。この問いは既に多くの先行研究が論じており、波多野鼎や西村栄一の発言などに注目して、中立への支持は当時は右派にも共有されていたことが説明されている[24]。だが、肝心の曽祢自身がどのような思想的背景に基づいてこれを記したのかという点は、あまり検討されてこなかった[25]。この約半年後、朝鮮戦争の開始直前に書かれたとみられる論考で、曽祢は講和問題への自らの見解を明らかにしている。曽祢は外交官としてフランスを中心に豊富な西欧経験を持ち、後に「彼の社会主義は穏健で、いささかフェビアン的」とも評されるが[26]、曽祢はこの「一般的態度」の外交論を説明するに際しても、西欧的社会民主主義との整合性を強く意識しているのである。

曽祢によれば、社会党が憲法に即した外交方針として主張する中立的立場とは、軍隊の駐留や基地の提供を含めた軍事的な政府間協定を結ぶことへの反対であって、思想的・経済的に米ソに対して平等な態度で臨むというものではない。「殊に社会民主主義とは資本主義と共産主義との丁度中間に在る主義などという馬鹿げたことを考えているわけではない」。社会民主主義は「民主主義と全体主義という区別からすればはっきりと民主主義陣営に属する」。英国労働党は「米、ソの間に介在する第三勢力の如き中立的立場」を「危険な空想」とし、対米提携に踏み切ったが、彼らの「割り切った態度を参照すべき」である。従って社会党が「コミスコへの参加を決定したのを、われわれは何ら憚る必要はない」。

一方で曽祢は、日本が憲法に基づいて軍事的には中立を堅持することについては「英国労働党の場合と国柄が異なる」とする。そして中立的立場を守った上での安全保障の「唯一の方法」として、「一国または冷たい戦争の一方の陣営に偏しない集団保障」、例えば「国際連合の保障」を希望する。では、そうした中立は可能なのか。「第三次世界戦争の主なる戦場は、西ヨーロッパであって、決して極東ではない」のであり、日本の戦略的価値は「米、ソ両国から見て左迄至大では」ない。従って「断じて日本の中立は白昼の夢ではない」。また中立を外交方針としている「スウェーデンの如きは、多年社会民主党が政権を握って」おり、日本においても「中道勢力が強くなればなる程、日本が中立を守る可能性が増すことは明らかである」[27]。

つまり曽祢は、思想・経済的な親米志向と軍事的中立とを区別した上で、前者は社会民主主義のイデオロギー的立場や、英国労働党、コミスコの路線に合致するものであるとし、後者は英国労働党の立場とは異なるものの、スウェーデンのように、その成功のためには社会民主主義勢力の役割が重要である、と論じて、「一般的態度」が西欧的社会民主主義の路線に合致していることを強調したのである。

二　「社会主義と平和」

だが、米ソの「戦場」は決して極東ではないという曽祢の見通しが誤りであったことは、一九五〇年という年の一連の展開を通じて明白になった。ソ連陣営のアジアへの攻勢は、まず一月、日本共産党の平和革命方式の転換を迫ったいわゆる「コミンフォルム批判」、二月、日本を仮想敵と明示した中ソ同盟条約の締結、と続いた。共産陣営の活発な動きは、国際的な平和運動にも及んだ。特に翌三月、共産勢力の影響の強かった世界平和評議会が「ストックホルム・アピール」を発表し、核兵器の使用や製造の禁止を訴えて、日本を含む世界中で大きな反響を呼んだ(28)。

こうした共産陣営の動向は、西欧社民勢力に強い危機感を齎した。六月一日から三日まで、コミスコのコペンハーゲン大会が開催された。この大会では、コミスコとして初めての平和問題についての決議、「社会主義と平和」が採択された。「社会主義と平和」はまず、世界平和に向けた中心的役割を果たすのは国連であることを強調し、「国際連合は世界の統合を構築し、かつ保証する義務がある」と謳った。そして国連の平和への努力を妨害し、また各国の安全を脅かしているとして、コミンフォルムを厳しく非難するとともに、特にその平和運動を「全体主義的政策のための見え透いたカモフラージュ」として拒絶した。さらに、そうしたコミンフォルムに対抗して、「自由世界の協力」と欧州の結束強化が「急迫かつ緊急に必要となっている」と記し、コミスコが東西冷戦において西側に与することを示唆した。この採択に至る過程では、議論を主導した英国労働党の軍事重視に対する異論も示されており、西欧社民勢力も一枚岩ではなかった。また、集団安全保障への参加に懸念を示したオランダ労働党は、採決に棄権した。だが、彼らは反共主義と西側志向に関しては一致した。特に国連の役割を最重要視することは、かつて連盟外交に尽力したマクドナルド時代からも連続した英国労働党外交の中心的テーマであったが(29)、他の多くの西欧社民政党も異論なく同意した。決議案は賛成一六、反対〇で可決された(30)。

現時点で利用可能な史料からは、遅くともこの半年後から、日本社会党内では特に右派がこの「社会主義と平和」を頻繁に取り上げ、党の対外政策を策定する際の重要な指針として活用していたことがわかる。一方、この発表直後に同党のリーダーたちがこれをどう受け止めたのかについて、直接の史料的証拠はない。だが、この同月下旬に発生した朝鮮戦争への対応をめぐって、日本社会党、とりわけ右派の対外政策における最重要要素の一つとして「国連」が急浮上するとともに、平和運動における共産陣営への対抗が強く打ち出されている。その意味で日本社会党の対外政策は、「社会主義と平和」から強い影響を受けたか、あるいは少なくとも、それと軌を一にしていた。

六月二五日に朝鮮戦争が勃発し、アメリカを中心とする国連軍が介入に踏み切った。この事態を受けて、社会党は七月に「朝鮮の事態に対する党の態度」を発表した。同文書は曽祢が執筆した原案が残っているが(31)、そこでは第一に「国連に依る法と秩序の維持を精神的に支持する」、第二に、国際共産主義陣営と日本共産党の「平和運動なるもの」に「断じて加担しない」、など、「社会主義と平和」を意識したようにも見える内容が記された(32)。この曽祢原案は、全面講和の既定方針を維持する旨を明記する修正などが行われた後、成案となった(33)。ただ、この頃から社会党内では、左右の間に齟齬が生じていった。その論争の焦点は、何より国連協力を最重視し、中立はそれと両立しえないとして、徐々に片面講和に傾斜していく右派と、国連協力の重要性は受け入れつつも、あくまで中立と全面講和を固守しようとする左派との相違であった。

その後、一〇月の中国による朝鮮戦争参戦を経て、アメリカは対日講和に向けた動きを加速した。社会党は翌一九五一年一月の第七回党大会を控えて、一二月からその準備に取り掛かったが、この過程で、講和問題をめぐる左右対立はいよいよ本格化していった。曽祢が執筆した「外交方針に関する大会決議案」は、全面講和が不可能な場合は「飽く迄自主的な且国民的な立場から党の態度を決する」と記し、片面講和を容認する可能性を示唆した。この部分は左派の反対で削除されたが、国連への支持や、その集団保障に日本の安全保障が依拠すること、コミスコを通じ各国の社民勢力との提携を強化、「特に『平和と社会主義』に関する一九五〇年六月三日のコミスコ決議を支持する」ことは、修正されずに可決に至った(34)。

曽祢や右派はこの頃から「社会主義と平和」を、自らの主張の正当性を示す根拠として積極的に活用し始めた。右派による執筆と推測される一九五一年度運動方針の「国際情勢」部分の草案によれば、対米軍事協力に関して西欧社民勢力の間に相違はあるが、重要なのは「世界に於ける社会民主主義勢力の共通的立場」としてのコミスコの態度であり、それを示す「最も権威ある資料」が「社会主義と平和」である。「コミスコは、コミンフォルムに対抗して明確な防衛的連繋を全自由世界の中において採らんとし、国連を支持しつゝ、先づ自由世界に於て、民主主義と自由と平和を守る為に社会主義を実行せんとするものである」。鈴木はこの草案に、「国連が大国の特殊の立場に偏向する傾向のあること」や「第三勢力的立場」を加えるべき旨を書き込んでいる(35)。西欧社民に倣った国連協力・西側志向を求める右派と、国連協力を手放しでは支持できず、中立を重視した左派との亀裂が広がっていることの表れであった。

一九五一年一月の第七回大会は、社会党内において左派が主導権を握ったことを強く印象付けた。ここでは新たに再軍備反対が決議され、これが「平和三原則」に加えられて「平和四原則」となった。委員長には鈴木が選出された。

二月と四月、アメリカ政府で対日講和の中心的役割を担っていたダレスが訪日し、鈴木らと面会した。鈴木は右派を会談メンバーに加えなかったが(36)、会談前に曽祢に対し、その意見を詳細に伝えるよう求めていた。曽祢は鈴木への私信で、講和後の日本の安全保障について「党の理想に基く国連の安全保障をダレスに要求する事を基本原則として確認する要を認める。他の事は小生から見れば総て副次的である」とさえ記し(37)、「国連」が何よりも重要であると訴えた。また、ダレスへの要望を詳述した「曽祢私案」は「われわれの信念と世界観は判っきりと自由な世界に属しコミスコ（国際社会主義者会議）の線に於て確然とコミンフォルムと対決して」おり、第七回大会で「社会主義と平和」への支持を決定したことはその証左であると強調した(38)。

鈴木の名でダレス宛に送られた書簡には、「国連は世界平和のために現代の知性が考え出した最善にして唯一の組織」であり、日本の安全はその保障によるべきであるといった、曽祢が最重視した点は盛り込まれた。日本社会党はコミスコに加入し、その決議を支持し、共産主義との対決を強く決意していることも記された。一方で、冷戦における西側志向の表明は明確に排除された。特定国との軍事協定の締結は「むしろ二つの世界の溝をふかめ危機を拡大する」。また「不幸にしてアジアは現在三つのグループにわかれて」いる。米ソ両陣営と、第三に「主としてネールを中心とするアジア・アラブ十二カ国の如き諸国家群」である。「われわれの立場は、きわめて率直にいうならば第三の立場にもっとも近い」。なぜなら「このグループは二つの世界の真実の協調のうえにアジアの平和が保てると信じかつ努力している」からである。[39] 鈴木は、日本社会党がネルーのインドを模範として、冷戦において西側ではなく、両陣営の和解を図る「第三勢力」を志向することをダレスに対して明言したのである。

さらに鈴木は、この頃コミスコに対して違和感を抱き始めていた。三月、社会党は岡良一と堂森芳夫を、コミスコのロンドン大会に代表として派遣した。鈴木は二人の出発前に送った書簡で、コミスコが「アジアに対する、又日本に対する認識につき好意ある理解の薄いことを私は遺憾と存じます」と記した。そして「世界の平和のために、第三次大戦を防止するためにコミスコは、より強力な努力がのぞましい」ことを、大会の場で伝えるよう指示した。[40] つまり鈴木にとって、コミスコの平和への努力は不十分であった。鈴木は、再軍備反対など日本社会党の外交方針を纏めた文書を二人に持参させ[41]、これをコミスコのメンバーに配布した。ここではダレスに伝えたのと同じく、日本社会党は冷戦において、東西どちらの陣営でもなく、インドのように「第三勢力」を目指すことが明記されている。[42]

このロンドン大会では、六月のフランクフルトにおける大会でコミスコを改組し、伝統ある「インターナショナル」の名を冠したSIを発足させることが決定された。[43] 鈴木は西欧社民勢力の冷戦政策に疑問を持ちつつも、この大会に自らが代表団を率いて参加する決断をした。一方で五月、コミスコの「西欧偏向」に不満を強めたインド・ビルマ・インドネシアの社会党を中心とするアジア社会党会議の開催構想が伝えられると、鈴木はこの構想を歓迎する意向を表明した。[44]

三　SIの創立と日本社会党の分裂

もっともフランクフルト大会を控えた頃、左派の間には依然として、西欧社民勢力への期待が残存していた。[45] 当時左派によって編集部が掌握されていた社会党機関紙『社会新聞』は、四月に北欧四カ国の社会民主党・労組による「平和宣言」が発表されると、これを「第三勢力の動きにつながる」ものとして称賛した。この「平和宣言」には全ての攻撃戦争への反対や、反共主義、国連の尊重が掲げられたが、冷戦において西側に与するような記述はなかった。[46] さらに、フランクフルト大会を翌月に控えて執筆された同紙の「主張」は、コミスコを主導していた英国労働党の立場についても「われわれの原則と決して背馳するものではない」と記した[47]。左派はとりわけ北欧の社民勢力を高く評価しつつ、英国労働党にも期待を失ってはいなかった。

一方曽祢は、SIの創立という機会を、左派への圧力のために躊躇なく利用した。鈴木が左派中心の代表団を率いて出発する直前の六月一九日、曽祢は党内で次のように訴えた。「われ〳〵は既に西欧に於ける社会民主々義の友党の主なるものが平和維持の問題に対して如何なる態度をとり、コミンフォルムの侵略に対して如何なる対策をとっているかを知って居る」。特に英国労働党・フランス社会党は米ソ間での中立は不可能とし、NATOを支持した。「これ等の西欧社会民主々義友党の態度は、われ等の代表諸氏が、如実に、一層具的〔筆者注――具体的〕に掌握して帰られんことをこの際特に切望して已まない」。曽祢は、西欧社民勢力の強い西側志向を、鈴木らがフランクフルトでしっかりと認識してくるよう求めたのである。同時に曽祢は、全面講和についても「講和条約の内容によって是非の判断をする」選択に言及した[48]。

SIを創立したフランクフルト大会は、六月三〇日から七月三日に開催された。この大会では、戦後の社会民主主義の最重要文書の一つともなる、いわゆる「フランクフルト宣言」が採択された。ここでは、「国際共産主義は新たな帝国主義の道具である」など、強い反共主義が打ち出された。また国連の重要性や、平和は集団安全保障によってのみ確保し得るとの立場も示された。一方で、ここでは「社会主義と平和」のように冷戦における西側志向を掲げることはなかった[49]。鈴木は、同宣言が植民地のナショナリズムに十分な関心を示していないことには不満であったが[50]、概して同宣言を「歓迎」した[51]。

しかし鈴木らが当惑したのは、この大会で採択された「平和のための闘争に関する社会主義者の世界的活動」（以下「平和のための闘争」）であった。起草は英国労働党によるものであったが、ここでは朝鮮戦争における共産陣営の行動を非難、西側陣営の対応を支持しつつ、特に「平和は武装なくしては保障されない」こと、軍事を含めて共産主義への対抗を図らねばならないことが主張された。決議案の趣旨説明を行った労働党のフィリプス書記長は、「国内における大改革の推進や政治一般についての左翼的姿勢と、軍事防衛についての現実的な姿勢が相容れないかのような見解を取る人が、この場にいないことを望んでいる」と釘を刺した[52]。この決議案をめぐっては異論も出たが、最終的な採決では日本社会党の「留保」を除き、全参加者が賛成した。その際、ここに参加した和田博雄は「われわれは社会主義者として軍備優先を認めることはできない」との声明を出した[53]。

この時、オブザーバーとして同席していたインド人民社会党のロヒアは、「ここには社会主義者らしい理念はない」として「私は反対する」と発言した。ロヒアは、冷戦において「我々が中立の姿勢を取るということではない」とも述べたが、しかし彼が中立に関心を持っていることは確かであった。「西欧の社会主義政党には、大西洋世界に属する以外の選択肢がないのだろう。しかし、他の地域の社

会主義政党は同じ衝動を有してはいない。大国の同盟が対峙するシステムの外に留まりたいのである」。(54)

このフランクフルト大会において、日本社会党は歓迎されたのみならず、厚遇されたとさえいえる。ここではＳＩの幹事会（Bureau）のメンバーが決定されたが、欧州外からは唯一、日本社会党が選出された。(55)またこの大会で制定されたＳＩの規約には、原案にはなかった「地域会議（Regional Conferences）」の条項が盛り込まれたが、これはアジア社会党会議を恐らく念頭に置いた、日本社会党の主張を反映したものであった。(56)だが、鈴木がこの場で最も惹かれたのは、日本社会党に敬意を払った西欧社民勢力ではなく、インドからの代表団であった。鈴木はフランクフルトで度々ロヒアと会談し、(57)また帰途インドに立ち寄って、インド人民社会党のメタ書記長らとの間で、アジア社会党会議の計画について話し合った。(58)左派はもはやＳＩよりも、アジア社会党会議に期待をかけるようになっていた。

他方右派にとって、ＳＩの創立は、講和論争を制するための最後の大きなチャンスであった。特に右派はＳＩの創立を追い風にして中間派との連合に成功し、八月一九日に「統一懇談会」を結成した。当時曽祢が記していたところによれば、右派・中間派の提携の動きは四月から始まってはいたが、ＳＩのフランクフルト宣言と「平和のための闘争」が発表されると、「右派中間派は此の社会主義インターの決議を軸心に党の思想統一を図るという大義名分を捉えて、統一懇談会を結成した」。(59)統一懇談会は、結成時の主意書で「党の思想的立場は社会主義インターの結成に従い、共産主義と明確に対立する民主社会主義である」と掲げた。(60)そして彼らは、鈴木らが「平和のための闘争」の採決を棄権したことに対し「イギリス労働党に兄事する日本社会党の立場を放棄したもの」などと攻撃した。(61)また当時、右派の立場から作成された冊子が党内で配布され、党が「所謂講和三原則と再軍備反対のみ」を掲げることを批判し、国際共産主義の攻勢に対抗するため、フランクフルト宣言と「平和のための闘争」を「全面的に支持すべき」ことを主張した。(62)ＳＩの創立を契機にして、右派は左派への攻勢を一気に強めたのである。

九月八日、サンフランシスコ講和条約と日米安保条約が調印された。一四日、統一懇談会は日米安保条約について、曽祢による解説を記した冊子を配布した。条約の可否については、国際共産主義の戦術の評価や「社会主義インターは仝様の問題を如何に見ているか」などから判断すべきとし、ＳＩの反共親米路線に同調すべきことを示唆した。(63)

二五日から四回に渡って開かれた外交委員会の場では、講和・安保両条約に賛成する右派と、ともに反対する左派の見解が対立した。右派の曽祢と波多野は、安全保障に関してはＳＩと国連、国際自由労連を支持し、鈴木らが留保した「平和のための闘争」を認めるべきことを主張した。特に中立に関して、曽祢は「厳正な中立は国連主義の下では成立しない」と述べ、波多野は国内外の環境から「中立政策には反対である」と明言した。右派は「党の外交方針及び決議に必ずしもとらわれる必要はない」として、もはや平和四原則からの逸脱も辞さない立場を表明した。

対して左派は、ＳＩや国連に必ずしも同調し得ないことを主張した。ＳＩや国際自由労連に対しては「勿論支持するが、欧州第一主義に陥り易く、アジアの特殊性が尊重されていない」し、「軍備第一主義的傾向に陥ることに対しては無批判的であってはならない」。国連も「勿論支持する」が、「本来の目的に従って強化せられた世界平和機構としての国連を期待」すること、「日本の平和憲法の特殊性」が認められること、といった留保が必要である。左派は、ＳＩがとりわけ植民地問題に消極的であり、また軍事に偏向していること、国連が戦争に利用されかねないことに疑問を示したのである。[64]

その後、講和賛成・安保反対での一本化を図る中間派の提案などがあったものの、両派の妥協は最終的に失敗し、一〇月二三日からの第八回大会は大混乱となって、社会党は分裂した。一一月初旬、両派社会党はそれぞれＳＩ幹部に対して、日本社会党を離脱したのは他方であるとして、ＳＩ代表権の自らへの継承を訴えた。[65]一二月、ＳＩの評議会（Council）は両派に対し、分裂は日本の社会主義にとっての「大災害」であり、両派の不和を解消し、統一を回復するよう求めた。[66]ただ同時に評議会は、一国からの代表は一党のみとするＳＩの原則にもかかわらず、二つの日本社会党が共にＳＩに留まることを例外的に認めた。[67]このことも、ＳＩが日本社会党を重視していたことの表れであった。

しかし、ここで左派が西欧社民勢力、とりわけ英国労働党に抱いた不信は根深かった。後に鈴木は「英国労働党が社会主義インタの大国的な指導的立場にあったことは、社会主義インタの出発をあやまらせた」とさえ振り返っている。[68]そして左派は、西欧への失望度に比例するかのように、以後アジア諸国の社会党との連携に情熱を注いだ。一九五二年三月にラングーンでビルマ・インド・インドネシアの社会党の代表が集まり、アジア社会党会議の準備会合が開催された。この会合は、当初は三党のみの開催で予定されていたが、参加に向けた鈴木らの姿勢は「なかなか強引（a little more aggressive）」であった。[69]結局、二つの日本社会党はこの会議に共にオブザーバー参加することとなり、また五三年一月に実現したアジア社会党会議第一回ラングーン大会にも、両者は共に参加した。この大会の場で、左派は冷戦における中立と外国軍隊のアジアからの撤退を主張し、右派はそれに強く反対した。こうして、冷戦における社会民主主義勢力のあり方をめぐる日本社会党左右の論争は、舞台をアジアに移していくことになる。[70]

おわりに

以上のように、日本社会党における講和論争は、国際的に東西対立が本格化していく中、同時期の西欧において結集した社民勢力が確立していく冷戦政策から、大きな影響を受けて展開された。もちろん本稿は、先行研究が社会党の講和論争の重要な背景として指摘するような、総評を始めとする支持労組の主張、平和問題談話会などの知識人の影響力、経済的考慮、社会党各派が戦前から継承した伝統、といった要因の重要性を否定するものではない。[71]ただ特に強調したいのは、左派と異なってイデオロギー色が希薄と見做されがちな右派も、その外交政策が「社会民主主義的」であることを重視し、それが具体化されたものとして西欧社民勢力の打ち出す立場をしきりに参照していたことである。

　但し、右派がコミスコやＳＩの宣言を「錦の御旗」とし、反発する左派がアジア社会党会議との接近に尽力したことは事実としても、それをもって右派を「西欧派」、左派を「アジア派」のように単純に理解するのは、必ずしも正確ではない。そもそもコミスコ・ＳＩもアジア社会党会議も、その内部は一枚岩ではなかったし、左右両派ともそのことは十分に認識していた(72)。むろん各国の社民政党内部にも路線の相違はあり、特に朝鮮戦争に起因する対立は、英国労働党内でも党主流とベバンに代表される左派との間で起きていたし(73)、ビルマ社会党はそれによって左派の多数の脱党を招いた(74)。後の日本社会党の分裂期に左派が発表したいわゆる「左社綱領」はＳＩとの連携強化も謳っているし(75)、アジア社会党会議が一九五〇年代末までに事実上の活動停止に追い込まれた後の一九六三年、その再興を図るべくラングーンまで出かけて行ったのは、他ならぬ曽祢であった(76)。つまり、左派も西欧社民勢力から少なくとも距離を置こうとはしなかったし、右派もアジアにおける社民勢力の連帯のために献身的なほどの努力をしたのである。また特に、右派も西欧社民勢力の打ち出す立場にただ追随していたわけではなかった。例えば、軍事政策を重視するＳＩの立場に右派が必ずしも一致していなかったことは、五三年から本格化する憲法擁護運動が、右派の主導によるものだったという事実が示している(77)。

　右派が西欧、左派がアジアの社民勢力に共鳴する傾向が相対的に強かったのは、冷戦下の「社会民主主義外交」とは何であるかという問題について(78)、それぞれが主体的に有していた立場がまずあり、それに近い「仲間」を出来るだけ多く求めた結果である。それは、第二次大戦後の世界秩序のあり方を展望する中で、共産主義よりも自由民主主義を支えることの意義を遥かに高く評価した右派と、米ソ両陣営の力の対立を緩和することを重視した左派の間の違いであった。こうした日本社会党両派の社会民主主義外交観の相違は、日本に特有のものでは全くなく、むしろ世界中の社民勢力に共通するものであった。その意味で、日本社会党の左右対立は、冷戦下でグローバルに展開された社会民主主義勢力の交流史の中にも位置付けられるのである。

（1）Talbot C. Imlay, *The Practice of Socialist Internationalism: European Socialists and International Politics, 1914–1960* (Oxford: Oxford University Press, 2018). Ettore Costa, *The Labour Party, Denis Healey and the International Socialist Movement: Rebuilding the Socialist International during the Cold War, 1945–1951* (Cham: Palgrave Macmillan, 2018).

（2）但し、一九五三年に結成されたアジア社会党会議を扱った研究として、主に以下のものがある。Yutaka Kanda, "Social Democracy and Anti-Communism in Cold War Asia: The Japan Socialist Party's Role in the Asian Socialist Conference in the 1950s" in Michele Di Donato and Mathieu Fulla, eds., *Leftist Internationalisms:*

A Transnational Political History (London: Bloomsbury, forthcoming). Talbot C. Imlay, "Defining Asian Socialism: The Asian Socialist Conference, Asian Socialists, and the Limits of a Global Socialist Movement in 1953," *International Review of Social History*, 66(3), 2021 and "International Socialism and Decolonization during the 1950s: Competing Rights and the Postcolonial Order," *American Historical Review*, 118(4), 2013. Su Lin Lewis, "Asian Socialism and the Forgotten Architects of Post-Colonial Freedom, 1952–1956," *Journal of World History*, 30(1-2), 2019. Boris Niclas-Tölle, *The Socialist Opposition in Nehruvian India, 1947–1964* (Frankfurt am Main: Peter Lang, 2015). Kyaw Zaw Win, "The 1953 Asian Socialist Conference in Rangoon: Precursor to the Bandung Conference," in Antonia Finnane and Derek McDougall, eds., *Bandung 1955: Little Histories* (Caulfield: Monash University Press, 2010), and "A History of the Burma Socialist Party (1930–1964)," PhD thesis, School of History and Politics, University of Wollongong, 2008. 平川幸子「東南アジアの戦後」（梅森直之・平川・三牧聖子編『歴史の中のアジア地域統合』（勁草書房、二〇一二年）。吉次公介「日本社会党の対アジア外交政策」（『沖縄法学』三〇号、二〇〇一年）。村田克己「アジア社会党会議――第三世界の非同盟中立主義への一道程として――」（『東洋研究』七四号、一九八五年）。

（3）以下は、日本社会党とSIとの関係についても扱っている。安野正明「日本社会党とドイツ社会民主党――友党関係から忘却へ」（工藤章・田嶋信雄『戦後日独関係史』（東京大学出版会、二〇一四年））。

（4）その過程については特に、木下真志「日本社会党と講和問題――平和四原則形成過程と歴史的位置づけ」（法政大学大原社会問題研究所・五十嵐仁編『「戦後革新勢力」の奔流――占領後期政治・社会運動史論一九四八―一九五〇』（大月書店、二〇一一年））、ペテル・デュラナ「朝鮮戦争に対する日本社会党の同時代的対応」（『アジア地域文化研究』五号、二〇〇八年）、原彬久『戦後史のなかの日本社会党』（中央公論新社、二〇〇〇年）、中北浩爾『経済復興と戦後政治　日本社会党一九四五―一九五一年』（東京大学出版会、一九九八年）、荒敬『日本占領史研究序説』（柏書房、一九九四年）、楠精一郎「右派社会党の安全保障政策」（『年報・近代日本研究』一六号、一九九四年）、堀江湛・楠精一郎「日本社会党の安全保障政策――孤立社会における理想主義の幻想」（堀江・池井優編『日本の政党と外交政策――国際的現実との格差』（慶応通信、一九八〇年）。また、関連する重要な研究のうちの一つとして、J・A・A・ストックウィン『日本社会党と中立外交』（福村出版、一九六九年）。

（5）Costa, *op.cit.* Imlay, *op.cit.*, *The Practice of Socialist Internationalism*, chap.6.

（6）Letter from Edith B. Loeb to "Dr. Ryu," 16 July 1947, Socialist International Archives [hereafter SIA], 687, Internationaal Instituut voor Sociale Geschiedenis (International Institute of Social History), Amsterdam [IISG]. 一九四八年一二月にも、SILOから日本社会党との交流を求める書簡が届けられている。『社会週報』五三号、一九四九年。

（7）Letter from Tetsu Katayama, 18 July 1949, SIA, 687, IISG. 「コミスコ（国際社会主義者会議委員会）について、党のコミスコ加入問題の経緯」（法政大学大原社会問題研究所、鈴木茂三郎文庫、請求番号一―〇八六―〇一（以下「大原鈴木一―〇八六―〇一」のように記す））。

（8）"Minutes of Comisco, Paris, December 10-11, 1949," SIA, 265, IISG.

（9）*International Socialist Conference Circular*, no. 155/50, 14 August 1950, p. 7.

(10) Julius Braunthal, *History of the International, vol. 3, World Socialism, 1943–1968* (London: Victor Gollancz, 1980), chap.8.
(11) *Ibid.*, pp. 231, 262, 293–94. Kyaw Zaw Win, op.cit., "A History of the Burma Socialist Party," p. 194.
(12) Letter from Julius Braunthal to Eki Sone, 8 July 1950, SIA, 687, IISG.
(13) 原前掲、六六頁。
(14) 社会文庫編『日本社会党史史料』(柏書房、一九六五年)、二五〇頁。
(15) 例えば、一九四八―四九年の社会党の機関紙『社会新聞』には、右派やそれに近い水谷長三郎、森戸辰男、山田節男が、英国労働党やイギリス社会主義を主題とした文章を載せている。
(16) 鈴木の秘書大下勝正は当時、右派が「国民政党」論の範を英国労働党に求めていることを批判している。大下「英国労働党の性格」(『社会新聞』一九四九年九月一五日)。
(17) 社会党は当時度々示された共産党との統一戦線の構想を、全て拒否している。吉田健二「占領後期の統一戦線運動――民主主義擁護同盟の結成と活動」(法政大学大原社会問題研究所・五十嵐仁前掲)、三九四頁。
(18) 日本社会党出版部訳『英国事情選書二　英国に於ける炭鉱の国有』(日本社会党出版部、一九四九年)。同書などの労働党文書の翻訳事業が行われた経緯については、同、三二頁。
(19) 日本社会党組織部「一九四七年度英国労働党の現勢〔その一〕」(国立国会図書館憲政資料室、只松祐治文書、二一八)。以下、同室所蔵の浅沼稲次郎、曽祢益、和田博雄の各文書は、「憲政浅沼〔分類番号〕」のように略記する。
(20)『社会新聞』一九四九年四月二三日。
(21)「第四回全国大会運動方針委員会における審議経過」(『社会思潮』二四号、一九四九年)、一四頁。鈴木茂三郎「昭和二十四年度運動方針書(大会議案第一次草案)」(同上)、四九頁。森戸辰男「一九四九年度社会党運動方針書〔議案修正案〕」(同上)、六一頁。
(22)『社会新聞』一九四九年一二月一〇日。
(23) 社会文庫前掲、二二一―二二頁。
(24) 堀江・楠前掲、一〇二頁。中北前掲、二七七―七八頁。
(25) 楠前掲、一七三頁は、曽祢が国連による安全保障に期待していたことを指摘している。
(26) "Note for Mr. Bundy's Meeting with Mr. Sone, Democratic Socialist Party, 4:00 p.m., May 17, 1966," Box 30, Ford Foundation Records, Office of the President, Office Files of McGeorge Bundy (FA617), Rockefeller Archive Center, Sleepy Hollow, New York.
(27) 曽祢益「対日講和問題の現段階とわれ等の立場」(『社会思潮』四巻二号、一九五〇年)。
(28) 道場親信『占領と平和　〈戦後〉という経験』(青土社、二〇〇五年)、二八二―八三頁。
(29) Rhiannon Vickers, *The Labour Party and the World, vol. 1, the Evolution of Labour's Foreign Policy, 1900–51* (Manchester: Manchester University Press, 2003).
(30) "Report of the International Socialist Conference at Copenhagen, 1-3 June 1950," *International Socialist Conference Circular*, no. 155/50, pp. 70–91, 113–14.
(31)『朝日新聞』一九五〇年七月七日。
(32)「朝鮮の事態に対する党の態度に関する件」(大原鈴木一―〇八七―〇三)。但し国連の安全保障を重視する立場は、既に「一般的態度」などでも表明されている。
(33)「平和への理論と実践」(憲政浅沼五三〇)。
(34)「外交方針に関する大会決議案」(憲政曽祢二三六―二三)。社会文庫前掲、二一六―一七頁。『社会新聞』一九五一年一月二五日。コ

ミスコ決議のタイトルは、正確には「社会主義と平和」である。
(35) 日本社会党運動方針起草委員会「一九五一年度運動方針書草案（一）国際情勢分析の部」（大原鈴木一―〇七五―〇二）。
(36)『情報通信』三五号、一九五一年（憲政浅沼六二三）、二、一七―一八頁。
(37)「講和後米軍撤退、軍事的真空状態への対策　曽根益（ママ）の回答」（大原鈴木一―六五五―〇一）。
(38)「日本社会党のダレス氏に対する具体的要請（案）」（大原鈴木二―〇二〇―〇一）。引用部分の括弧は原文ママ。
(39)『社会新聞』一九五一年二月一五日。
(40) 日本社会党中央執行委員長鈴木茂三郎「書簡　岡良一・堂森芳夫宛　コミスコ会合出席信任状と同封」一九五一年二月二二日（大原鈴木一―五五八―〇一）。
(41)「外交委員会報告（要綱）」（大原鈴木一―〇八六―〇一）。
(42) Mosaburo Suzuki, "Japanese Socialists on their Post-War Problems," SIA, 266, IISG. *Comisco Information Service* [hereafter *CIS*], 1(13), pp. 1–9.
(43) *CIS*, 1(10), pp. 2–3.
(44)『社会新聞』一九五一年五月二〇日。
(45) 立本紘之「資料紹介　占領期日本社会党機関紙集成」（『大原社会問題研究所雑誌』六九一号、二〇一六年）、四一頁。
(46)『社会新聞』一九五一年四月一五日。
(47)『社会新聞』一九五一年五月一五日。
(48)「講和問題に関し同志諸君に訴える」（憲政浅沼六〇八）。
(49) *Socialist International Information* [hereafter *SII*], 1(27-28), pp. 5–10.
(50) 鈴木が事前に受領していた同宣言の草案には「後進国の民族主義を打ち出すべき」との書き込みがある。「外交委員会コミスコ通信　号外　民主社会主義綱領宣言第四次草案」一九五一年六月五日（大原鈴木一―六八一―〇一）。西欧社民政党が当初必ずしも植民地問題に積極的でなかったことについては、特に Imlay, ibid., "International Socialism and Decolonization during the 1950s."
(51) *SII*, 1(29-30), p. 24.
(52) *SII*, 1(27-28), p. 14.
(53)「第八回コミスコ総会並びに第一回社会主義インターナショナル大会に関する報告書」（憲政浅沼六一四）。以下、「大会報告書」と略記。
(54) *SII*, 1(31-32), pp. 23–26.
(55) *SII*, 1(27-28), p. 20.「大会報告書」。
(56)「Draft statute」（憲政和田三四四―一三）。「外交委コミスコ通信（号外）」一九五一年六月五日（憲政浅沼六〇二）。*SII*, 1(27-28), pp. 2–4.
(57) 民社党国際局「社会主義インターナショナルと民社党⑦」（『革新』六四号、一九七五年）、九二頁。
(58)「大会報告書」。
(59)「批准国会と社会党の講和に対する投票」（憲政曽祢二三六―一四）。
(60)『朝日新聞』一九五一年八月二〇日。
(61)「社会党またもお家騒動　統一懇談会のうらおもて」（『労働経済旬報』五巻一三三号、一九五一年）、九頁。
(62)「非共平和運動の確立について　社会主義インターナショナルの決議を支持する」（早稲田大学歴史館東伏見アーカイブズ、日本社会党関係資料、オレンジファイル、七七―一）。
(63) 統一懇談会「日米安全保障条約について」一九五一年九月一四日（大原鈴木一―〇七九―〇二）。
(64) 和田博雄「講和条約及日米安保協定賛否に関する外交委員会報告」（大原鈴木一―〇七八―〇二）。
(65) Letter from Kaoru Matsumoto to Denis Healey, 6 November

1951 and letter from Mosaburo Suzuki to Julius Braunthal, 7 November 1951, SIA, 687, IISG.

(66) Letter from Morgan Phillips and Julius Braunthal to Tetsu Katayama, Mosaburo Suzuki and Inejiro Asanuma, 14 December 1951, SIA, 687, IISG.

(67) Letter from Julius Braunthal to Tetsu Katayama, 14 December 1951, SIA, 687, IISG.

(68) 社会文庫前掲、二五八頁。安野前掲、一四二頁。

(69) "Preliminary Meeting for Asian Socialist Conference," no. 1, Subject Files, Papers of Shri Prem Bhasin, Manuscripts Division, Nehru Memorial Museum and Library, New Delhi.

(70) 詳しくは、Kanda, op. cit.

(71) 特に経済政策を重視するものとして、中北前掲。戦前以来の伝統については、ストックウィン前掲。

(72) コミスコ・SIについては本稿で論じた通りだが、アジア社会党会議については、Kanda, op. cit.

(73) Vickers, *op.cit.*, p. 185.

(74) Braunthal, *op.cit.*, pp. 265–67. Kyaw Zaw Win, op.cit., "A History of the Burma Socialist Party," pp. 223–25.

(75) 日本社会党結党四十周年記念出版刊行委員会編『資料 日本社会党四十年史』(日本社会党中央本部、一九八六年)、二七七頁。

(76) *SII*, 14(16-17), 1964, pp. 185–86.

(77) 道場前掲、三五九―六〇頁。

(78) 但し、彼ら自身が日本社会党のイデオロギー的立場を表現する用語として、「社会民主主義」が一貫して使われていたわけではない。結党時に正式な英語名をSocial Democratic Party of Japanとすることで合意されたように、「社会民主主義」は両派が受け入れ可能な範囲内ではあった。ただ右派は、恐らくフランクフルト宣言で用いられた"democratic socialism"にも促され、やがて「民主社会主義」を定着させていった。左派は「社会民主主義」の使用に必ずしも積極的ではなかったが、例えば鈴木以下左派中心の代表団で参加したフランクフルト大会での提出文書でも、日本社会党は「社会民主主義をその指導原理とする唯一の政党」と記している。「大会報告書」。

〔付記〕本研究は科学研究費補助金(課題番号17K13685、20K01522)による研究成果の一部である。

(かんだ　ゆたか　新潟大学)

日本国際政治学会編『国際政治』第209号「冷戦と日本外交」（二〇二三年三月）

日ソ国交回復交渉
――「冷戦の受益者日本」の意味をめぐる交錯――

岡田美保

はじめに

一九五五年六月一日から一九五六年一〇月一九日にわたって断続的に行われた日ソ国交回復交渉（以下、「日ソ交渉」）は、日本とソ連との間の戦後処理を課題とする外交交渉である。この交渉で、サンフランシスコ平和条約（一九五一年九月八日署名、一九五二年四月二八日発効、以下、「講和条約」）によって主権を回復し、自由主義陣営の一員として戦後国際社会への復帰を果たしていた日本は、ソ連との間にいかなる関係構築が可能か、つまり、冷戦にどう関わっていくべきなのかという問題に直面した。

冷戦と日本というテーマに関して、先行研究が提示してきた代表的な見方は、冷戦の受益者としての日本像である。[1] これは主に、日本による再侵略の芽を摘むことを主要な目的とした当初の峻厳な講和方針が、冷戦型講和へと旋回し、日本が寛容な諸条件の下に国際社会への復帰を果たしたことを指している。[2] 同時に、冷戦という国際情勢の中で安全保障を米国に依存し、非軍事的な発展を追求する戦後日本のあり方は、米国との協調による恩恵の中で自主を求め、行動の自由を追求することがどこまで可能なのかという問いを日本外交に突きつけてきた。[3] 日ソ交渉に関する研究の多くも、このような観点で日ソ交渉を捉えてきたのであり、優れた研究成果も蓄積されてきた。[4] ただ、交渉におけるソ連の関心や意図、その変化については史料的な制約から十分解明されておらず、これを加味して交渉過程全体を再検討することが課題となっている。

本稿は、ソ連をアクターとして分析の範囲に加えた上で、日ソ交渉の主要なアクターが、冷戦の中に日本をどう位置づけていたのかに着目して交渉過程を再検討する。日本はこの交渉をどのように進めようとしていたのか。ソ連はいかなる関心や意図の下に日本との交渉に臨んだのか。米国や日本はソ連の関心や意図をどのように捉え、いかなる選択を行ったのか。ソ連はそれらをどう捉え、交渉姿勢をどう変化させていったのか。紙幅の制約から、交渉のすべての局面について詳述することはできないものの、こうした相互作用の過程として日ソ交渉を捉え直す点に、本稿の独自性がある。

日本が冷戦の受益者たり得たのは、米国の冷戦戦略において、日本の安全保障が死活的な利益であると位置づけられたからにほかならない。[5] 米国は講和条約で、沖縄について、日本が潜在的な主権を有することを認めつつ、施政権を保持することによって東アジアにおける軍事拠点として確保した。また、日米安全保障条約（以下、「日米安保」）と行政協定によって、主権回復後も日本各地に米軍基地を存続させる体制を整えた。他方、講和条約後、日本国内の政治状況は次第に不安定となっていった。米国の冷戦政策を支えてきた吉田茂首相に対する反対勢力は次第に強力となった。米国は、日本が対米自主性を追求するあまり、米国との協調関係を弱めていくのではないかと懸念し、将来の日本の外交路線に確信を持てずにいた。それでも米国は、一九五五年一月、日本とソ連との国交回復について、ソ連とは米国自身が国交を維持している以上、反対はしないとの立場を表明した。ただし、日ソの結ぶ取り決めについて、いかなる意味でも既存の条約、特に講和条約、日米安保、日華平和条約に影響しないことを求めた。また、中国共産党政府とは国交回復のみならず、貿易拡大についても慎重な姿勢を明らかにした。[6] 交渉開始の前において米国が憂慮したのは、いずれかといえば、日ソ関係よりも日中関係だったのである。

ソ連では、スターリン（Iosif Stalin）首相死後の権力闘争と連動して、対外政策の基本方針をめぐる対立が顕在化していた。スターリン路線を継続しようとするモロトフ（Vyacheslav Molotov）外相と、国際的な緊張緩和を利してこれに対抗しようとするフルシチョフ（Nikita Khrushchev）党第一書記との対立である。ソ連は、一九四九年に核実験に成功して以降、核戦力の構築を進め、一九五四年頃までに運搬手段を獲得するに至っていた。このことは、緊張緩和政策の背景として重要であったが、戦争による荒廃からの復興は進んでおらず、特に通常戦力において、ソ連は立ち後れていた。それ故、東アジアで圧倒的に優位にある米国の軍事力に対する防御態勢を構築することが急務となっていた。ソ連は講和条約に署名しなかったため、日本との境界は未画定で、歯舞群島周辺では、在日米軍機の撃墜事件が繰り返されていた。南樺太と千島列島の国際承認を確保し千島列島の範囲の問題にも決着をつけて境界画定を行うことが、安全保障上の重要課題となっていた。[7]

日本では一九五四年一二月に鳩山一郎内閣が成立し、「自主外交」を標榜していた。鳩山は、吉田に対する政策面での独自性を日ソ交渉に求めようとしたのである。一九五五年一月、重光葵外相は「ソ連との平和の回復を云へば直ちに対米関係が悪化するかのように考えるのは皮相の観察と申すべく、われわれはむしろ日米協定を密接にし、わが国の国際的地歩を強固にすることが却って日ソの国交を調整する捷径であると信ずるものであります」と述べた。[8] 米国の後ろ盾によって、ソ連との交渉を少しでも有利に運ぶ。これが、交渉を前に日本が考えていた冷戦の受益者の意味であった。

以下では、第一節において、交渉前の日米間の調整が、いかなる前提に立って行われたか、また、歯舞・色丹の二島を引き渡すという、交渉初期のソ連の提案（以下、「ソ連提案」）はいかなる意図と関心によるものであったかについて述べる。第二節では、ソ連提案が交渉過程に及ぼした影響を扱う。日本側回答の背景と意義、米国の対応、そしてそれらを受けたソ連の対応について述べる。第三節では、日本の国内政治を巻き込んだ交渉過程の混乱について述べ、その後の日ソ交渉の流れを概説する。最後に、日ソ交渉の主要アクターが、冷戦の中に日本をどう位置づけていたのかという視点から、冷戦史における日ソ交渉の意義について考察する。

一　交渉の開始

(1) 事前の日米調整

日本の対ソ交渉が、米国との綿密な調整の上に展開されたことは、従来から指摘されてきた点である。[9] 本格的な日米調整は、二月四日の閣議で日ソ交渉を行うことが決定されると同時に始まった。この日、島重信在米公使は国務省を訪ね、日本政府は、ソ連との交渉に臨み、千島列島に対する要求に関して米国の支援を求めることを考慮していると述べた。[10] 島公使の照会を受け、国務省は、米国の立場に関する検討を行った。ここで確認されたのは、南樺太と千島列島の帰属は、講和条約において国際的解決によることとされており、日本は帰属問題の決定に影響を及ぼし得ないという点、講和条約は南樺太と千島列島、歯舞・色丹をソ連に引き渡すものではないという点である。[11]

米国では、三月一〇日に国家安全保障会議の会合が開催され、日ソ交渉について議論された。この席でダレス（Allen W. Dulles）中央情報局長官は、「日本は歯舞・色丹に加えて少なくとも千島列島の二つの島の返還を希望している。歯舞についてはソ連が返還し得る可能性はわずかながら存在するが、一度占領した領土を手放すことはソ連の通常の実行ではない」と述べた。[12] また、ダレス（John F. Dulles）国務長官は、「仮にソ連が千島列島の一部なりとも手放すことがあれば、米国は沖縄返還への日本の強い圧力にさらされることになるだろう。経験上、ソ連が現有の領土を日本に返還することはないと思うが、日米関係を緊張させるためにそうする可能性も考えられる」と述べた。[13] 米国は、ソ連が領土返還に踏み切る可能性を完全に排除していたわけではなかったが、基本的に、そのような可能性はないとの前提に立っていた。そして、日本の領土返還要求を支持する一方で、ソ連による領土返還については望ましくない事態として強く警戒していた。ソ連による領土的譲歩は、仮になされるとすれば日米関係を動揺させ、日本、特に沖縄における米国の立場を揺るがしかねない、との立場である。

米国では、対日政策の見直しの中で、日ソ交渉に関する方針がさらに検討された。四月七日、新たな対日政策文書 NSC5516 が国家安全保障会議で審議され、一部修正のうえ、採択された。[14] ここでは、日本が米国への依存を減少しようと努め、中ソとの関係拡大を含め、より大きな対外行動の自由を求めることへの懸念が示される一方、歯舞・色丹に関する日本の立場への米国の支持が示された。そして再びソ連の南樺太と千島列島に対する主権を認めないとする立場が確認された[15]。この方針は四月二八日、谷正之外務省顧問に伝えられた[16]。交渉開始前の米国の方針では、ソ連が領土返還に踏み切ることはない、という前提の上に、歯舞・色丹に対する日本の領土返還要求を支持する立場と、日本は南樺太と千島列島の帰属問題に影響を及ぼし得ないとする立場とが、競合することなく共存していたのである。

日本政府は、五月二六日、松本俊一全権に次を内容とする基本方針を訓令した[17]。ここでは、講和条約と日米安保の枠組みの中で日ソ国交回復を図るという基本方針が明確にされるとともに、解決されるべき諸懸案として、日本の国連加盟に対する拒否権不行使、戦犯を含む抑留邦人全部の釈放・送還、領土問題（①歯舞、色丹の返還、②千島、南樺太の返還）、漁業問題、通商問題の五点が挙げられた。訓令に明記された交渉の重点課題は、抑留邦人の釈放・送還と歯舞・色丹の返還であり、「あくまでもその貫徹を期せられたい」とされた。少なくともこの二点が合意されない限り、平和条約をソ連との間に締結することはない、というのが日本政府の姿勢であった。

(2) ソ連――二つの対日交渉方針

交渉開始を前に、ソ連外務省は党中央委員会幹部会に交渉方針を提出した。ソ連外務省は、領土に関する交渉や取り決めは一切行わず、戦争終結宣言とともに国交回復の合意を取り交わすこと、その際、何らかの形で日米関係の修正を求めることを提案していた[18]。だが、これに対し、ミコヤン（Anastas Mikoyan）第一副首相が異を唱えた。日本との国交回復は平和条約方式によるべきだと言うのである。ミコヤンの主張を容れて作成された外務省第二案は、「日本がその領土を外国の軍事基地のために供与しない義務を負う場合に限り」歯舞・色丹の二島の引き渡しを示唆し平和条約について交渉しうるとしていた[19]。これらの外務省案は、モロトフとソ連外務省という組織が、対日政策に関し、依然ヤルタの時代に生きていることを示していた。ソ連外務省は、講和条約と日米安保によって根本的に変化した日米関係そのものに異議を申し立てていた。

第一次ロンドン交渉は六月一日に始まった。ソ連側は、外務省第二案に沿ってきわめて強硬な立場で交渉に臨んだ。日米安保に基づく日米関係を前提に交渉を進めようとする日本側と、軍事同盟不参加を求めるソ連側、そして、歯舞・色丹に加え、南樺太と千島列島を主張する日本側と、歯舞・色丹を含めた占領地すべてに対する法的主権の承認を求めるソ連の立場は、原則的な部分で全くかみ合わなかった[20]。

交渉の流れを大きく変えたのは、ジュネーヴ首脳会談（七月四―二一日）における外交的成果を背景に開催された党中央委員会総会（七月一八―二三日）であった。党中央委員会総会でフルシチョフは、「モロトフ同志は、『サンフランシスコ条約がある中でどうして日本と交渉できようか、そこには我々ではなく米国人が居座っているというのに』と仰った。だが、ソ連との国交がない状態こそ、米国の望むところであり、日本は米国の掌中にあり続けることになる。だからこそ、イニシァティブと提案が必要なのだ」と述べた[21]。フルシチョフはここで、日本における米国優位に異を唱えるばかりで、実際的な効果に乏しい外務省の対日政策を槍玉に上げた。具体的な代案として党指導部が提示したのが、ソ連提案である。フルシチョフらは、歯舞・色丹の二島を日本に引き渡して公的な境界画定を行い、戦略的に重要な国後・択捉を含む千島列島の公的承認を確保しようとした。ここでの条件は、南樺太と千島列島に対するソ連の主権を承認すること、二島引き渡しで領土問題の最終的解決とすること、引き渡す二島には軍事施設を配置しないことであった。ソ連提案は同時に、この形で平和条約が締結されるならば、ソ連は日米安保に異を唱えないとしていた[22]。煎じ詰めればソ連提案は、ヤルタ協定（でソ連に約束された領土）の日本（ひいては米国）による承認と、講和条約及び日米安保に基づく日米関係のソ連による承認を相互に行う取引を持ちかけたものであった。マリク（Yakov Malik）全権は、八月五日にはやや漠然と、九日にはより明確に、「その他の諸問題との関連において」歯舞・色丹を引き渡す用意があると発言した。日ソ交渉の場にソ連提案が現れた瞬間であった。

二　ソ連提案の波紋

(1)　重光外相訪米

ソ連提案は、交渉の現場に「交渉の終結は間近い」という期待を抱かせた[23]。だが、重光はきわめて微妙な立場に立たされていた。同月に予定されていた訪米で重光は、日米安保の双務性のある形への改定、日本の自衛力増強と在日米軍の撤退促進、小笠原、沖縄の返還、日中貿易拡大などを要求することを計画していた[24]。この、日米関係の重要な岐路となり得る会談で、日ソ交渉が主要議題に、あるいは主要議題が日ソ交渉に否定的な影響を及ぼすことは回避しなければならなかった。日米関係を損なうことなく領土の返還を実現するために、米国の反応を慎重に見極めようとしたのである。

日ソ交渉が議題となったのは、八月二九日に行われた第一回重光・ダレス会談においてであった。重光相は、「交渉は大して進捗していない」と述べ[25]、日ソ交渉が停滞していると印象づけることに努めた。ダレスは日本側が手交した資料を一瞥して、「領土問題に触れられているが、講和条約において千島、南樺太については極めて注意深く規定が設けられており、これらの地域は条約に調印しないいずれの国にも帰属することのないように規定されている」と述べた。南樺太と千島列島に対するソ連の主権を決して認めることのないよう、改めて直接、重光に警告したのである。重光は、「これらの地域は国際間の討議により帰属が決定されるべきものと考えている」と答えた[26]。つまり、ダレスがこの会談で関心を示したのは、日本がソ連に対していかなる領土要求をするかよりも、南樺太と千島列島の主権承認問題であった[27]。ダレスとの会談の翌日（八月三〇日）、重光は、米国の反応をふまえ、ソ連提案に対して「択捉島、国後島、色丹島、歯舞諸島については、この条約の効力が生じた日に日本国の主権が完全に回復されるものとする」との日本の回答をソ連に伝えるよう、ロンドンへ訓令した（以下、「追加訓令」）。

(2) 米国の対応

事前の日米調整で十分明確になっていなかったのは、仮にソ連が何らかの領土的譲歩に踏み切って日ソ間で公的な境界画定が行われるとなった場合に、そこで南樺太と千島列島の承認問題がどう取り扱われるべきか、という点であった。二島が日本に返還され、日ソ間の境界が画定されるとすれば、事実上にせよ、南樺太と千島列島に対するソ連の主権は承認されることになる。米国が、日本はソ連の主権を承認する立場にないという姿勢を厳密に貫くならば、日ソ境界の公的な画定はいかなる形でも行い得ないこととなり、領土の返還を優先したい日本と、ソ連の主権承認回避を優先したい米国との利害が齟齬することになる。

米国国務省は、ソ連提案をふまえて日ソ交渉に対する米国の姿勢を改めて検討した。九月一八日、ロバートソン（Walter S. Robertson）極東問題担当国務次官補は、ダレスに覚書を送付した。この覚書は、ソ連が南樺太と千島列島に対する主権承認を求めていること、軍艦による日本海周辺の海峡の通航を沿岸諸国に限定する要求を行っていること、歯舞・色丹について非軍事化を要求していることを問題にした[28]。その上で、日本が南樺太と千島列島に対するソ連の主権を承認することを意味するいかなる行動もとらないよう希望することを、米国政府の意向として日本政府に伝えた[29]。重光と谷は、日本政府の立場は全く同じであるとアリソンに答えたうえで、ソ連との交渉における日本政府の立場に変更はなく、今後変更するつもりもないと強調した[30]。ここで重要なことは、日本側は、南樺太と千島列島に関する米国の立場に従うことによって、境界画定、つまり領土返還の可能性が失われたとは考えなかった、ということである。

この頃、日本の国内政治は、米国の誘導もあり、保守合同に向かって進んでいた。自由党勢力は、第一次ロンドン交渉の結果を見て早期妥結に傾く鳩山らを牽制するため、追加訓令を自民党の方針とすることによって日ソ交渉の展開に足かせをかけようとした。日ソ交渉に関して身動きがとれなくなった鳩山と河野は、ソ連との非公式接触を通じて領土問題の棚上げによる早期妥結を模索し始めることになる。

(3) ソ連提案とソ連外務省

九月八日、党中央委員会幹部会は、日本側回答について分析を行い、その後の交渉方針を検討した[31]。モロトフは、日本側回答の国際要因として、対米関係、重光外相訪米との関連を指摘した。重光訪米で日本政府は、沖縄、小笠原問題、米軍撤退の期限設定、対中貿易などの解決を試み、それによって対ソ交渉上の立場、特に領土問題における立場の強化を図ろうとしていたが、米国の譲歩を得ることができなかったと分析した。また、国内要因としてモロトフは、鳩山が依然として議会で多数を制しておらず、日ソ交渉反対派に譲歩せざるを得ないことを挙げた。そのうえでモロトフは、日本側は交渉を引き延ばそうとしており、ソ連側は平和条約交渉においてこれを考慮せざるを得ないとして、交渉の打ち切りを示唆するよう提案した[32]。

交渉の打ち切りを示唆する強硬姿勢は採用されなかった。だが、フルシチョフ主導によるソ連提案を日本側が受け入れなかったことで、日本との交渉をめぐる党と外務省との力関係は、微妙に変化し始める。九月二一日、フルシチョフとブルガーニン（Nikolai Bulganin）首相は、訪ソ中の北村徳太郎元蔵相を団長とする日本の国会議員団三七名とクレムリンで会見した(33)。この会談では、平和条約方式による場合は二島の引き渡しで最終的な譲歩であることをフルシチョフ自らが明言する一方、ドイツとの間で成立したような国交回復方式の可能性が示され、ソ連側から、早期妥結への強い希望が示された。このことは、日本側が追加訓令の形でソ連提案を拒否したことを受けて、ソ連外務省案が交渉方針として復活したことを意味していた。第一次ロンドン交渉休会後、国連総会のソ連随行員としてニューヨークに滞在していたマリクは、「自分は日本側に果たして誠意ありやを疑わしく思ったのでその旨を政府に報告したが、実はこれが貴国議員団に対する最近のフルシチョフ談話の背景となったものである」と述べた(34)。だが、党の推すソ連提案と、ソ連外務省案をともに提示していく、というソ連側の方針転換が、正確に日本側に伝わったわけではなかった。訪ソ議員団との会談は、フルシチョフとブルガーニンが日本側からの質問に答えるという形で行われた上、日本側の質問は抑留者の帰還と漁業問題に集中したからである。

一九五六年一月一七日に再開されることとなった第二次ロンドン交渉を前に、党中央委員会幹部会は、交渉方針を検討した。この場でミコヤンは、領土条項について、南樺太と千島列島の主権承認を条文から取り下げ、境界画定のみにするきわめて重要な修正を加えた(35)。一九四六年一月にすでに国内編入措置を完了させ、軍事占領と行政を継続してきたソ連にとっては、境界画定による事実上の承認があれば十分だということであろう。ミコヤンはさらに、軍事同盟禁止条項の取り下げを確定する一方、日本周辺の海峡における外国軍艦の通航制限に関する海峡通航条項について、日本側が「平和条約その他の問題に関するソ連側の提案を受け入れ」れば、取り下げ可能とした(36)。ソ連の論理では、国後・択捉を含む千島列島に対するソ連の主権が確定するならば、米軍艦艇の接近阻止という安全保障上の目的はひとまず達成できるのであり、従って海峡通航条項の取り下げが可能になるのであった。このようにソ連は、ソ連提案に付していた条件のほぼすべてを取り下げて第二次ロンドン交渉に臨んだのである。

この大幅な修正が、前項で述べた米国の方針を察知した上で行われたのか、また、ここまで譲歩すれば米国の日ソ平和条約容認を引き出せると考えてのものなのかを、史料の上から判断することは難しい。ただ、この時のソ連政治指導部の関心には、第二〇回党大会を前に、平和共存路線の外交的成果を確保し、権力基盤を強化するという、国内的な要因が加わっていたことも看過できない。大幅な修正は、第二〇回党大会においてスターリン批判を明確に行う決定と同じ日の同じ席で決定されたのである。

三　交渉過程の混乱

(1)　鳩山首相による非公式接触[37]

保守合同によって、追加訓令が自民党の公的方針となり、交渉の先行きが見えない中で、鳩山は、持論の領土問題棚上げによる早期妥結に向けて独自の動きを取った。ソ連党中央委員会幹部会が一月三〇日に検討したところによれば、同月一七日、東京で「シミズ」と名乗る鳩山の密使が、元在日代表部のドムニツキー（Andrei Domnitskii）代表と面会し、「現状の国内及び国際政治状況では、日本がソ連と平和条約を締結し国会を通過させることは困難である」「日ソ交渉を早期に妥結させるには、ソ連が日本との戦争状態終結の宣言を行うと同時に日本人抑留者を解放し、大使館を相互に設置して、そのほかの問題を外交関係の中で解決していくほかない」という鳩山と河野の考えを伝えた[38]。鳩山はまた、自民党内の調整に二―三週間を要するので、調整の後に、戦争状態終結宣言と邦人抑留者の解放、大使館の相互設置による国交回復という方針を、第二次ロンドン交渉の場でソ連側から提案する形を取って進めて欲しい、との要望を伝えた。党中央委員会幹部会は、これを了承した。

鳩山は、さっそく「調整」に着手した。一月二六日の記者会見で鳩山は、「戦争終結を確定したい希望がソ連にもあるだろう。……同時に当然抑留者の返還をし、また領土問題も不当にソ連側が占拠しているものはソ連側としていつまでも持っているつもりはないだろうから戦争防止に必要な程度でしばらくそのままにして後日解決することで話し合いがつかないものかと願っている」と発言した[39]。鳩山の対ソ認識は、米国の不安を高めるものであった。

何よりこれは、それまでの日本の交渉方針を根本から覆すものであった。重光は、翌朝鳩山邸を訪問してこの発言の真意を質した。訪問を終えた重光は、「首相は『記者団からの質問に答えてあのような報道がなされたのだが、ロンドンでの交渉は既定方針通りでよい』と言っていた。したがって、首相と私の間に考えの食い違いがないことが分かった」と発言した[40]。鳩山は重光に問い詰められ、すぐに言を翻したのである。鳩山は、「重光君はロンドンにおける交渉の形を変えなければならないのかと思っておうかがいを立てにきたらしい。交渉は従来のままでよいのだ」と発言した。ただ、交渉が行き詰まった場合の措置として領土問題を後回しにするということはあるのかとの質問に対して鳩山は、「それはその時のことでいろいろとあるかも知れないね」と含みを持たせた[41]。鳩山発言に対する自民党内の反発は凄まじく、これでは収まりがつかなかった。二月一五日の参議院予算委員会で鳩山は、「領土問題を後にすると戦争終結宣言してもらえ、抑留者が早く帰るからそれでいいではないかと言ったのは私の言いすぎです」と釈明することを余儀なくされた[42]。鳩山による「調整」はこうして不発に終わった。

鳩山の動きに対抗して政府は、衆議院外務委員会で、講和条約で日本が放棄した千島列島には、国後・択捉両島は含まれていないとする公式見解を示した[43]。また、第二次ロンドン交渉の場では松本が、この方針に沿って交渉を行っていた。松本は、国後・択捉の返還を確保すべく、二月一〇日の非公式会談の場で、東京から携えてきた新しい提案を行った。この提案は、「国後、択捉両島は旧住民のための平和的経営に任せることとし、ソ連の軍艦及び商船はその付近の海峡を自由に通過しうることとし、日本に返還する」と、口頭でソ連側に提示された(44)。

この松本試案に接したマリクは、「これらの二つの島々（国後・択捉）が、二億の国民を擁するソ連国家の安全保障と死活的利益のために不可欠だということは、第二次世界大戦の経験から明らかだ」と述べ、即拒絶した(45)。ソ連側にとって、国後・択捉の返還を求める松本試案は、検討の余地が一切ないものであった。第二次ロンドン交渉は、三月二〇日、再開の見通しのないまま休会となった。

(2) モスクワ漁業交渉

ソ連は、日本政府にとって予想外の形で日本を交渉のテーブルに呼び戻そうとした。三月二一日、ソ連政府は、サケ・マス資源保護のため、北太平洋のソ連領海近接水域における漁業活動に対して制限を課すことを決定したと発表した(46)。このソ連の一方的措置は、鳩山内閣に強い衝撃を与えた。水産業界から政府への働きかけが行われたことは、当然の流れであった。平塚常次郎大日本水産会会長は四月一日、河野を往訪して漁業交渉の即時開始を訴えた(47)。平塚らは、日ソ漁業交渉のための特別委員会を設立し、日本政府が承認しておらず、従って外交権を持たない元在日ソ連代表部を経由してでも漁業交渉を行うべきであるとの決議案を採択した(48)。

さらにこの時期、ソ連当局による劣悪な取り扱いに抗議し、日本人抑留者がハバロフスクの捕虜収容所において、サボタージュによる請願運動を行なっていたことが判明した(49)。ソ連側は、抑留邦人の帰還を小出しに進めていたが、日ソ交渉妥結後の帰還を繰り返すばかりで、日本側は依然としてソ連に留め置かれている邦人の正確な人数さえ把握できずにいた。そこへ、ソ連による劣悪な扱いが露呈されるに至り、抑留者家族とその支援団体は、日ソ交渉再開への圧力を強めたのである。三月三〇日には、抑留者の早期帰還を支持する決議が参議院本会議で採択された(50)。日本政府は、結局これらの圧力に屈し、漁業交渉の実施でソ連政府と合意した(51)。

漁業交渉の実施に際してソ連側は、この交渉を通じて達成された合意は、平和条約の批准ないし国交回復の時に効力を発生するとすることを予め決定していた(52)。当時においても十分推測されていたことではあるが、ソ連は、日ソ交渉に結びつける意図を持って、日本を漁業交渉に引きずり込んだのである。従って、漁業交渉の全権を誰にするかという問題は、その後の日ソ交渉の方向性に関わる問題だった。重光らは、河野訪ソによって交渉の基本方針が崩されることを恐れ、対ソ強硬派の西春彦大使を全権とするよう画策した。しかしながら、四月一一日、鳩山は河野を全権に任命した(53)。これを受け、政府及び自民党幹部会は、四月一二日、河野に対し、モスクワでは漁業問題以外のいかなる問題にも触れぬよう警告した(54)。他方、鳩山は、漁業問題の解決は日ソ間の平和的関係の促進に寄与すると述べた(55)。鳩山は、河野が漁業交渉のためにモスクワに向かう機会を利用して、日ソ交渉における主導権を取り戻そうとしていた。

四月二八日から始まった交渉は難航した。河野は、漁業協定の締結をあきらめ、一九五六年の漁期に限定して北洋漁業が可能となるような暫定協定を結んで一時的な解決を図ろうとし、ブルガーニンとの非公式会談を要請した。非公式会談は五月九日に行われた。広く知られているように、この時河野は、通訳も随員も連れず単独で会見を行った[56]。この会談でブルガーニンは、アデナウアー方式による国交回復か、平和条約の締結かによって日本は早期国交回復実現に貢献すべきであると主張した[57]。ブルガーニンは、ソ連提案と外務省案の二案提示、そして歯舞・色丹以上の領土的譲歩は一切ないとの党の方針をそのまま述べたのである。

だが、河野は、ブルガーニンにアデナウアー方式を強く勧められたと主張した[58]。河野はまず、米国の事前了解を取り付けるべく、漁業交渉の帰路渡米し、五月一九日にダレスと会談した[59]。この会談で河野は、アデナウアー方式による妥結を強く勧められたと述べ、日本がこの方式で妥結することは不可避であると考えると発言した[60]。こうした河野の行動を、自民党内の慎重派は公然と批判した。五月二四日の閣議では、重光が漁業協定の調印に絶対同意しないと述べた。また、吉田茂、芦田均、岡崎勝男ら元外交官の長老政治家は、アデナウアー方式にあくまで反対するという考えを表明した[61]。

漁業交渉が日ソ交渉に与えたもう一つの重要な影響は、この過程でソ連側が、ドムニツキーを帰国させ、チフビンスキー（Sergei Tikhvinskii）公使を後任として東京に送り込むことに成功したことである。当初、日本政府は、元在日ソ連代表部を認めていない状況下において、ドムニツキーを帰還させることはともかく、後任を受け入れることには消極的であった。しかしながら、厳しい漁業制限を課され、漁業交渉実施への漁業界からの圧力が強まる中、ソ連側の要求を受け入れざるを得なかった[62]。チフビンスキーは、領土的譲歩は国益に反すると考えており、ソ連提案に内心強い反感を抱いていた[63]。そして着任後、二案提示という党の方針から外れることはないまでも、外務省案への誘導を図るべく、河野と頻繁に接触した。ソ連外務省やチフビンスキーにとって、交渉の主導権を握ろうとする鳩山と河野の動きがきわめて好都合であったことは言うまでもない。

この時期、ソ連では、領土的譲歩への反対論が外務省以外にも広がり始めていた。五月二八日にモロトフの解任が決定され、シェピーロフ（Dmitrii Shepirov）が後任となると、ジューコフ（Georgii Zhukov）国防相は、参謀本部と国家保安委員会の一致した結論として、二島引き渡しに対する反対意見を表明したのである[64]。

(3) 漁業交渉後の日ソ交渉

日ソ交渉で平和条約方式を見送ることが誰の目にも明らかになったのは、重光が全権としてソ連と行った、第一次モスクワ交渉後のダレスとの会談においてである。重光は、漁業交渉の後、日ソ交渉が領土問題棚上げへと急速に流されるのを阻止するため、自ら全権として交渉に当たることを決意した。重光が領土棚上げ方式に対して批判的であったのは、これを採用した場合、歯舞・色丹の返還を確保する機会が半永久的に失われてしまうという危機感ゆえである。交渉に先立ち、重光は、アリソン（John Allison）在日米国大使と会談し、米国の理解を得ようと試みた。この会談で重光は、日本が講和条約においてすでに南樺太及び千島列島に対する権利、権限、請求権を放棄している点を、ソ連に対しても確認する形であれば、これらの領土に対するソ連の主権承認と解されることなくソ連との合意を形成することができるとの解釈を示した[65]。これに対してアリソンは、「南樺太と千島列島の最終的処分はなされておらず、国際的協定によって決定される問題」であり、日本は、千島列島と南樺太に対するソ連の主権を承認できる立場にはない、という点を再確認した[66]。米国は重光の見解を支持しなかったのである。それでもなお重光は、日本が日本にできる限り有利な処理にソ連の同意をとりつけようとすることに異議が唱えられないことを希望する、と述べた[67]。アリソンは、自身はこれに公的な答えを出す立場にはないが、個人的な見解では日本とソ連は互いに満足のいく領土処理に合意することができるし、連合国がこれに異議を唱えるとは思わない、と述べた[68]。

重光全権は、第一次モスクワ交渉で、国後・択捉返還要求の歴史的正当性を繰り返し強く主張したが、ソ連の明確で強固な拒絶に遭った。そこで、ソ連側の提示した改訂版領土条項を基礎とし、日本側の提案する条文案との擦り合わせが試みられたものの、日ソ間の折り合いはつかなかった。このため、重光は改訂版の領土条項での妥結を決意した。広く知られているように、この決意は臨時閣議において全会一致で否決された。

ダレスは、ロンドンで行われた重光との会談で、「もし日本が千島の完全な主権がソ連にあることを認めるならば、同じようにわれわれも沖縄に対する完全な主権が米国にあると考えることを意味するであろう」と述べ[69]、重光の翻意を促した。その一方、米国は日ソ交渉に対する方針の検討を行い、九月七日、次の内容を持った覚書（Aide-Memoire）を谷駐米大使に手交した[70]。この覚書は、日本は講和条約で放棄した領土に対する主権を他に引き渡す権利を有していないことを再確認すると同時に、国際会議による解決は、台湾や沖縄の帰属の問題が提起される危険性があり、これを回避すべきとの米国の立場を述べていた[71]。ただ、国後・択捉について、歴史的事実の慎重な検討の結果、これらの島はこれまで常に「日本固有の領土」の一部であり「正当に日本国の主権下にある」ものとして認められるべきであるという、新たな立場を打ち出していた[72]。これは、もちろん、両島に関する日本の主張を従来よりも強く支持する見解である。ただし、この時点では、国後・択捉は放棄した千島列島に含まれていないという日本の主張をそのまま認めたわけではなかった。法はともかく歴史的正当性によれば両島は日本領であるというのが米国の立場であった[73]。覚書とともに日本政府に渡された口上書（Oral Points）において米国は、その戦略的価値から判断して、ソ連が国後・択捉をあきらめることはないであろうと述べている。そのうえで米国は、米国が「固有の領土」と認めた以上、日本が国後・択捉をあきらめることが難しくなる状況を期待したのである。

鳩山は、自ら訪ソして交渉を妥結させる決意を表明した。そして、

「領土問題に関する交渉は後日継続して行うことを条件として」、戦争状態の終了、大使の交換、在ソ抑留者の即時送還、漁業条約発効、日本の国連加盟支持、の五点につき取りまとめて、国交の正常化を図ることについてソ連側と書簡の交換を行った。鳩山からの書簡に対し、九月一三日付でソ連側返書があり、チフビンスキーは一五日にこれを直接鳩山に手交した。このソ連側回答は、日本側の提案した五項目について応諾したものの、日本側が交渉再開の前提条件として付していた領土問題の後日継続審議には触れていなかった[74]。鳩山訪ソにはもとより猛烈な反発が提起されていたが、反対勢力は特にこの点を問題とした。チフビンスキーは、一旦は確答を避けながら、重ねて確認を求める鳩山に対して、「国交正常化の手続きについて、平和条約方式によるならば、領土についてはハボマイ、シコタンを日本に譲渡する。これが最終的態度で変更はない。もし日本に平和条約に署名する用意がないなら平和条約によらないこともできる。すなわち両国は大使を交換し、同時に戦争状態終結宣言をする。しかし、領土の現状には変更を加えない。これは、一九五五年九月二一日、フルシチョフとブルガーニンが日本の議員団との会談ですでに表明した立場である」(傍点筆者)と答えた[75]。芦田自民党外交調査会長は、このチフビンスキー発言を受け、一九五六年九月一七日、自民党顧問会の場で、「平和条約によらない戦争終結宣言で国交を恢復し領土問題の規定がなければ、占領地は占領国に帰属するのが国際法の通念だと言う。これは注意すべき点である」と発言した[76]。二〇日に決定・公表された自民党新方針は、歯舞・色丹の即時返還と、国後・択捉の継続協議を軸としており、鳩山がソ連側と調整していた領土棚上げによる交渉方針を米国の側に引きずり戻すものであった。

第二次モスクワ交渉は、領土問題は棚上げして後日、平和条約の締結を継続審議することをあらかじめ確認した松本とグロムイコ(Andrei Gromyko)外務次官との間の往復書簡に沿って始まった。だが、ソ連外務省の期待に反し、河野との会談でフルシチョフは、「平和条約締結後の歯舞・色丹の引き渡し」を書き加えることにした。これによって、領土問題を取り上げないという前提は崩れたのだが、その後も、日ソ共同宣言案文には「外交関係が回復された後、領土問題を含む平和条約の締結に関する交渉を継続する」という文言が残っていた。日本側が、「領土問題を含む」から、国後・択捉に関する継続協議を読み込めるとの期待を持ったことは当然である。しかしながら最終的に、フルシチョフの頑なな主張により、「領土問題を含む」は削除されることとなった。「そうでないと歯舞・色丹の他にまだ何か領土問題があるようにとられる恐れがある」と言うのである[77]。日ソ共同宣言は、平和条約締結後の二島引き渡しで領土問題は最終的に解決するとするソ連側解釈と、「領土問題を含む」が削除されても継続協議の余地ありとする日本側解釈の平行線の形で日ソ間の懸隔を内在することになったのである。

おわりに

対日交渉方針をめぐるソ連の政治指導部内の論争は、地域秩序に果たす米国の役割と、日本の位置づけに関する意見の相違に由来していた。本稿の分析を通じてさらに明らかになったのは、この相違は、講和条約後の日米関係の見通しに関する温度差でもあったということである。ソ連外務省は、日本を拠点とする米国の東アジアプレゼンスそれ自体を否定し、この現状が変わらない限り領土問題の交渉は行い得ないという立場を取った。日米関係が根本的に変わる可能性に関しては悲観的であり、交渉の目的を、既得権益の確保に設定した。ソ連としてはきわめて現実主義的な交渉方針であったと言える。これに対してフルシチョフらは、歯舞・色丹の引き渡しが、日米関係を大きく変えることはないまでも、日ソ関係の改善を通じて日本における米国優位を相対化していくことは可能であると考えた。国後・択捉に関しては一切譲らず、ソ連の安全保障を確保することに強い関心を持っていた点では現実的であったが、日米関係が変わっていく見通しにおいては楽観的であった。だからこそ、一九六〇年一月、安保改定に接すると対日覚書を発し、日本の領土から全外国軍隊が撤退しない限り、平和条約締結後の歯舞・色丹の引き渡しはないと声明したのである。この意味でソ連提案は、平和共存政策による緊張緩和への期待があった時代、そして日米関係の見通しに一定の幅があった時代の産物であった。

米国は、従来支持してきた、日本の二島返還要求支持という立場を維持することよりも、対ソ戦略上の立場を一歩たりとも後退させないことを優先した。米国にとって、講和条約と日米安保に基づく日米関係は、ソ連の承認を要せずすでに存在しているものであった。米国はソ連提案の詳細を交渉当時において把握していたわけではないが、米国の冷戦政策に、ソ連との相互承認・平和共存を受け容れる選択肢はもとより存在しなかった。だからこそ、南樺太と千島列島の主権承認をあくまで拒絶する一方で、国後・択捉に対する返還要求の歴史的正当性を明示的に支持するという、より魅力的な選択肢を示すことによって、日本をより強固に自らの秩序により強固に留め置くことにしたのである。日ソ交渉の結末はこの意味で、ソ連にとって、東アジアにおける平和共存政策、日本を自らに引き寄せようとする試みにおける一つの大きな失敗であった。日本の交渉団がこの点にどこまで自覚的であったかは別として、この交渉を通じて日本は、米国の設定する意味における冷戦の受益者たる立場を改めて選択し、冷戦の固定化、分断による安定に貢献したのである。

（1）菅英輝「変容する秩序と冷戦の終焉」同編著『冷戦史の再検討』法政大学出版局、二〇一〇年、一―二頁。波多野澄雄「総説」同編『日本の外交　第2巻　外交史　戦後編』岩波書店、二〇一三年、一―二頁。

（2）講和・安保に関する代表的な研究として、細谷千博『サンフランシスコ講和への道』中央公論社、一九八四年。渡辺昭夫・宮里政玄編『サンフランシスコ講和』東京大学出版会、一九八六年。五十嵐武士『対日講和と冷戦――戦後日米関係の形成――』東京大学出版会、一九八六年。楠綾子『吉田茂と安全保障政策の形成』ミネルヴァ書房、二〇〇九年。

（3）樋渡由美『戦後政治と日米関係』東京大学出版会、一九九〇年。坂元一哉『日米同盟の絆――安保条約と相互性の模索』有斐閣、二〇〇〇年。池田慎太郎『日米同盟の政治史――アリソン駐日大使

と「一九五五年体制」の成立――』国際書院、二〇〇四年。

（4）和田春樹『北方領土問題を考える』岩波書店、一九九〇年。田中孝彦『日ソ国交回復の史的研究――戦後日ソ関係の起点：一九四五～一九五六――』有斐閣、一九九三年。坂元一哉「日ソ国交回復交渉とアメリカ――ダレスはなぜ介入したか――」『国際政治』一〇五号、一九九四年一月、一四四―一六二頁。和田春樹『北方領土問題――歴史と未来』朝日新聞社、一九九九年。泉川泰博「日ソ国交回復交渉をめぐる日本の自主外交模索とアメリカの対日戦略」『国際政治』一四四号、二〇〇六年二月、一三〇―一四五頁。泉川泰博「日ソ国交正常化交渉と日米関係――外相重光葵と日本の自主外交――」『ロシア史研究』八〇巻、二〇〇七年、三六―四四頁。岩下明裕「フルシチョフ対日外交のインプリケーション――「二島返還」オプションとその挫折――」『ロシア史研究』八〇巻、二〇〇七年、四五―五九頁。梶浦篤「日ソ復交交渉に対する米国の戦略（Ⅰ）―（Ⅳ）」『政治経済史学』五四六―五四九号、二〇一二年四―七月。溝口修平「日ソ国交正常化交渉に対する米国の政策の変化と連続性」『国際政治』一七六号、二〇一四年三月、一一一―一二五頁。

（5）Antony Best, "Japan and the Cold War: An Overview," in Richard H. Immerman and Petra Goedde (eds.), *The Oxford Handbook of the Cold War*, Oxford University Press, 2013, pp. 286–302.

（6）"Telegram From the Department of State to the Embassy in Japan," 26 January 1955, *FRUS 1955–1957*, Vol. XXIII, pp. 11–12.

（7）岡田美保「日ソ国交回復交渉の再検討」『国際政治』第二〇〇号、二〇二〇年三月、八四―一〇〇頁。なお、南樺太と千島列島では歴史的経緯が異なるものの、本稿では紙幅節減のために併記する。

（8）国立公文書館「第二一回通常国会における外務大臣による外交方針演説」内閣公文・国会会議・国務大臣の演説、発言・B二四―一・第一巻、一九五五年一月二〇日、八頁。

（9）Takahiko Tanaka, "The Soviet-Japanese Normalization in 1955–6 and US-Japanese Relations," *Hitotsubashi Journal of Law and Politics*, No. 21, February 1993, pp. 65–93.

（10）Hoover to American Embassy in Tokyo, 4 February 1955, 661.491/2-455, NA.

（11）"Memorandum From the Director of the Office of Northeast Asian Affairs (McClurkin) to the Assistant Legal Adviser for Far Eastern Affairs (Snow)," 16 February 1955, *FRUS 1955–1957*, Vol. XXIII, pp. 19–21.

（12）"Editorial Note," 10 March 1955, *FRUS 1955–1957*, Vol. XXIII, pp. 28–29.

（13）Ibid.

（14）"National Security Council Report," 9 April 1955, *FRUS 1955–1957*, Vol. XXIII, pp. 52–62.

（15）Ibid.

（16）"Memorandum From the Deputy Assistant Secretary of State for Far Eastern Affairs (Sebald) to the Deputy Under Secretary of State for Political Affairs (Murphy)," 20 April 1955, *FRUS 1955–1957*, Vol. XXIII, pp. 65–68.; "Memorandum handed to Ambassador Tani by the Ambassador, Tokyo," 28 April 1955, 661.941/10-2055, NA.

（17）久保田正明『クレムリンへの使節――北方領土交渉1955–1983』文藝春秋、一九八三年、三二―三四頁。この訓令は、「訓令第一六号」として知られており、その存在と内容は、米国国務省史料の分析によって実証されている。田中『日ソ国交回復の史的研究』、九五―一〇六頁。

（18）РГАНИ, Ф.3, О.8, Д.239, л.129–138.

（19）РГАНИ, Ф.3, О.8, Д.245, л.117–128.

（20）松本俊一『モスクワにかける虹――日ソ国交回復秘録』朝日新聞社、一九六六年、三〇―三五頁。
（21）РГАНИ, Ф.2, О.1, Д.180, л.200.
（22）РГАНИ, Ф.3, О.8, Д.265, л.81–84.
（23）松本、前掲書、四四頁。
（24）坂元一哉「重光訪米と安保改定構想の挫折」『三重大学　法経論叢』第一〇巻第二号、一九九四年、二三―五八頁。田中孝彦「日ソ国交回復交渉（一九五五―五六）と重光外交」『国際政治』九九号、一九九二年三月、一四九―一六七頁。
（25）外務省外交史料館、A'.1.5.2.3–5『重光外務大臣訪米関係一件』「重光・ダレス会談」第一回会談（一九五五年八月二九日）記録。
（26）同上。
（27）"Japanese-Soviet Negotiations," 29 August 1955, 石井修、小野直樹監修 Documents on United States Policy Toward Japan VI, Documents Related to Diplomatic and Military Matters, Vol. 8, pp. 239–246.
（28）"Memorandum From the Assistant Secretary of State for Far Eastern Affairs (Robertson) to the Secretary of State," 18 September 1955, *FRUS 1955–1957*, vol. XXIII, pp. 122–123.
（29）Ibid.
（30）Ibid.
（31）РГАНИ, Ф.3, О.8, Д.296, л.53–66.
（32）там же.
（33）РГАНИ, Ф.52, О.1, Д.596, л.22–41.
（34）「日ソ交渉や一八国加盟案に関するマリク大使との懇談内容につき報告」ニューヨーク発本省宛、一九五五年一〇月六日、外務省『日本外交文書　国際連合への加盟』六一書房、二〇一九年、二四五―二四七頁。
（35）РГАНИ, Ф.3, О.8, Д.356, л.22–32.
（36）там же.
（37）本稿で非公式接触とは、公式の資格を持つ者が、事前公表の下に従事するものを除く、交渉相手国とのあらゆる接触を指す。接触（contact）には、情報収集、伝達、連絡などから、打ち合わせ、打診、調整など、交渉の実現を目標とする人的接触のすべてが含まれる。交渉は概念上、接触に包摂される一方、接触では必ずしも交渉が行われるわけではない。西原正「国家間交渉における「非公式接触者」の機能――日本とアメリカの対外交渉を中心に――」『国際政治』第五〇号、一九七四年五月、六六―八七頁。西原正「日本外交と非公式接触者」『国際政治』第七五号、一九八三年一〇月、一―一一頁。
（38）РГАНИ, Ф.3, О.8, Д.372, л.96–104.
（39）『朝日新聞』一九五六年一月二六日夕刊。
（40）『朝日新聞』一九五六年一月二七日夕刊。
（41）同上。
（42）第二四回国会参議院予算委員会会議録第五号、一九五六年二月一五日。
（43）第二四回国会衆議院外務委員会会議録第四号、一九五六年二月一一日。
（44）松本、前掲書、八四頁。
（45）АВП РФ Ф.069, О.43, П.180, л.81–88. なお、松本、前掲書（八五―八六頁）は、マリクにおいては手応えがあったとしているが、この交渉でソ連が、国後・択捉に関する交渉の余地を一貫して否定し続けたことをふまえるならば、この記述をにわかに信じることは難しい。
（46）「いわゆるブルガーニン・ラインに関するソ連邦大臣会議決定及び漁業相措置」茂田宏、末澤昌二編『日ソ基本文書・資料集』世界の動き社、一九八八年、二五九―二六〇頁。
（47）『朝日新聞』一九五六年四月一日。

（48）『朝日新聞』一九五六年四月三日。
（49）『朝日新聞』一九五六年三月二二日。
（50）第二四回国会参議院本会議第二八号、一九五六年三月三〇日。
（51）РГАНИ, Ф.3, О.12, Д.30, л.4–7.
（52）РГАНИ, Ф.3, О.12, Д.30, л.4–7.
（53）『朝日新聞』一九五六年四月一五日。
（54）『朝日新聞』一九五六年四月一二日。
（55）『朝日新聞』一九五六年四月一四日。
（56）この会談が通訳を介さず、また記録を残さずに行われたことの弊害については別稿を設けて論じたい。
（57）『朝日新聞』一九五六年五月一五日。
（58）河野一郎『いまだから話そう――河野一郎回顧録』春陽堂書店、一九五八年、三三―三五頁。
（59）村川一郎『ダレスと吉田茂：プリンストン大学所蔵ダレス文書を中心として』国書刊行会、一九九一年、一九〇頁。
（60）"Memorandum of a Conversation, Secretary Dulles' Residence," 19 May 1956, *FRUS 1955–1957*, vol. XXIII, pp. 175–178.
（61）『朝日新聞』一九五六年五月二五日。
（62）『毎日新聞』一九五六年五月一四日。『毎日新聞』一九五六年六月六日。によれば、チフビンスキーは、情報将校として国家保安委員会本部の極東情報局次長を務めた後、外交官としてロンドン交渉の交渉団に加わっていたところ、対日工作強化のため東京へ送り込まれた。
（63）С.Л. Тихвинский, Россия-Япония обречены на добрососедство, М: Памятники исторической мысли, 1996, с.114–118.
（64）Иван Серов, Записки из Чемодана, М: Олма, 2019, с.476.
（65）"Robertson to Hoover," 24 July 1956, 661, 941/7-2456, NA.
（66）"Memo from Hemenginder to Fite," August 3, 1956, 661.941/8-356, NA.
（67）Ibid.
（68）Ibid.
（69）"Memorandum of Conversation Between Secretary of State Dulles and Foreign Minister Shigemitsu, Ambassador Aldrich's Residence, London," 19 August 1956, *FRUS 1955–1957*, Vol. XXIII, pp. 202–204.
（70）"Memorandum of a Conversation, Secretary Dulles' Residence," 7 September 1956, *FRUS 1955–1957*, vol. XXIII, pp. 227–232.
（71）"Memorandum of a Conversation, Secretary Dulles' Residence," 7 September 1956, op.cit.
（72）Ibid.
（73）溝口、前掲論文。
（74）「鳩山・ブルガーニン往復書簡」一九五六年九月一一日、九月一三日、茂田、前掲書、一四八―一四九頁。
（75）『三木武夫文書』「鳩山総理・チフビンスキー公使会談録」一九五六年九月一五日。
（76）芦田均『芦田均日記』岩波書店、一九八六年、二〇八頁。
（77）«Соглашается на передачу Японии островов Хабомаи и Сикотан» Источник, №6, 1996г., с.107–136.

（おかだ　みほ　防衛大学校）

日本国際政治学会編『国際政治』第209号「冷戦と日本外交」（二〇二三年三月）

日英原子力一般協定（一九五八年）

――「自主」の試みとその変容――

田中慎吾

はじめに

戦後日本の原子力開発は、一九五二年四月の対日平和条約の発効により解禁された。しかし軍事転用を怖れる一部の科学者を中心に慎重論もあり、具体的計画の策定は遅れ、一九五四年九月の原子力利用準備調査会の設置により、ようやくその検討が開始された。翌一〇月、日本学術会議は同年四月に採択していた公開・民主・自主の原子力開発三原則を具体化させた、七原則の申し入れを行った。原子力利用準備調査会ではそれらの主旨を了承し、原子力研究開発の基本方針に盛り込まれることとなった。(1)

それゆえ一九五五年の「日米原子力研究協定（以下、研究協定）(2)」の米側案文に、締約国は発電などの動力発生用原子炉（以下、発電炉）についても協力を希望するとの条文が含まれていることが大きな問題となった。日本側は安易な外国への依存を避け自主を確保するべく、同条文の削除を要求し、最終的に米側が応じて協定が締結されたのであった。(3)しかし三年後の一九五八年六月一六日、日本は米国と発電炉の協力を規定した「日米原子力一般協定（以下、日米協定）(4)」を締結し、結局は「核の傘」と併せて原子力発電においても米国への依存を深めることとなった。

ただし日米協定が首都ワシントンで署名された同日、ロンドンでは同じく発電炉の協力に関する「日英原子力一般協定（以下、日英協定）(5)」が締結されていた。同協定に基づいて日本は英製の大型発電炉を一基輸入し、一九六六年七月に日本最初の商業発電の開始をもたらすこととなった。(6)

こうした日英協定は、「心を勝ち取る闘い(7)」であった冷戦下において対米関係の悪化リスクを含んでいた。核エネルギーの軍事利用である核兵器にくわえて、平和利用である原子力発電においても米国が世界を先導することは、社会体制の先進性を誇示する上で重要な意義を有していたからである。とりわけ三度のヒバク（被爆・被曝）経験を有する日本との協力は、米国の善良さをも示す上で必要不可欠といえた。

それでは日英両国は、当時の米国アイゼンハワー（Dwight D. Eisenhower）政権の冷戦戦略を阻害しかねない同協定を、いかなる目的から締結したのであろうか。また、いかなる経緯から日米と日英の二つの協定は同日に締結されたのであろうか。

これまで日英協定締結の要因としては、以下二つの点が指摘されてきた。第一に、正力松太郎の政治的野心である。一九五五年二月の衆議院選挙に初当選した讀売新聞社の社主・正力は、総理の座を狙うための実績作りとして原子力発電の早期実現を目指した。そこで正力は、西側世界では最も実用化に近かった英国との協定締結を主導したとの指摘である[8]。第二に、潜在的な核武装能力の追求である。この見解は、日本が輸入した英製発電炉が核兵器向けのプルトニウム生産炉を発電用に改造したものであったとの事実や、核兵器への関心を隠さなかった岸信介が一九五七年二月に首相に就任したこと等を論拠とする[9]。確かに当時の米国務省の報告書には、日本の一部に核武装追求と目される動きを指摘するものがある[10]が、実証的な乏しさは否めない。

このように先行研究は、日英協定の締結を日本国内の特定の要因に着目して考察を行ってきたが、現実的には武田悠が指摘するように、正力の野心を中心に多様な要因が複合的に作用した結果と見なすべきであろう[11]。

また先行研究は、日英協定を冷戦下における両国の外交政策として考察を行うことはなかった。一九五〇年代の英国によるアジア諸国への原子力協力については、わずかに友次晋介の論考において、英国はアジア諸国への援助が反共的な性格を帯びることを嫌ったとの指摘が存在する程度である[12]。

くわえて、日米と日英の二つの協定が同日締結に至った経緯を考察した研究も管見の限り存在しない。唯一当時の『原子力白書』が、「まず米国と、次いで英国、カナダと交渉、逐次締結していく方針であったが、米国との交渉が難航したので、これと平行して英国と交渉を行い、偶然にも（昭和）三三年六月に至って米英同時に締結にこぎつけた（括弧内筆者）」と記述するのみである[13]。

こうした研究動向を踏まえて本稿は、日英並びに日米協定の締結経緯を日米英の機密解除史料に依拠して考察し、その背後にあった日英両国の政治的思惑や、二つの協定が同日締結された理由の解明を目指すこととする。以下、第一節では日英の接近が両国それぞれの自主追求の一環であったことを示し、第二節においては米国による介入の結果、日英両国が対米関係を優先させたことを示す。第三節では二つの協定の同日締結は日本主導の結果であったことを明らかにする。以上から本稿は、日英双方が当初目指した自主は、一連の過程において大きく変容していたことを主張する。

一　日英接近

(1)　両国の初動とその動機

日英両国の接近は、英国史料から判断する限り、日米間で研究協定の仮署名が行われる一〇日ほど前の一九五五年六月一六日に端を発する。この日、日本は英国に対して核燃料の供給可能性を内々に問い合わせたのである[14]。これはおそらく核燃料の調達先の多様化を模索することによって、特定の国すなわち米国に依存しないとの意味における自主の確保を目指したものと考えられる。

こうした日本からの接近は、英国にとって歓迎すべきものであった。それは二度の大戦によって大きく毀損した英国の政治的地位の回復に資するものと考えられたからである。資源不足ゆえに原子力発電の研究開発にいち早く着手していた英国にとって、当時の先進技術の結晶といえる同分野での国際協力は、数少ない政治的資源になり得た。実際に英国は戦後早い時期より放射性同位体を輸出し、その人材教育を受け入れていた。一九五五年七月には豪国との間に濃縮ウランを燃料とする研究炉の提供に合意し、これを皮切りに研究炉の輸出を目指していた[15]。このように英国にとって原子力分野の研究開発は、第一義的には自国の電力不足の解消を目的としたが、外交政策の重要な手段でもあった[16]。また、恒常的な赤字に陥っていた貿易収支の改善においても対日協力は望ましかった。原子力発電は中東産石油への依存を低減させるとともに、発電炉の輸出は巨額の利益を継続的にもたらすとして期待が高まっていたのである。

それゆえ当時の英国イーデン（Anthony Eden）政権は積極的行動に出た。それが戦争省による日本人自衛官「クリス大佐（Colonel Kurisu）」の招請計画である[17]。戦争省は一九五五年一一月一六日から約三週間、欧州初の原子炉が設置されていたオックスフォード近郊のハーウェル研究所を含む、同人物が希望するあらゆる軍事施設の見学計画を立案したのであった[18]。しかし核エネルギー分野の研究開発を主管した英国原子力公社（United Kingdom Atomic Energy Authority）は、クリスが科学者ではないことやハーウェル研究所の多忙を理由に同研究所への訪問申請を却下した。そこで英戦争省は英外務省に助力を請うたところ、英外務省もクリスの訪英に重要な意義を認め、英原子力公社に再考を促したのであった[19]。

両省の狙いは、日本政府が英国の駐在武官に供与していた、日本国内を自由に視察出来る便宜の継続にあった。それまで英外務省は、日本には視察に値するものが殆ど無いと見なしていたものの、「日本で防衛軍が組織され、本格的な核エネルギー研究が開始されたのならば、そうした便宜は極めて価値有るものになる」と考え、クリスへの便宜供与を図ったのであった[20]。しかし英原子力公社は拒否する姿勢を崩さなかった[21]。残念ながらクリスが実際に訪英したのかも含めて判然としないが、戦争省と英外務省は単に経済的な利益のみではなく、日本の核エネルギー研究開発の方向性に広く関心を有していたとは言えるであろう[22]。

こうした英国側の動きに日本側は更なる働きかけを行った。その一つが当時の首相・鳩山一郎の長男であり、大蔵省主計局主計官の鳩山威一郎らの渡英であった。彼らは一九五五年一一月一一日から一週間、原子力予算の規模や組織運営の在り方について英原子力公社から聞き取りを実施したのである。(23)

ただし依然として日本では、発電炉の具体的な開発方針は未定であった。鳩山が渡英した一一月、原子力利用準備調査会は今後一〇年以内の原子力発電の実用化を掲げた「原子力研究開発計画」を策定したものの、その主たる内容は三基の研究炉の輸入と、一基の国産研究炉の建設であり、発電炉については動力試験炉の方針を一九五八年度内に決定するとのみ記されていた。(24)

(2) 日英協力の模索

二カ月後の一九五六年一月一日に原子力委員会が発足し、正力が初代委員長に就任すると事態は大きく動き出した。同月四日の初会合の後、正力は五年以内に原子力発電所を建設すべく、米国と一般協定の締結を目指すことが原子力委員会の総意と発言したのである。(25)正力の完全な独断であった本発言によって委員会は大紛糾し、二日後に正力は発言の訂正を迫られた。(26)しかし正力は引き続き米英双方に接近を試みた。その一環として二月二四日に讀売新聞社は、ハーウェル研究所所長のコッククロフト（John Cockcroft）の招聘を在日英国大使館に要請したのであった。(27)

三月二日には化石燃料の資源配分や価格統制を所管する燃料・動力省の前大臣ロイド（Geoffrey Lloyd）が来日し、自国の発電炉開発の順調さをアピールして日本で大きな反響を呼んだ。これを受けて在日英国大使館は、日本への輸出は巨大な産業契約になるのみならず、日本の原子力産業を我々英国の原則と方法に順応せしめ、多くの栄光と尊敬、政治的な信用を我々にもたらすとして日英協力の必要性を本国政府に訴えた。(28)

各種調整の結果、讀売が求めたコッククロフトではなく、原子炉開発の責任者である英原子力公社産業部長ヒントン（Christopher Hinton）が、同年五月一六日から三〇日にかけて来日した。ヒントンは滞日中、鳩山一郎や正力を含む政財界の多くの人物と懇談し、まもなく英国にて実用化される発電炉は十分に安全かつ経済的であり、将来的には火力発電に対抗できるとまで主張した。これを真に受けた正力は、実用化になお数年を要する米製発電炉（濃縮ウランを利用）に換えて、天然ウランを利用する英製発電炉の早期輸入を主張していくこととなった。(29)ただし原子力委員会としては一九五六年九月、核燃料が消費量よりも増加する増殖炉（天然ウランとプルトニウムを利用）の国産化と、核燃料サイクルの確立を究極的目標と定め、そのための経験と技術を習得するべく、また、直近の電力不足の解消を目的として、海外より発電炉を数基輸入するとの「原子力開発利用長期基本計画」を策定した。(30)

一方でヒントンは訪日の結果を踏まえ、日本の市場は英国を除けば世界で最も大きく重要であり、この事実に気付いている米国が日本市場の独占を目指しているとして、より一層の積極的な売り込みを本国政府に提言したのであった。(31)

これらを受けてイーデン政権は、日本の原子力市場の獲得に乗り出すこととなった。それは米国との競合を意味した。アイゼンハワー政権下の米国は、他国との平和利用協力を可能にするべく一九五四年八月に原子力法を改正し、日本を含む複数の国々と研究協定の締結に着手していた(32)。上述したようにそれら研究協定には発電炉の協力希望条項が含まれており、既に米側に有利な形で発電炉市場の前哨戦が始まっていたのである。

そこで英外務省と英原子力公社は、日本側に提示する各種条件について一九五六年一〇月より議論を開始した。英国案の注目すべき点は、日本へ供給するウランに濃縮限度を設けていないことと、核燃料の製造並びに再処理技術の将来的な供与の明記にあった(33)。特に後者は日本が目指した核燃料サイクルの確立に重要な意義を有したが、日本の潜在的な核武装能力を高めるリスクをも有していた。これに対して英原子力公社は、日本がいずれ独力でこれら施設を建造するであろうから、技術供与には貿易面のみならず安全管理の面においても明らかなメリットがあると主張したのであった(34)。

同年一〇月一七日、遂に英国は自由陣営初となる原子力発電の商業利用を開始した(35)。イーデン政権としてはこの実績をテコに日本と早期の協定締結を目指す意向であったが、日本国内では英製発電炉への疑念が高まっていた。なぜならヒントンが五月の滞日中に主張した経済性には、使用済み核燃料内に生成されるプルトニウムを英国が買い上げる利益が含まれていたことが明らかになるとともに、耐震性の問題が生じていたためであった(36)。

そこで原子力委員会は、「訪英原子力発電調査団」を同月に派遣し、これらの点を検証させた。一九五七年一月一七日に原子力委員会に提出・了承された最終報告書は、今後更なる検討を経て経済性と安全性に満足な結果が得られれば、最初の発電炉は英国より輸入するとの結論であった(37)。

二　米国介入

(1)　英国への牽制

日本が英製発電炉の輸入を内定させた一九五七年初頭、英国にとって大きな問題は、前年のスエズ危機により戦後最悪にまで毀損した英米関係であった。世界大国としての復活を目指して対米自主を長年追求してきたイーデンは失意の中で退陣し、一九五七年一月にマクミラン（Harold Macmillan）政権が誕生した(38)。アイゼンハワーと個人的な交友があったマクミランは対米関係の修復を最優先とし、その他の外交・防衛政策を従属させた。とりわけ核兵器分野での英米間協力の再構築が喫緊の課題とされた。

いわゆるマンハッタン計画に一定の貢献を果たした英国であったが、米国は一九四六年八月に原子力法を発効させ、他国との協力を全て中断するに至った。本法は効果的な保障措置が実施可能と米議会が判断するまでの間、いかなる国とも平和利用協力を禁止するとともに、核兵器などの軍事利用に関する情報については、「共通の防衛と安全」に資すると確信される場合にのみ提供可能と規定していた。それゆえ英国は、自国との協力が「共通の防衛と安全」に資すると米国に認めさせるべく核兵器の開発に向かい、一九五二年一〇月に原爆の開発を成功させたが、米国の関心は既に水爆にあったことから同兵器の開発に着手した(39)。このようにして英国は、米製核兵器の詳細なデータとその使用計画、さらには軍用原子炉の情報提供を要請していたのである。

他方でアイゼンハワー政権も一九五三年八月のソ連の水爆実験を契機に英国との協力の必要性を認知するに至り、一九五五年六月一五日に米英間で核エネルギーの両側面について二つの協定が署名されていた(40)。それにより平和利用分野での相互協力と、極めて漠然とした内容ながらも防衛計画の策定のために必要な核情報(atomic information)の共有が法的には可能となっていた(41)。一年後の一九五六年六月一三日には協定を修正し、潜水艦用動力炉に関する情報も英に提供可能とはなったが、英米関係の悪化や米原子力法の規制、さらには核拡散に対する米国内の懸念の高まりから情報共有は遅々として進んでいなかった(42)。それゆえにマクミラン政権は英米関係の修復を最優先課題としたのであった。

こうした状況下の一九五七年二月、米英両国は日本への原子炉輸出について担当者間の会合をもった。米国側は、英国の対日協定案が二〇%以上の高濃縮ウランの供給を禁止していないことを問題視するとともに、保障措置条項に曖昧さがあると指摘した。しかし英側は、高濃縮ウランの供給を行う予定が目下ないことや、十全な保障措置を課していると反論したところ、それ以上の議論は行われなかった(43)。

他方で同月、在日英国大使館が一層の積極的な売り込みを本国に要請したところ、英外務省は否定的反応を示した。英外務省は、発電炉の対日輸出はスエズ危機や太平洋での核実験強行によって損なわれた英国の評価を回復させ、自国の知名度向上に大いに資するとしてその意義は認めたものの、価格面等の販売条件においては米国に敵わず、積極的な宣伝攻勢はかえって英米間を競わせ、日本を利することになると判断していたのであった(44)。このようにマクミラン政権も前政権に引き続き日本への発電炉輸出を目指す姿勢自体は維持していたものの、対米競合を厭わずといった積極性は明らかに減退していた。

実際、英原子力公社は同年六月、一般協定案を米案に近づけ、より厳格なものに修正する必要が生じたことを英外務省に通知した。その理由として英原子力公社は、対米関係の悪化を挙げた(45)。実は各種援助の見返りに米国は、英製発電炉の全技術情報を要求しており、その提供範囲と時期をめぐって英米間の交渉が難航していたのである。それゆえマクミラン政権は、対米関係の修復材料の一つとして保障措置条項を中心に対日協定案を米国案に近似させる選択を行ったのである。

(2) 日本への牽制

アイゼンハワー政権は日本に対しても介入を検討した。上述したように対日原子力協力は冷戦下において特別な意義を有していたのみならず、日本本土への核兵器持ち込み計画とも関係があったからである。第五福龍丸事件の後、アイゼンハワー政権は日本国内の激高する反核感情を鎮めるべく、正力が社主を務める讀売新聞社等を利用して原子力発電の恩恵を喧伝せしめていた。その成果の一つが研究協定の成立であったわけだが、先行研究が指摘するように同時期のアイゼンハワー政権内では核兵器のコア部分（核物質部分）と非コア部分の日本本土への配備が議論されていた[46]。これは当時、長距離の核弾道ミサイルが実用段階になく、日本に核爆弾と爆撃機を配備することが核戦略上必要と考えられたためであった。

ダレス（John F. Dulles）国務長官ですら純軍事的観点からは核兵器の両部分を日本本土へ配備することが望ましいと認める中、日本の世論の厳しさから配備延期を求める国務省と、世論の厳しさが閾値に達する前に配備を既成事実化したい国防総省及び軍部との間で、研究協定の仮署名直前まで議論が続けられていた。最終的には六月三日、ダレスがウィルソン（Charles E. Wilson）国防長官に対し、日本本土へのコア部分の配備延期を正式に申し入れたことで[47]、ひとまず研究協定のみが成立したのであった。

以降、国防総省及び軍部は、一九五六年二月に小笠原諸島の父島に核兵器の完成形を、日本本土には非コア部分のみを搬入しつつ、コア部分の本土搬入時期を見計らっていた[48]。一二月三日、国防次官補グレイ（Gordon Gray）が問題の進捗を照会したところ、国務長官特別補佐官（核問題担当）のスミス（Gerald C. Smith）は、日本の文民指導者に対する通常兵器の防衛教育が進展すれば核の持ち込み問題も進展し、さらには彼ら自身が核の利用可能性を欲するであろうとのアリソン（John M. Allison）駐日大使による意見具申を引き合いに出し、日本本土への配備は依然として時期尚早であり、短期的には原子力協力に集中することこそが、中長期的な日米関係をより強固に、そして信頼に足る関係へと発展させると論じたのであった[49]。

年が明けた一九五七年一月四日、関係省庁が集まり更なる検討を行った。この場においてグレイは、北大西洋条約機構諸国が原子力協力と核兵器配備の双方を受け入れた際と同様の世論への働きかけを日本でも実施すべきと、マッカーサー（Douglas MacArthur II）新駐日大使に訴えた。これに対して大使は、核配備問題は極めてデリケートな問題であり、日本が原子力発電を合理的かつ熱狂的に志向したとしても、日本人は核配備を認めないだろうとの私見を示した[50]。結局この場でも結論が出ず、国務省と国防総省は新たな検討グループをつくり、議論が継続されることとなった。

このように日本との原子力協力が、日本本土への核配備問題にどれ程作用するかは見解の不一致が存在したものの、アイゼンハワー政権内で政策調整機能を担った「作戦調整委員会（Operation Coordinating Board）」が、日本による英製発電炉の輸入は米国が核エネルギーの両側面において世界の先導国であるとの言説を崩しかねないと危惧していたように[51]、アイゼンハワー政権としては日英接近を座視するわけにはいかなかった。同政権の危惧を一層深めたのがソ連の動向であった。実はこの時期ソ連は、米英両国よりも制限の緩い原子力協力を日本側に打診しており[52]、日本の科学技術庁が外務省に対してその真偽の確認を要請したことを米側は把握していたのである[53]。

それゆえ一九五七年二月一日、在米日本大使館が米国とは研究協定の一部修正にとどめ、一般協定については英国との交渉を優先させたいとの方針を伝えてきた際、アイゼンハワー政権は難色を示し、一般協定の交渉開始を逆提案したのであった(54)。これに前向きに応じたのが同年二月に正式に発足した岸政権であった。

過度の対米依存から脱却し、真の独立と自主の回復を目指した岸にとって、片務的性格の強かった旧安保の改定は必須であり、それには良好な対米関係の構築が不可欠だった(55)。そうした岸政権にとっては、米側提案を敢えて断る理由はなかった(56)。四月五日、岸政権は「一般協定に関しては、米英両国と可及的に速やかに交渉に入るため、これに関する基本方針、交渉の時期、交渉方針及び所用の国内措置につき関係各省庁において協議する」ことを閣議了解したのであった(57)。これには戦前より火力発電技術を米国から導入してきた日本の産業界が、原子力発電技術のみを英国から導入することに及び腰であったことや、性能の面からも米製発電炉の輸入を希望していたとの事情も影響していたとされる(58)。

さらに米国による働きかけは続いた。その最たる例が同年五月一三日から東京や大阪で開催された、日米原子力産業合同会議であった。日本側出席者五〇〇名、米側出席者八〇名、アジアの一二カ国からオブザーバーを招いて行われた本会議の席上において米側出席者は、在日英国大使館員の言葉を借りれば、英製発電炉を哀れで非効率な試みだと嘲笑し、間もなく実用化される米製発電炉の有用性を大々的にアピールしたのであった(59)。

憤懣遣る方ない在日英国大使館は、本国政府に対して然るべき対応を訓請した。しかし英原子力公社は、対米関係を優先する観点から報復の見送りを決定し、英外務省もこれに同調した。結局、英外務省は英製発電炉の性能を誇示するパンフレットを作成し、首都ワシントンで配付するといった消極的な対応にとどめることを決定したのであった(60)。

三　交渉顛末

(1) 日英交渉の開始とその頓挫

英国が米国への対抗措置を自重したのと前後して、日英担当者間による予備交渉が一九五七年五月三日より開始された。英国としては早急に本交渉へ格上げしたい意向であったが、日本側は国内の正式決定に時間を要していた。こうした中で日本の外交史料は、同月一二日に自民党が日米と日英協定の「同時締結」案を公表したと記録する(61)。その具体的な内容や発案経緯は一切不明なるも、この後に自民党は二つの協定を同一国会へ提出することを外務省へ要求していくことに鑑みると、本案の主たる狙いは、特定国に依存しないという意味においての自主のアピールにあったものと考えられる。

また、この同時締結案には先述した産業界の意向や対米関係全般への配慮も含まれていたように見受けられる。その間接的な証左が、日米安保の見直しを目的とした岸の第一次訪米（六月一七日～二三日）直後に渡米した、原子力委員会委員長・宇田耕一（一九五六年一二月に正力の後任として就任、一九五七年七月に正力へ再交代）と、国務次官補（極東担当）ロバートソン（Walter S.

Robertson）の会談記録である。六月二五日の会談において宇田は、「今回の岸首相の訪問は、一般論として成功したのみならず、とりわけて平和利用協力について成功であった（傍点筆者）」と評価し、更なる協力を要請したのであった[62]。

岸の訪米時にいかなる議論がなされたのかは不明だが、おそらく日本側は米国とも一般協定を締結し、米製原子炉の輸入方針を示すことで、日英協定の先行締結について米側了解を取り付けたのではないだろうか。岸訪米前の五月三〇日、原子力委員会は米英双方との交渉開始を決定していたのである[63]。そして外務省文書によれば、岸が帰国した後の七月一二日、原子力委員会は「宇田委員長の主導」により、九月上旬を目標に英国との本交渉開始とともに、米国との予備交渉開始を決定したのである[64]。

しかしこれら決定は十分な根回しに基づいたものではなかったようである。事実、同年八月の省庁横断会議において日本の外務省は、なぜ日英協定と同時並行で日米協定の締結を目指すのか、米国より輸入する発電炉は日本の究極的目標である増殖炉の国産化といかなる関係にあるのかが不明瞭だとの指摘を行った。これに対して原子力委員会は、原子力の基本政策と日米協定の関係については十分に検討出来ていないことを認め、今後の課題と答えるのみにとどまったのである[65]。

ついに日英間の本交渉が九月三〇日に開始された。この時点では日英双方に楽観論が存在し、一一月招集予定の臨時国会への提出が想定されていた。実際一〇月一二日の時点で日本の外務省は、保障措置の範囲等を除いて事実上妥結したとの判断を示していた[66]。ところが日英両国はこの点で互いに譲らず、交渉が予想外に長期化することとなった。その一因には一〇月一〇日に英国内で発生した大規模な被曝事故があった。日本が輸入を検討していた発電炉とは異なる炉型による事故であったが、日本国内では英製原子炉への信頼が改めて大きく揺らぎ、交渉態度が硬化していたのである。

他方で英側には、日本が交渉をいたずらに遅延させているとの不満が高まっていた。英外務省は一〇月二四日、日本側の要求をこれ以上認めることは英米関係の悪化につながるため不可能であり、交渉決裂の極限点に達したとみなした[67]。また、英国産業界や英原子力公社内には、日本が当初の期待とは異なり原子炉を一基のみ輸入し、早期の国産化を目指すのではないかとの疑念が生じており、対日協力への期待が急速に萎み始めていた。そのために英外務省は、最早交渉決裂やむなしとの判断を示していたのである[68]。

英側から譲歩を引き出すことが困難と判断した日本側は、英側要求の受け入れに傾きつつあった。しかし日本の外務省は一二月一三日、日米と日英の両協定を同時期に署名することを理由として、対英交渉を現段階のまま放置せよとの訓令を在英日本大使館に発したのであった[69]。

六日後の同月一九日、突如として英国は、英原子力公社が製造・供給した核燃料から生じるいかなる被害からも英国政府と英原子力公社を免責させるとの、免責条項の追加を日本側に要求し始めた。これは日英交渉に先だって行われていた英伊間の交渉においてその必要性が判明したもので、伊国は同条項を受け入れ一二月二八日に英伊協定が締結された。これによりわずか一基のみではあったが、英製発電炉の初の輸出事例となった。他方で日本はこの免責条項に強行に反対したことで両国の不信感は極度に高まり、日英交渉は完全に暗礁に乗り上げたのであった(70)。

(2) 日米交渉の先行と同日締結への道程

こうして日英協定が手詰まりに陥った一方、アイゼンハワー政権内では日英協定が締結される前に本交渉を開始させるべきとの意見が高まり、既に一〇カ国近い国々と締結してきた一般協定の雛形を一九五七年一一月一四日に日本側に提示した(71)。岸政権では対案を策定した上で、年が明けた一月二三日に日米間の本交渉が開始された。

日米交渉では、論点の多くが日英協定において既に議論されていたこと、日米協定が他国と同様の雛形を用いたことで米側に修正余地が限られていたこと、さらには米国が日英協定締結前の署名を目指したことから早々に妥結に至り、一九五八年四月二八日に日米間で仮署名がなされた（仮署名は米原子力法に基づく措置）。

さらに日本は米国の意向に従い、一カ月後の五月二七日に正式署名するべく調整を試みた。しかし既に国会が解散しており五月二二日に衆院総選挙が予定されていたことや、協定付属の覚書について日米間で更なる調整が必要とされ、延期を余儀なくされた(72)。選挙後の五月三〇日、岸政権は日米協定の正式署名を六月五日午後三時半の予定として閣議決定し、式典の準備も進められた(73)。しかし覚書をめぐる日米間の調整が決着を見ず、直前に再び延期となった。結局六月一〇日招集の特別国会において新内閣が発足した後の、同月一七日が署名日として設定されることとなった。

一方で日英交渉について日本側は、一月の時点で免責条項も含めて英側要求のほぼ全ての受諾を内定させていたものの、結論を敢えて先送りにしていた(74)。日米協定が仮署名された四月二八日、ようやく日本の外務省は在英大使館に交渉再開を訓令したのであった(75)。五月二〇日に交渉は実質的に妥結をみたものの、日英両国には署名を急ぐだけの積極的な理由が最早見当たらなかった。日本としては日米と日英の二つの協定を同一国会に提出できれば十分であり(76)、英側も少なくとも発電炉一基の対日輸出がほぼ確定的となっていたことから署名を急ぐ理由はないとしていた(77)。そこで日本の外務省は、日英協定の署名日を日米協定と同じく六月一七日にすることを検討したが、大野勝巳駐英大使の出張予定との兼ね合いから一日前倒しを決めた(78)。これを受けて日本の外務省は日米協定についても一日前倒しを米側に要請し、了承が得られた(79)。こうして同日締結が確定したのである。

最後に署名順序が問題となった。六月一三日の時点において日本側は、日米協定を首都ワシントンの現地時間一六日午前九時、日英協定をロンドンの現地時間の午前中とし、先に交渉を開始していた英国への配慮からか、英国と先に署名する案を米英両国へ打診した(80)。しかし英側は署名予定者のロイド（Selwyn Lloyd）外相の都合を理由として、一六日午後五時への後ろ倒しを求めた。これにより日米協定はワシントン時間の午前九時（日本時間一六日午後一〇時）、日英協定はロンドン時間の午後五時（日本時間一七日午前一時）に署名されることとなり、順序が逆転することになった。[81]

このように同日締結は、偶然の産物ではなく日本側が意図的に主導した結果であった。自民党による同時締結案は特定国に依存していないとの意味における自主の追求と、対米関係全般への配慮によるものと考えられたが、最終的には米国に後れを取った英国への配慮という様相をも帯びるに至っていた。英側が署名順序に拘らなかった理由は分からないが、それだけ英国内では日英協定に対する期待が低下していたものと推定される。

実際、日英間の原子力協力は明らかな失敗となった。日本が輸入した英製発電炉はトラブルが頻発したこともあり、結局輸入は一基にとどまったのである。[82] 以後の日本は国産増殖炉の実用化という当初の目的を実現出来ぬままに米製発電炉を多く輸入し、戦前の石油同様に米国に大きく依存することになるのであった。

おわりに

以上、本稿は一九五八年六月一六日に同日締結された日英並びに日米協定に着目し、日英両国はいかなる目的を持って締結したのか、また、いかにこれら協定が同日締結に至ったのかを考察してきた。

日本の対英接近は、一九五五年の日米研究協定の仮署名直前より始まっていたことが示すように、米国のみが供給可能と目された濃縮ウランへの依存を忌避し、天然ウランを燃料とする英製原子炉の獲得を目指したものであった。つまり米国という特定国への依存を避けるという意味においての自主の模索であり、広義の対米自主の一環ともいえた。他方で英国の対日接近は、単に経済的な利益のみならず、世界大国としての復活を目指した、対等な対米関係の構築を究極的目標に据えた、対米自主の一環であった。

日英間の予備交渉は一九五七年五月に開始されたが、前年のスエズ危機といった国際情勢や米国の介入により、日英両国は対米関係を優先させることとなった。そうした状況下において自民党が創案した同時締結案は、特定国への依存というイメージを払拭するための国内向けのアピールを主旨とするものであったが、米国との協力を希望する産業界の意向や対米関係全般をも考慮にいれたものと推定し得た。

日英間の本交渉は一九五七年九月に開始されたが、互いに対米関係を優先した両国は相互不信に陥り、交渉は難航した。そうした中で日米交渉が先に妥結し、一九五八年四月に仮署名に至った。日英交渉も翌五月に実質的に妥結したものの、日英両国は署名を急ぐだけの積極的理由を見出すことが出来なかった。それゆえ日本が同日締結を主導することになったが、そうした経緯は同日締結が米国のみならず英国への配慮をも含む玉虫色的なものであったことを示していた。

こうした日英協定は両国にとって当初の期待どおりの成果をもたらさなかった。しかし本協定の締結後、日英両国は各々が米国との間に追い求めてきた重要な政策課題の実現には成功した。英国は七月三日に相互防衛協定を米国と締結し、長年希望してきた米製核兵器の情報や核戦略の共有、さらには核物質の融通が可能になった(83)。また日本は八月二五日、マッカーサーと岸との間で日米安保の全面改定に合意した。これらの実現と日英協定の関係については今後の研究課題であるが、日英協定の交渉過程とその後の帰結によって英国は、世界大国としての再建を断念してアジアからの撤退を加速させ、以後の英国は米国との「特別な二国間関係」の下で欧州域内の大国としての道を模索していく。他方で日本は、アジアにおける米国の橋頭堡としての役割を自ら模索していくこととなる。

つまり日英両国がそれぞれ目指した当初の自主は、本稿の一連の過程において、両国が米国を盟主とする冷戦体制を受け入れ、あくまでも同体制内での自国の地位向上を目指すといった、いわば限定的な対米自主へと変容していったのである。その必然的帰結として日英間の協力は、原子力分野のみならず外交や安全保障分野においても歴史の傍流として位置づけられていくのであった。

（1）七原則において本稿着目の自主は、「原子力の研究、開発、利用は、あくまで民主的な運営の下に自主的に行われ、安易な外国への依存は、これを避けること」とされていた。原子力開発十年史編纂委員会『原子力開発十年史』日本原子力産業会議、一九六五年、三四—三七頁。

（2）本協定は発電設備を伴わない小型原子炉（研究炉）の建設及びその燃料（濃縮ウラン）の貸与等に関する協力を規定したもので、一九五四年三月の第五福龍丸事件によって激高した日本国民の反核感情を沈静化させ、反米感情との結合を防ぐ目的が同協定にはあった。正式名称は「原子力の非軍事的利用に関する協力のための日本国政府とアメリカ合衆国政府との間の協定（Agreement for Cooperation concerning Civil Uses of Atomic Energy between the Government of Japan and the Government of the United States of America）」であり、一九五五年六月二五日仮署名、同年一一月一四日正式署名された。

（3）妥協案として交換公文で同趣旨が確認された。田中慎吾「日米原子力研究協定の成立——日本側交渉過程の分析」『国際公共政策研究』一三巻二号、二〇〇九年三月、一五一—一五二頁。

（4）和文の正式名称は研究協定と同一だが、英文は"concerning civil uses of atomic energy"を両国政府名の後に置いている。それぞれ「研究協定」と「一般協定（ないし動力協定）」と呼称するのが通例である。

（5）正式名称「原子力の平和的利用における協力のための日本国政府とグレート・ブリテン及び北部アイルランド連合王国政府との間の協定」（Agreement between the Government of Japan and the Government of the United Kingdom of Great Britain and Northern Ireland for Co-operation in the Peaceful Uses of Atomic Energy）。

（6）ただし日本初の原子炉による発電は、日米協定により最初に輸入された小型の動力試験炉によって一九六三年一〇月二六日に達成された。この日が「原子力の日」として制定されている。

（7）土屋由香『文化冷戦と科学技術——アメリカの対外情報プログラムとアジア』京都大学学術出版会、二〇二一年、三頁。

（8）有馬哲夫『原発・正力・ＣＩＡ——機密文書で読む昭和裏面史』新潮新書、二〇〇八年、一四六—一四七、一六八頁；佐野眞一『巨怪伝——正力松太郎と影武者たちの一世紀　下巻』文春文庫、二〇〇〇年、二六九—二七〇頁。

（9）有馬哲夫『原発と原爆——「日・米・英」核武装の暗闘』文春新書、二〇一二年、九〇—九二、一一一頁；山岡淳一郎『日本はなぜ原発を拒めないのか——国家の闇へ』青灯社、二〇一七年、七七、八二頁。

(10) 国務省情報報告「日本の核兵器生産の見通し」一九五七年八月二日、新原昭治編『米政府安保外交秘密文書　資料・解説』新日本出版社、一九九〇年、六七—八二頁。

(11) 武田悠『日本の原子力——資源小国七〇年の苦闘』中央公論新社、二〇一八年、四四頁。

(12) 友次晋介「「アジア原子力センター」構想とその挫折——アイゼンハワー政権の対アジア外交の一断面」『国際政治』一六三号、二〇一一年一月、一六頁。

(13) 原子力委員会『原子力白書　昭和三三～三四年版』一九六〇年二月、(http://www.aec.go.jp/jicst/NC/about/hakusho/wp1958/sb10501.htm)（本稿の最終アクセス日は別途記載のない限り全て二〇二三年二月二五日）。

(14) Telegram from the UK Delegation to the United Nations to Foreign Office, June 16, 1955, FO371/125235, Public Record Office, London (hereinafter, PRO).

(15) Martin Theaker, *Britain, Europe, and Civil Nuclear Energy, 1945–62* (The Palgrave Macmillan, 2018), pp. 43–44.

(16) *Ibid.*, pp. 112–113, 123–127.

(17) 当該人物は、当時二等陸佐（Lieutenant Colonel）であり、一九七七年一〇月に統合幕僚会議議長に就任するも「超法規発言」によって翌年に解任された栗栖弘臣だと推定される。その根拠は、栗栖自身が同時期はヨーロッパ、特にドイツ再軍備の情報収集に従事したとの回想等に求められる。麓保孝・栗栖弘臣『自衛隊改造論』国書刊行会、一九七九年、四九頁；「二等陸佐栗栖弘臣公用旅券の請求について」一九五八年一〇月、『昭和三〇年・総理府人事公文・任免・出張及び旅行、外国出張、旅券申請九止　第二〇巻』、平二総00489100、国立公文書館。

(18) Telegram from Foreign Office to the United Kingdom Atomic Energy Authority (hereinafter UKAEA), October 27, 1955, FO371/125235, PRO.

(19) Ibid.

(20) Ibid.

(21) Telegram from UKAEA to Foreign Office, November 4, 1955, FO371/125235, PRO.

(22) 当時の英国が日本の核開発をいかに考えていたのかは研究課題の一つである。英国は極東の拠点マラヤを防衛すべく、対中核使用計画の共同策定を米国に要望していたが、英国が同地域に核戦力を有しておらず対米交渉が進展しなかったとのジョーンズ（Matthew Jones）の指摘が参考になろう。Matthew Jones, "Up the Garden Path? Britain's Nuclear History in the Far East, 1954–1962," *The International History Review*, 25-2 (June 2003), p. 311.

(23) Telegram from British Embassy in Tokyo to Foreign Office, November 2, 1955, FO371/125235, PRO.

(24) 原子力利用準備調査会「原子力研究開発計画」一九五五年一〇月二九日、『本邦原子力政策並びに活動関係　原子力利用準備調査会関係　第二巻』、C'.4.1.1.1-1、外務省外交史料館（以下、外交史料館）。

(25) 「米と「動力協定」結ぶ——正力国務省語る」『朝日新聞』一九五六年一月五日夕刊。

(26) 「動力協定は慎重に——正力国務相再び語る」『朝日新聞』一九五六年一月一七日。

(27) Telegram from British Embassy in Tokyo to Foreign Office, March 1, 1956, FO371/12315, PRO.

(28) Telegram from British Embassy in Tokyo to Foreign Office, March 14, 1956, AB16/1363, PRO.

(29) ＮＨＫ　ＥＴＶ特集取材班『原子力政策研究会一〇〇時間の極秘音源——メルトダウンへの道』新潮文庫、二〇一六年、一三八頁。

（30）同計画では核燃料サイクルの確立を図るべく、ウラン資源は極力国内調達とし、再処理技術についても国産化が謳われていた。原子力委員会『原子力委員会月報』一巻五号、一九五六年九月、（http://www.aec.go.jp/jicst/NC/about/ugoki/geppou/V01/N05/19560902V01N05.HTML）。

（31）Telegram from British Embassy in Tokyo to Foreign Office, May 28, 1956, AB16/1251, PRO.

（32）英国が研究炉を輸出できたのは、豪国、デンマーク、西独の三カ国のみであった。一方で米国は一九五六年までに二三カ国との間に研究協定を締結していた。Theaker, *Ibid*., p. 128.

（33）Letter from UKAEA to Foreign Office, "Japan," October 4, 1956, FO371/123158, PRO.

（34）Ibid.

（35）世界初となるソ連の原子力発電は、一九五四年六月二七日に運転を開始した。なお米最初の原子力発電所は一九五七年一二月二三日に本格運転を開始した。Richard G. Hewlett and Jack M. Holl, *Atoms for Peace and War 1953–1961* (University of California Press, 1989), pp. 342, 407, 420–421.

（36）ＮＨＫ、前掲書、一四二―一四四、一四六頁。

（37）本調査団の一部は米加両国をも視察し、一月二四日に報告書を提出した。その結論は、大型の米製発電炉導入は時期尚早であり、小型の動力試験炉の導入を検討することが望ましいというものであった。原子力委員会「英国の原子力発電に関する調査報告」並びに「米加両国原子力事情視察報告について」『原子力委員会月報』二巻二号、一九五七年二月、（http://www.aec.go.jp/jicst/NC/about/ugoki/geppou/V02/N02/195700V02N02.HTML#menu_top）。

（38）細谷雄一『外交による平和――アンソニー・イーデンと二十世紀の国際政治』有斐閣、二〇〇五年、二七五―二八八頁。

（39）John Baylis, "Exchanging Nuclear Secrets: Laying the Foundations of the Anglo-American Nuclear Relationship," *Diplomatic History*, 25-1 (Winter, 2001), pp. 36–37.

（40）平和利用が Agreement for Co-operation on the Civil Uses of Atomic Energy であり、軍事利用が Agreement for Co-operation regarding Atomic Information for Mutual Defense Purposes である。

（41）John Simpson, *The Independent Nuclear State: The United States, Britain and the Military Atom*, Second Edition, (The Macmillan Press, 1986), pp. 114–115.

（42）Memo for John Maud, "Notes on UKAEA/USAEC Relations," January 31, 1958, AB16/1809, PRO.

（43）Letter from Atomic Energy Office to UKAEA, February 5, 1957, FO371/129294, PRO.

（44）Note by P.G.F. Dalton, "Anglo-Japanese Cooperation," February 22, 1957, Ibid.

（45）Minutes by D.S. Cape, "Power Bilateral Agreement," June 20, 1957, FO371/129297, PRO.

（46）新原昭治『「核兵器使用計画」を読み解く――アメリカ新核戦略と日本』新日本出版社、二〇〇二年、一六六―一七五頁；黒崎輝『核兵器と日米関係――アメリカの核兵器不拡散外交と日本の選択一九六〇―一九七六』有志舎、二〇〇六年、一〇頁；太田昌克『日米〈核〉同盟――原爆、核の傘、フクシマ』岩波新書、二〇一四年、一一〇―一一六頁。コアと非コア部分の別保管は、当時の技術不足ゆえの偶発的連鎖反応を防ぐためであった。新原、同書、一七一頁。

（47）Letter from John F. Dulles to Charles E. Wilson, June 3, 1955, *Country and Subject Files Relating to Atomic Energy* (hereinafter, *Country Files*), *1950–1962*, Box no. 2, RG59, National Archives, Maryland (hereinafter NA).

（48）Memorandum for Admiral Radford, "Dispersal of Atomic

Weapons in the Bonin and Volcano Islands," June 4, 1957, *Records of the Joint Chiefs of Staff, CJCS Radford Files*, Box no. unknown, RG218, NA, available at Digital National Security Archive (http://gateway.proquest.com/openurl?url_ver=Z39.88-2004&res_at=xri:dnsa&rft_dat=xri:dnsa:article:CJU00009), Last Access: February 6, 2015.

（49）Letter from Gerald C. Smith to Gordon Gray, December 3, 1956, *Country Files*, Box no. 2., NA.

（50）Memorandum of Conversation, "Introduction of Nuclear Weapons to Japan," January 14, 1957, *1955–1959 Central Decimal File* (hereinafter, *Central File*), Box no. 2876, NA.

（51）Memorandum for Richard Hirsch by Philip J. Farley, "Contributions to OCB Nuclear Energy Progress Report," February 12, 1957, *General Records Relating to Atomic Energy Matters, 1948–1962*, Box no. 408, RG59, NA.

（52）Telegram from British Embassy in Tokyo to Foreign Office, December 21, 1956, FO371/123159, PRO.

（53）なお外務省は対米関係の悪化を怖れて科技庁の要請を見送った。Memorandum of Conversation, "Discussion on Peaceful Uses of Atomic Energy," February 27, 1957, *Central File*, Box no. 5097, NA.

（54）李炫雄『原子力をめぐる「日米協力」の形成と定着　一九五三―一九五八』龍渓書籍、二〇一三年、一七五頁。

（55）原彬久編『岸信介証言録』中央公論新社、二〇一四年、一五八、一六八―一七〇頁。

（56）外務省は一九五七年二月、岸が日米協定の主要問題を的確に理解したとして、数カ月以内に大きな動きがあるとの期待を米側に伝えていた。Memorandum of Conversation, "The Politics of Atomic Energy," February 26, 1957, *Central File*, Box no. 5097, NA.

（57）「閣議了解」一九五七年四月五日、『日英原子力一般協定関係一件（以下、日英協定関係）第一巻』、B'5.1.0.J/B.1、外交史料館。

（58）島村武久・川上幸一『島村武久の原子力談義』電力新報社、一九八七年、一〇二頁。

（59）Telegram from British Embassy in Tokyo to Foreign Office, May 15, 1957, FO371/129295, PRO. ただし議事録には英製発電炉は技術上どの一面を変えても経済性を大きく高めることは不可能との発言が収録されている程度である。日本原子力産業会議『日米原子力産業合同会議議事録』一九五七年、九、八一頁。

（60）Note by A. J. D. Stirling, "United States-Japanese Cooperation," May 17, 1957, FO371/129295, PRO.

（61）外務省国際協力三課「原子力平和利用に関する外交政策（要綱）（未定稿）（一般協定）」一九五七年六月三日、『日英協定関係　第一巻』。

（62）Memorandum of Conversation, "U.S.-Japanese Cooperation in Peaceful Uses of Atomic Energy," June 25, 1957, *Central File*, Box no. 2584, NA.

（63）原子力委員会「昭和三二年度原子力開発利用基本計画の決定」『原子力委員会月報』二巻第六号、一九五七年六月、(http://www.aec.go.jp/jicst/NC/about/ugoki/geppou/V02/N06/195702V02N06.HTML)。

（64）ただし米国との本交渉は、日英間の交渉が妥結ないし妥結の見通しがついた後に開始するものとされた。国際協力局第三課「日英原子力一般協定に関する件（基本方針）」一九五七年七月一二日、『日英協定関係　第一巻』。

（65）国際協力局第三課「日英米一般協定案に関する各省打合わせ会議」一九五七年八月二日、同右。

（66）国際協力局第三課「日英原子力一般協定に関する件」一九五七年一〇月一二日、同右。

(67) Minutes by A.J.D. Stirling, "Anglo-Japanese Atomic Energy Agreement," October 24, 1957, FO371/129300, PRO.

(68) Ibid. しかし一九五七年一二月策定の「発電用原子炉開発長期計画」によれば、当面は英製原子炉を継続的に輸入し、国産化の比率を徐々に高める計画となっていた。原子力委員会『原子力委員会月報』三巻一号、一九五八年一月、（http://www.aec.go.jp/jicst/NC/about/ugoki/geppou/V03/N01/195801V03N01.HTML）：ＮＨＫ、前掲書、一八一頁。

(69) 外務省発在英日本大使館宛電信「日英原子力一般協定の件」一九五七年一二月一三日、『日英協定関係　第二巻』。

(70) 日本の反対は核燃料の民間所有を想定していたためで、民間企業による損害を政府が無制限に補填することへの懸念からであった。ＮＨＫ、前掲書、一八三頁。

(71) Telegram from Department of State to the US Embassy in Tokyo, January 10, 1958, *Central File*, Box no. 2584, NA.

(72) 本覚書は、米国が提供する情報及び資材の品質が他国へ提供したものと同一であることの保証と、米国が日本より購入した使用済み核燃料内のプルトニウムを平和利用に限定することを約すものであった。李、前掲書、一九八―二〇一頁。

(73) 国連局科学課「日米原子力協定調印祝賀のためのリセプション開催の件」一九五八年六月三日、『日米間原子力の非軍事的利用に関する協力協定関係（以下、日米協定関係）　第一巻』B'.5.1.0.J/U9、外交史料館。

(74) 国際協力局第三課「日英原子力一般協定における免責条項挿入に関する件」一九五八年一月二三日、『日英協定関係　第二巻』。

(75) 外務省発在米日本大使館宛電信「日英原子力一般協定に関する件」一九五八年四月二八日、『日英協定関係　第三巻』。免責条項の受諾に際し、核燃料は当面の間国有とされた。

(76) 国際協力局第三課「日米原子力一般協定に関する自民党政調会会合に関する件」一九五八年三月六日、『日米協定関係　第一〇巻』。

(77) Memorandum by A.J.D. Stirling, "Anglo-Japanese Atomic Energy Agreement," May 20, 1958, FO371/135588, PRO.

(78) 在英日本大使館発外務省宛電信「日英原子力一般協定の署名に関する件」一九五八年六月五日、『日英協定関係　第三巻』。

(79) 外務省発在米日本大使館宛電信、一九五八年六月七日、『日米協定関係　第一一巻』。

(80) 外務省発在米日本大使館宛電信「日米原子力一般協定署名の件」一九五八年六月一三日、同右：外務省発在英日本大使館宛電信「日英原子力一般協定に関する件」一九五八年六月一三日、『日英協定関係　第三巻』。

(81) 同右。

(82) 結局英国による発電炉の輸出は、日伊両国に対する計二基にとどまった。

(83) 正式名称は Agreement between the Government of the United Kingdom of Great Britain and Northern Ireland and the Government of the United States of America for Co-operation on the Uses of Atomic Energy for Mutual Defense Purposes である。

〔付記〕本研究はＪＳＰＳ科研費一七Ｋ一三六八八の助成を受けたものである。

（たなか　しんご　大阪経済法科大学）

日本国際政治学会編『国際政治』第209号「冷戦と日本外交」（二〇二三年三月）

日本のＯＥＣＤ加盟とドル防衛問題
――冷戦・国際貿易・国際金融の異なる論理――

柴　田　茂　紀

は　じ　め　に

冷戦下において、日本の地位は一九六〇年代前半に転換期を迎えた。(1)一九五〇年代から六〇年代にかけて、米国は共産主義勢力のアジアへの侵攻から防衛すべき拠点のひとつ、スーパー・ドミノとして日本を位置づけていた。(2)一方の日本は、一九六〇年代、米国、ヨーロッパとともに冷戦下の国際（経済）秩序を支える「三本柱」のひとつとして、自国の国際的地位の向上を目指す。(3)

日本は多様な多国間枠組、特に国際経済制度への参加を通じて、国際社会における地位の向上や影響力の強化を図っていた。(4)一九五〇年代当初は、ＩＭＦ（International Monetary Fund：国際通貨基金）や世界銀行、ＧＡＴＴ（General Agreement on Tariffs and Trade：関税と貿易に関する一般協定）に加盟することで、国際社会への復帰を目指し、国連加盟の実現を経て、国際社会における地位向上を図る。その象徴が、一九六四年の日本のＯＥＣＤ（Organisation for Economic Co-operation and Development：経済協力開発機構）加盟である。(5)ＯＥＣＤにとって、日本は北大西洋諸国にも属さない唯一の加盟国であり、アジアにおける最初の加盟国であった。(6)

ＯＥＣＤは、経済成長の促進、低開発国援助、世界貿易の拡大を主要な目的としており、「先進国クラブ」と称されることもあるが、加盟当時の日本は、一人当たり所得も限られ、世界銀行からの借款も受けていた。(7)そのためＯＥＣＤ加盟は、日本が欧米から「先進国」として承認されたというよりも、むしろ日本が冷戦下で「自由陣営の一員」としての地位を確立し、各国との関係を強める上で政治経済的な重要性があったと評価される。(8)しかし、日本の地位の変化と同様に重要なのは、その変化をもたらした国際情勢である。日本の経済発展だけでなく、冷戦構造や米欧関係の変化、米国の国際収支問題とそれに起因するドル不安といった流動的な国際情勢が、日本の地位やＯＥＣＤ加盟に影響していた。

日本は第二次世界大戦後、米国の「ドルと核の傘」の下で繁栄と安全を享受したといわれる。(9)「ドルと核の傘」に象徴される国際秩序は、米国の国際収支問題の悪化とともに、新たな問題に直面した。それまで米国が負担していた西側諸国における軍事費や、途上国に対する援助などを各国間で分担するという、「負担分担問題（以下、バードンシェアリング）」である。日本がＯＥＣＤへの加盟を進めた時期は、バードンシェアリングが議論される初期段階にあたり、「自由陣営の一員」として日本の関与が期待され、それが日本の地位の変化にも影響した。

米国の国際収支問題やドル問題は、経済と軍事・外交領域を横断する同盟内政治の力学や冷戦の実態を解明する事例として、欧米関係を中心に議論されてきた一方、日本に関する言及は少ないという指摘もある。(10)しかし、日本のドル問題への関与については、日米関係を中心に論じる研究が充実している。(11)その成果を活用し、日本のドル問題への関与を多国間関係のなかに位置づけることができれば、日本に期待されていた役割、日本の地位の変化を明らかにすることが可能になる。ただし、日本に期待されていた役割や日本の地位は、冷戦・国際貿易・国際金融というように、分野によって異なるため、整理が必要になる。

冷戦の範囲が世界的に広がるなか、ドル問題は西側諸国における軍事費や、途上国援助の負担問題という形で表面化し、各国間協調が求められた。各国間協調には、対共産圏貿易統制という通商面の協調も含まれる。このような冷戦上の理由で、米国とその同盟国が各国の短期的・国家的利益を同盟全体の利益に従属させ、協調する力学を本稿では冷戦の論理とする。(12)

しかし、たとえ同盟国間であっても、国際貿易の分野では協調関係が貫徹されにくい。その理由は、自由貿易が世界的な繁栄と国際平和に寄与するとして支持される一方で、国内経済の安定は政府の責任であり、国際収支を保護する手段も許容されるというように、国際貿易には相容れない「二つの経典」があるからである。(13)この両者を包含するのが、「埋め込まれた自由主義」の妥協と称されるものであり、政策方針として国内経済の安定が重視されながら、自由で開放的な秩序が目指された。(14)しかし、各国が国内経済の安定のみを重視すれば、国家間の摩擦が生まれやすい。なぜなら、輸入増加による負の影響を懸念した特定の利益集団が、国内経済の安定を理由に輸入の抑制・管理を求め、その圧力が政治問題となり、輸入国・輸出国間の利害対立を招きやすいからである。(15)このように、自由貿易を通じた世界の繁栄や国家間の協調関係を原則としながらも、国内の利益集団の反発によって、各国間の協調関係が貫徹されにくい傾向を国際貿易の論理とする。

一方、国際金融面では各国間の協調関係が構築されやすい。なぜならば、国際金融面で生じた負の影響は経済全体に広く拡散し、国際貿易面のように特定の利益集団の強い反発や、国内の政治問題を招きにくく、また、国際通貨・金融を機能させる上で各国間が利害を共有しやすいからである。[16] この傾向を国際金融の論理とする。

こうした分野によって異なる国家の行動論理は、冷戦期の対日方針にもみられる。西側諸国は、冷戦や国際金融の分野で日本との協調を進めた一方で、国際貿易の分野では対日差別措置を導入・継続するなど協調関係の構築に消極的であり、それが日本のＯＥＣＤ加盟を妨げていた。しかし、一九六〇年代前半に冷戦やドル問題に新たな展開が生じると、日本のＯＥＣＤ加盟交渉や地位にも影響した。この背景を明らかにするため、本稿では冷戦・国際貿易・国際金融の異なる論理に注目しながら、多国間関係における日本の地位の変化を検討していく。

一　「ドル防衛」と米国の国際収支赤字問題

冷戦とドル問題との関係について、一九四〇年代末から一九五〇年代前半の世界的なドル不足の時期に注目した研究は充実している。それらの研究は、米国がドルの供与（援助）を通じて、各国の軍備や経済基盤の増強を図り、西欧や日本における安全保障の強化、ドル不足の解消による世界経済の復興、国際秩序の安定を目指したことを明らかにする。[17] 一方で、一九五〇年代末以降にドル不足が解消され、経済的復興を遂げた欧日でドル防衛問題という新たな事態が生じた時期以降については、検証が不十分であるという指摘もある。[18] その研究上の課題を意識しながら、本節では「ドル不足」から「ドル不安」への転換期における冷戦とドル問題との関係を検討する。

米国の国際収支は、一九四九年から六二年の間、一九五七年を除くと毎年赤字を計上していた。[19] これは世界的なドル不足を緩和し、戦後の国際通貨体制である金ドル本位制を支えるため、米国が支払うべき代価ともいわれる。[20] なぜなら、国際貿易の拡大に応じて、国際流動性といわれる国際的な決済手段（ドル）を供給しなければ、国際流動性の不足により、国際貿易が抑制されてしまうからである。世界経済の復興や、各国の軍備・経済基盤の増強を図るため、「ドル不足」への対応は安全保障とも関係した。しかし、国際流動性の供給を継続すれば、その通貨の発行国（米国）の国際収支は赤字が累積し、通貨への信認が低下してしまう。この問題は、いわゆる「流動性のジレンマ」として認識されるようになっていた。[21]

「流動性のジレンマ」は、基軸通貨国特権（シニョレッジ）と合わせて考慮する必要がある。なぜならば「流動性のジレンマ」の反面で、基軸通貨国の米国はたとえ経常収支赤字を拡大しても、ドルへの信認が維持される限り、自国通貨のドルで対外決済が可能など、基軸通貨国特権と呼ばれる側面も有するからである。[22] 日本をはじめとする各国は、「国際収支の天井」と呼ばれるように、外貨制約に直面すると外貨準備の減少（輸入）を抑える引き締め政策を実施する必要があり、国内経済の後退を招いてしまう。一方、米国は自国通貨のドルが決済手段であるという基軸通貨国特権により、「国際収支の天井」という外貨制約を免れていた。[23] ただし、米国には流動性のジレンマや利子の支払いというコストがあり、米国の国際収支赤字が顕在化すると、ドルの不安定化要因として懸念が高まる。

表 1　アメリカの取引項目別の国際収支（1957–1963）と対日貿易（百万ドル）

	1957	1958	1959	1960	1961	1962	1963
a）民間取引（b＋k）	4,929	1,989	646	2,752	4,024	3,636	3,332
b）〈経常収支〉	8,013	4,746	2,300	6,291	7,585	6,901	7,488
c）貿易収支	6,271	3,462	1,148	4,906	5,588	4,561	5,241
d）（対日）	(718)	(321)	(50)	(298)	(782)	(216)	(346)
e）輸出	19,562	16,414	16,458	19,650	20,107	20,779	22,252
f）（対日）	(1,319)	(987)	(1,079)	(1,447)	(1,837)	(1,574)	(1,844)
g）輸入	13,291	12,952	15,310	14,744	14,519	16,218	17,011
h）（対日）	(601)	(666)	(1,029)	(1,149)	(1,055)	(1,358)	(1,498)
i）投資収益	2,178	2,176	2,215	2,286	2,938	3,309	3,324
j）その他サービス	−436	−892	−1,063	−901	−938	−969	−1,077
k）〈資本収支〉	−3,084	−2,757	−1,654	−3,539	−3,561	−3,265	−4,156
l）長期資本	−2,902	−2,552	−1,589	−2,099	−2,181	−2,607	−3,348
m）短期資本	−182	−205	−65	−1,440	−1,380	−658	−808
n）政府取引	−5,363	−5,715	−4,776	−5,494	−5,290	−4,597	−5,495
o）軍事支出	−2,841	−3,135	−2,805	−2,752	−2,596	−2,449	−2,304
p）政府贈与	−1,616	−1,616	−1,633	−1,664	−1,853	−1,919	−1,917
q）政府貸付	−906	−964	−338	−1,078	−841	−229	−1,274
r）誤差脱漏	1,012	361	260	−1,156	−1,103	−1,246	−509
s）総合収支	578	−3,365	−3,870	−3,901	−2,371	−2,204	−2,670
t）金保有高	22,857	20,582	19,507	17,804	16,947	16,057	15,596

* 日本の数値は、U.S. Dept. of Commerce, Bureau of the Census. (1975). *Historical statistics of the United States, colonial times to 1970, Part 2*, USGPO., p. 903, 905 より。

** 日本の数値以外は、U.S. Dept. of Commerce, Bureau of Economic Analysis, *Survey of Current Business*, June 1969, vol. 49., no. 6. pp. 26–27 より算出。

ドルの地位や安定性については、一九五七年までは大きな変動がなく問題視されなかった。しかし、五七年から五九年にかけて国際収支（総合収支）赤字が三〇億ドルを超え（s）、ドルの価値を裏付ける米国の金保有高は低下の一途をたどる（t）。五八年には、年間で米国史上最悪というほど最大規模の金が流出し、基軸通貨ドルへの不安を高めるものとして国際収支の動向が注目されるようになった[24]。経常収支（b）は、構成項目である貿易収支（c）や投資収益（i）とともに黒字であり、米国の対外債権の増加要因になるが、資本収支が長期・短期ともに赤字であり（k・l・m）、対外軍事支出や政府贈与、政府貸付といった軍事支出・経済援助の赤字（n・o・p・q）とともに経常収支黒字を上回り、総合収支（ｓ）の赤字となり、それが短期ドル債務の増加や金の流出（ｔ）や、金・ドル本位制下における「ドル不安」につながった。

米国の金保有量の低下による「ドル不安」には、二つの側面がある。第一に米国の国際収支赤字を通ずるドル流出がもたらすドルへの信認低下であり、第二に流出したドルが、各国の中央銀行や金市場を通じて米国への金交換請求となり、結果的に米国の金保有量を減少させるという、為替市場や金市場における「ドル不安」である。[25] したがって、それぞれ二つの面からドル防衛策が検討された。前者については米国の国際収支改善に寄与する国際協力、後者が為替市場・金市場を安定化させる国際金融協力である。

ドル防衛政策の第一の側面、国際収支赤字については、継続的な総合収支赤字（ｓ）によるドル流出（ｔ）への対応が求められた。そこで、民間取引を構成する項目である経常収支（貿易収支）や資本収支（長期・短期）の改善策と同時に、対外的な政府取引（ｎ）、内訳としての軍事支出（ｏ）、政府贈与（ｐ）、政府貸付（ｑ）の改善策が検討された。国際収支に関する大統領教書でも、経済援助と軍事支出の削減と、それらに関するバードンシェアリング、とくにＮＡＴＯ加盟国や日本との調整が重視されている。[26]

その一環として、米国は西側諸国における米軍駐留費や規模の縮小、相手国側の負担増加または軍事支出の拡大、米国製の軍需品輸入拡大などを西側各国に要請していく。[27] 国際収支に関連して、軍事支出を改善するため米国製の軍需品輸出拡大（相手国の購入増加）を図ろうとする手法は、「軍事オフセット」とも呼ばれる。[28] 日本への要求に関しては、岸政権期の安保騒動を通じて、政権基盤への悪影響を与えかねないと米国は認識しており、池田政権への防衛費増額要求は相対的に抑えられていた。[29]

経常収支のうち貿易収支については、米国の輸出を増やすためのバイ・アメリカン政策や、サービス収支を黒字化させるために貿易取引で米国の船舶を利用するというシップ・アメリカン、国外から米国への旅行を増やす方策が、日本に限らず各国を対象にして導入された。

資本投資（ｋ）への対応策としては、金利平衡税、対外投資自主規制等が導入された。長期資本の国外流出を抑えるには、為替管理の実施か国内金利の引き上げといった方法もあるが、為替管理は貿易・為替の自由化方針と反し、国内金利の引き上げは国内金融市場の引き締めや民間投資の抑制になり、景気後退につながる。そこで、外国企業の米国での起債に課税する金利平衡税が導入され、対外投資自主規制とともに資本収支（ｋ）の赤字抑制が図られた。[30]

二　国際金融協力と日本のＯＥＣＤ加盟問題

ドル防衛政策の第二の側面、国際金融協力による為替市場・金市場の安定化については、一九六〇年に金プール協定、六一年にローザ・ポンド、六二年にＧＡＢ（General Agreements to Borrow：一般借入取極）、六三年に金利平衡税およびスワップ協定など、中央銀行間の国際通貨協力も含まれる。金プールに関しては、金保有量が相対的に少なかった日本、カナダは参加していない。[31]

一九六二年に締結されたGABは、主要先進工業国一〇カ国（米国、イギリス、フランス、ドイツ、日本、カナダ、ベルギー、オランダ、スウェーデン、イタリア）の間で発足したものである。[32]上記参加国がIMFを資金面で補強する取極であり、ドルやポンドの通貨防衛に貢献した。GABに参加した一〇カ国のうち、日本を除くすべての国が通貨の交換性のあるIMF八条国であった。IMF八条国とは、経常取引に関してその通貨の交換性を有している国をいう。交換性とは、一国の通貨（対内支払手段）が自由に外貨（対外支払手段）と交換できる状態を指し、IMF八条国は、為替（外貨）管理を理由とした貿易制限ができなくなる。[33]交換性のない通貨でGABに入ったのは日本のみであったが、GABを通じてIMFに対する信用供与国になったのは、日本が国際金融の面でも、先進国グループの一員になったことを意味するという評価もある。[34]

GABの参加国で構成される一〇カ国蔵相・中央銀行総裁会議はG10、あるいは開催地の地名から「パリ・クラブ」[35]と呼ばれ、その後の国際通貨金融の分野における中心的存在となる。GABは、OECDの組織とも関係した。OECDで国際収支に関しては、経済政策委員会の下部組織として一九六一年四月に設立された「国際収支均衡促進のための政策に関する第三業部会（以下、WP3）」で協議されたが、OECD加盟国のなかでもWP3に参加したのは、GAB参加国（G10）に限られていた。[36]

日本のWP3への参加が提案された際も、GAB、G10、WP3の参加国が同一であり、今後は参加国を拡大しないことが確認されている。[37]この参加国が「インナー・グループ」として国際収支に関する各種の協議や調整を行い、国際通貨体制の改編が議論される際にも「司令塔」として中心的存在になった。[38]OECDでは、経済成長、後進国開発援助、世界貿易の拡大など世界経済に関わる問題はすべて取り上げられ、それらの問題がIMFやGATTなどの国際会議の前にOECD内で議論や予備交渉が進められることもあり、OECD加盟を通じてそうした機会に参加できる意義は大きかったとされている。[39]

日本が国際金融・通貨における主要国間の「インナー・グループ」であるGAB、G10、WP3に参加する際には、GATTなど国際貿易・通商問題の協議の場に日本が参加する時のような各国の強い否定的態度は示されていない。ここに、国際金融と国際貿易の異なる論理が浮かび上がる。国際貿易面においては、自由化であれ保護であれ、特定の利益集団に負の影響が強く出るため、国内の反対圧力が生まれやすく、それが政府の判断に影響し、国家間の利害は対立する傾向にある一方で、国際金融や国際通貨問題の安定性をめぐっては、各国の利害は共通し、国内の反対圧力も生じにくい。[40]これは、先進国間の国際金融協力だけでなく、冷戦の論理で実施された先進国から途上国への援助についても同様である。

OECDの条約が調印され、発足する六〇年から六一年にかけては、途上国援助に関して三つの変化があった。第一に国連総会における決議、第二にケネディ大統領の対外援助教書、第三にDAG（Development Assistance Group：開発援助グループ）からDAC

(Development Assistance Committee：開発援助委員会）への変化であり、それらの結果として途上国への援助額は増大している。[41]

一九六〇年は「アフリカの年」とも呼ばれるように、アフリカで一七カ国が独立し脱植民地化が進んだが、各国は経済的に行き詰まっていた。六〇年九月から開催された第一五回国連総会において、途上国側は新規加盟したアフリカ各国とともに、先進諸国の援助強化を要求していく。冷戦の焦点が軍備競争から経済競争に変わり、[42]その範囲が世界化するなかで、経済格差による南北問題の顕在化、途上国各地における非同盟・中立化に対応するため、各種の援助拡大が求められた。

一方で、最大の援助国である米国は国際収支赤字の増大に直面し、各国とのバードンシェアリングを図るようになる。六一年三月、ケネディ大統領は途上国援助の方針転換を表明し、一九六〇年代は、途上国が経済・社会・政治的にも自由で安定した自立できる国家を実現する「開発の一〇年」になる必要があり、それが世界の緊張と不安を緩和すると主張した。[43]その基本方針のひとつが西側先進国の協調であり、新たに創設されるＯＥＣＤのＤＡＣを通じた先進国間における途上国援助の分担・調整が図られた。[44]

冷戦の観点から、共産圏の脅威に直面している地域に対しては、軍事・経済援助が必要であるが、国際収支赤字に直面している米国一国では、負担に限界がある。一方、ドル防衛の観点から、国際収支赤字に対応するため軍事費や経済援助を抑制すれば、米ソ間で途上国の支持獲得競争が激化するなかで、共産圏の脅威に直面している地域の動向が懸念される。こうしたジレンマはＯＥＣＤで協議されていた。ＯＥＣＤは「ＮＡＴＯの経済版」という位置づけであり、ＯＥＣＤ閣僚理事会は、ＮＡＴＯの閣僚理事会があるとそれに引き続いて開催されていた。[45]冷戦が世界的に展開し、米国の国際収支赤字に起因するドルへの不安が高まるなかで、西側主要国間の多様なバードンシェアリングが議論されていたのである。日本はＯＥＣＤ加盟国ではなかったが、ＤＡＣのなかでも米仏英独に次ぐ五番目の援助供与国になると同時に、Ｇ10の一員として国際通貨・金融面で協調している事実を示し、ＯＥＣＤへの加盟を希望した。[46]その後も日本は、二国間・多国間の枠組みで、アジアの非共産地域を対象に支援を積極化し、米国の負担軽減に寄与していく。[47]

冷戦の論理に基づく先進国から途上国への援助でも、国際金融の論理に基づくドル防衛政策でも、西側諸国は日本を排除するというより協調関係の強化を重視した。一方、貿易面において西欧諸国はＧＡＴＴ三五条のような対日差別措置を継続し、その打開策として期待された日本のＯＥＣＤ加盟にも否定的・消極的態度を示していた。その西欧諸国の対日政策が変化した背景には、冷戦構造の新たな展開がある。

三　冷戦の新たな展開と日本のＯＥＣＤ加盟
――途上国援助と対中貿易

日本のＯＥＣＤ加盟が議論されていた一九五〇年代後半から一九六〇年代前半は、かつてないほど東西間の危機が続発した時期であり、核戦争の瀬戸際までいったほどの「最も危険」な時代とも評される。[48] キューバ革命（一九五九年）、ベルリンの壁の建設（一九六一年）、キューバ危機（一九六二年）やアジアで高まる共産化の脅威など、冷戦構造が新たな展開を迎える中で、西側陣営の強化、とくに主要国である米欧間の関係強化が必要とされていた。同時に、西欧では地域主義が台頭し、二つの貿易圏に分断され、米欧間の関係強化が懸念されるようになると、日本も影響を受けていく。

二つの貿易圏とは、ＥＥＣ（European Economic Community：欧州経済共同体）とＥＦＴＡ（European Free Trade Association：欧州自由貿易連合）であり、両者の分断が問題視されていた。[49] ＥＦＴＡは、ＥＥＣ諸国も含めたＯＥＥＣ（Organisation for European Economic Cooperation：欧州経済協力機構）加盟国間において、二つの貿易圏に分裂することなくＯＥＥＣ諸国の貿易自由化が目指された。ＯＥＥＣは、米国の対欧援助であるマーシャルプラン受け入れに際し、ヨーロッパ域内の経済協力を促進させるため、一九四六年に組織されたものである。[50]

ＥＥＣとＥＦＴＡの分断は「六カ国・七カ国問題」ともいわれ、ＮＡＴＯ（North Atlantic Treaty Organization：北大西洋条約機構）加盟国の貿易圏分断が、「ＮＡＴＯ諸国を政治・安全保障上の問題で分裂させる」ものとして懸念された。[51] また、ＮＡＴＯ諸国が戦前に植民地としていた各地が共産圏の脅威に直面しているなかで、協力して各種の支援を進める必要があった。[52] そこで、世界規模の冷戦戦略上の考慮とＮＡＴＯ諸国の分裂回避のため、ＯＥＥＣの改組が検討され、米国、カナダが加わる大西洋規模の経済・貿易・開発政策調整機能をもつ組織として、六〇年一二月、ＯＥＣＤ条約が調印され、六一年九月、正式に発足した。[53]

西欧諸国の分断問題は、日本のＯＥＣＤ加盟にも影響した。米国は、ヨーロッパの地域主義を抑え、ＯＥＣＤを大西洋地域の枠組みからグローバルな転換を図るため、何らかの形で日本を参加させようと試みた。[54] しかし、日本の加盟によって、大西洋諸国の組織であるＯＥＣＤの性格を変えてしまうという西欧諸国の反対は根強く、西欧諸国の経済的分断や政治的な不安定化が続いていたため、米国は西欧と北米間の協調関係の醸成を優先し、日本の加盟を見合わせた。[55]

米国が日本のＯＥＣＤ加盟を支援していた理由の一つは、日本が中ソ両国に危険なくらい近い重要な工業国であり、共産側に入れば、アジア全体の共産主義運動に対して圧倒的な力を与えるが、西側との同盟関係が強まれば、アジアの民主主義と自由にとって、政治的にも経済的にも強力な支柱となるというものであった。[56]

アジアにおける米中冷戦の顕在化は、日本の対中貿易やＯＥＣＤ加盟問題とも関連付けられた。なぜならば、当時の日本は対中貿易を進めつつあり、中国をはじめとした共産圏との貿易を統制するには、代替的な輸出市場の確保が必要になるからである。しかし、市場として有望な西欧諸国をはじめ合計一四カ国が、ＧＡＴＴの例外規定である三五条を日本に適用した結果、対日差別待遇が維持され、日本からの輸出は不利な状況が続いた。[57] 欧米各国は、日本に対共産圏貿易の統制に関する協調を求めながらも、貿易相手国として自国市場を開放しようとしても、対日輸入制限措置を求める国内圧力があるというジレンマに直面していた[58]。

ＧＡＴＴ三五条問題が放置され、欧米市場が閉ざされる状態が継続したら、日本は旧来の輸出市場である中国との取引を拡大する可能性があり、対共産圏貿易統制の観点から懸念される[59]。日本側は、ココム（対共産圏輸出統制委員会）、チンコム（対中国輸出統制委員会）などの対共産圏貿易統制や途上国への援助において自由陣営と協調している一方で、ＯＥＣＤ加盟とＧＡＴＴ三五条撤回等が実現しないことに不満があった[60]。そこで、日本の対共産圏貿易に対して圧力を加える米国に対して、ＯＥＣＤ加盟やＧＡＴＴ三五条援用撤回への支援を要請したのである。

四　日本の貿易面における地位向上と「秩序ある貿易」

米国は、日本のＯＥＣＤ加盟が日米二国間・多国間の問題に貢献し、日米二国間の政治経済関係の強化に役立つと期待していた[61]。しかし、日本の加盟が進展しなかったこともあり、「日本がＯＥＣＤのフルメンバーでない期間に、相互の経済・貿易問題について協議する暫定的組織[62]」として、二国間で「日米貿易経済合同委員会（以下、合同委員会）」が設立され、日米両国の経済関係やバードンシェアリングが議論された。「ＯＥＣＤのフルメンバーでない」というのは、ＯＥＣＤの下部組織であるＤＡＣに参加しているものの、ＯＥＣＤ自体に未加盟状態であることを指す。

バードンシェアリングに関しては、防衛費や米軍駐留費の負担が注目されやすい[63]。しかし、ケネディ政権が米国議会に提出した国際収支に関する大統領教書でも指摘されているように、負担の対象には防衛費だけでなく途上国援助も含まれている[64]。米国の対日政策も二国間・多国間に関わらず、バードンシェアリングとの関連が強まっていく。一九六一年一〇月に開催された第一回目の合同委員会の議題をみても、貿易問題や途上国問題が関わっている[65]。

貿易問題については、国際収支赤字に直面していた米国が、日米間の貿易収支では黒字を計上し、日本側の貿易赤字が続いていた（表1d・s）。米国にとって貿易相手国としての日本は、一九五七年と五八年は第四位、五九年は第三位、六〇年にはカナダに次ぐ第二位というように、重要性がより高まっていった[66]。日本側の対米貿易赤字が継続するなかで、日本側は対米輸出の増加を望む一方、米国側は国際貿易の論理に直面していた。つまり、総論としては国際収支赤字問題や二国間の貿易拡大の重要性を理解しながらも、各論としては国際収支赤字問題やドル問題、そして、日本からの輸入品と競合する米国国内産業の対日輸入制限要求、その国内政治問題化への対応に苦慮していた。

こうしたなかでケネディ大統領は、一九六一年五月二日、七項目にわたる繊維産業助成策を発表した[67]。そのうち第六項に「国務省は繊維貿易の面で既存繊維産業に不当な打撃を与えないようにするため、繊維の主要輸出入国から構成される国際会議を招集するように準備すること」というものが含まれている。この国際会議の開催に先立ち、ボール国務次官は、自由貿易の実現のためにも、綿製品貿易の秩序に寄与する暫定的な措置が重要であるとして、日本の政府と業界に対し米国への協力を要請し、一方の日本側は、主要輸出入国の参加を条件として、それに同意した(68)。

この問題は池田首相が訪米した際の日米首脳会談でも取り上げられ、ケネディ大統領とボール国務次官は、貿易秩序を維持する仕組みが日本の輸出拡大にも効果があると指摘した(69)。また、多国間協議の場で米国は、二国間の輸出自主規制を多角化した上で制度化しようと提案し、国内の保護主義圧力に悩む各国の同意を取り付けた(70)。これがSTA（Short-Term Arrangement：綿製品国際短期取極）、LTA（Long-Term Arrangement：綿製品国際長期取極）として成立し、輸入国は対象品目が自国市場を攪乱していると判断した場合、輸入制限措置が認められた。

日本はSTA以前から、各国との二国間ベースで輸出「自主」規制を行っていた。初期の輸出自主規制は対米繊維輸出に関するものであり、米国側の「助言」に従って実施されたものである(71)。実際に「自主」的であろうとなかろうと、また貿易摩擦を抑制するものであろうとなかろうと、各国政府は国内に向けて安全装置として説明できる。日本は各国との二国間協定、そしてSTAやLTAといった多国間協定の仕組みや実施を通じて、欧米先進国が望む「秩序ある貿易」の推進を受け入れた(72)。

「秩序ある貿易」を維持する仕組みは、自由貿易を推進する米国が国内の合意を得る上でも必要であった。ケネディ大統領は、翌六二年一月の年頭教書を通じて、過去三〇年間にわたって米国の通商政策の基礎となってきた一九三四年互恵通商協定法に代わり、通商拡大法を議会に提出することを明らかにした。一九六二年通商拡大法は、米国の通商法の中でもっとも自由主義的とされるが、安全装置として機能し得るSTAやLTAのような例外的輸入制限措置は、保護貿易派、とりわけ南部繊維産業に対応し、議会の承認を得る上で重要な手段であった(73)。

その年頭教書では、一九三四年互恵通商協定法が最後に延長された一九五八年以後、五つの基本的な新しい変化が起こったと指摘された。第一に、EECが当初の予想以上に発展したこと、第二に、米国の国際収支上の負担増加に伴い、米国の輸出増加が必要であること、第三に、米国自身の経済成長を急速に進める必要があること、第四に、共産圏の援助や貿易攻勢が盛んになってきたこと、第五に、日本及び低開発国のために新しい市場を開拓する必要があることであり、これらの新たな事態に対処するため、大統領に対して五年間の大幅な関税引下交渉権限を含む、外国との通商協定締結権を与える通商拡大法が議会に提出され、同年一〇月に成立した(74)。

このケネディ大統領の構想が、GATTでの関税引き下げ交渉の具体的な基礎となったため、この法案成立後に開催された多国間交渉は、「ケネディ・ラウンド」と呼ばれる。過去のラウンドでは、国ごとに項目別に交渉されていたが、ケネディ・ラウンドでは一括関税引下げ交渉という方式が採用されたほか、多様な協議が行なわれ、その方式、規模においてGATT史上画期的なものになった(75)。

米国は、通商拡大法とケネディ・ラウンドを通じて輸出拡大を図り、国際収支赤字の改善とドル危機の克服を目指した(76)。上記の年頭教書にあるように、米国の国際収支赤字を改善しながら共産圏の経済攻勢に対応するには、欧州（ＥＥＣ）諸国の地域主義や閉鎖性を弱め、米国だけでなく日本や低開発国の輸出を拡大する必要があり、多国間交渉が進められた。

多国間交渉はリーダーシップをとっていた米国のほか、イギリスやＥＥＣ諸国、日本が中心的存在になった。これら四者の非公式会合によって重要事項が決められたため、この四者は交渉の成否を握るブリッジ・クラブ（またはグループ）とも呼ばれることがある(77)。ブリッジとは、四者で行うカード・ゲームを語源としており、四者以上は参加できず、四者が揃わないと成立しないという含意がある(78)。これは日本が主要交渉国のひとつとして認識されていたことを意味し、ＧＡＴＴ加盟を実現しても差別措置を受けていた日本が、その地位を向上させた事例とする見解もある(79)。

ただし、日本は自国の輸出市場を確保しようとする一方で、貿易自由化への関与に積極的でなく、主要国といってもその影響力は分野によって限られていた(80)。日本は、一九六四年にＩＭＦ八条国へと移行する過程で貿易・為替の自由化を進めたものの、その後の進展が緩慢であり、日本の国際貿易・国際経済に見合う規模でさらなる自由化が求められていく(81)。

国際金融・通貨問題と比較し、国際貿易で各国間が対立しやすいのは、第二節で指摘したように、特定の利益集団に負の影響が強く出るため、国内の反対圧力が生まれやすく、それが政府の判断に影響する傾向があるからである。そうした国家間で対立しやすい国際貿易面で、一九六〇年代前半には主として三つの要因が、対日差別措置の撤回や、その協議を伴う各国とのＯＥＣＤ加盟交渉を進めた。

第一の要因は、セーフガードなど安全策の確保である。ＯＥＣＤ加盟に先立つ西欧諸国との協議を通じて、各国の対日貿易差別措置であるＧＡＴＴ三五条対日援用が撤回された。しかし、一部の貿易品目については継続され、日本との通商交渉を通じてセーフガード条項が認められており、安全策が確保されている(82)。さらに、二国間だけでなく多国間においてもＳＴＡやＬＴＡのような貿易摩擦回避策を通じて、日本は欧米先進国が望む「秩序ある貿易」を受け入れていた。

第二の要因は、貿易自由化原則の推進である。西欧諸国は日本に先んじてＩＭＦ八条国に移行しており、日本の貿易自由化の進展とあいまって、対日差別措置を正当化しにくい状況にあった。同時に、日本を含め各国の貿易・為替の自由化が進展すれば、ドル防衛や米国の国際収支赤字の改善にも資する。なぜならば、各国の自由化によって米国からの輸出機会が増加すると同時に、これまで米国に集中しがちな日本の輸出が各国に分散されれば、日本の対米輸出圧力は弱まり、結果的に米国の貿易収支赤字の改善が期待できるからである。

第三の要因は、自由陣営の関係強化という冷戦の論理である。例えば、日本のＯＥＣＤ加盟を反対していたイギリスが支持へと態度を変えた背景には、自由陣営における日本の重要性や、東南アジア開発での必要性、独仏が支持を表明した以上、遅れをとれないという冷戦の論理と、セーフガード条項を含めた日英通商航海条約の締結という点が指摘されている[83]。つまり、冷戦の新たな展開のなかで、日本の孤立を防ぎ、西側諸国との貿易・経済関係を強化し、日本の貿易自由化、投資自由化を加速させ、日本の国際秩序への関与の増大が期待された結果、日本のＯＥＣＤ加盟交渉は進んでいく[84]。

日本のＯＥＣＤ加盟は、「自由陣営の一員」としての地位だけでなく、国際秩序の維持やドル問題をはじめとしたバードンシェアリングに対して、日本の関与をさらに強める象徴でもあった。しかし、加盟後の展開については、別の検証が必要となる。

おわりに

日本のＯＥＣＤ加盟に関する先行研究の多くは、池田首相の訪欧(一九六二年一一月)が加盟を前進させた点について、一次資料を活用しながら詳細に論じている[85]。本稿では、この外交上の転機を後押しした背景として冷戦・国際貿易・国際金融の異なる論理を整理しながら、ドル防衛問題と日本のＯＥＣＤ加盟問題との関係を論じてきた。両者を検討することで、一九六〇年代前半における日本の国際関係や、冷戦期に経済発展を遂げた日本に求められた役割の一面が浮き彫りになると考えたからである。

ドル防衛問題には、冷戦、国際貿易、国際金融で異なる論理が作用し、それが日本の地位や役割の変化にも影響していた。国際金融分野に関して、西側諸国は国際金融・通貨体制の安定化やドル防衛のため協調行動をとり、そのなかに日本を取り込んでいった。そして日本は、ＧＡＢ・Ｇ10(パリ・クラブ)・ＷＰ３の限られた「インナー・グループ」の一員として、各種の協議や調整に関わっていく。

協調の利益が大きいのは、冷戦の論理も同様である。西側諸国間の同盟強化、途上国との関係強化が図られたなかで、日本は「自由陣営の一員」として、アジアを中心にした援助や対共産圏貿易統制でも協調を図った。その協調関係は、国際秩序の安定化、通商関係の強化(輸出市場や投資先の拡大・資源調達先の確保など)という日本の利益にも資する[86]。

一方で、国際金融や冷戦の論理から共通の目的・利益があっても、貿易面では対日差別が継続し、協調関係が生まれにくい現実もあった。西側諸国は、冷戦の観点から日本に対共産圏貿易の統制に協力を求めながらも、ＧＡＴＴ三五条をはじめとした対日貿易差別措置などを通じて、日本からの輸入抑制を図っていた。ＯＥＣＤ加盟交渉は、その打開策として期待されたが、西欧諸国の消極的姿勢は続いた。しかし、西欧諸国や日本がＩＭＦ八条国へと移行し、貿易自由化が推進されるなかで、対日差別措置を正当化する理由は失われていった。さらに、日本との二国間協定を通じて国内の反発を抑制するような安全装置を確保し、ＳＴＡやＬＴＡといった多国間協定を通じた貿易摩擦回避措置など、「秩序ある貿易」が図られるなかで、ＧＡＴＴ三五条の適用をはじめとした対日差別措置は撤回されていく。

自由貿易を通じた世界の繁栄や国家間の協調関係を原則としなが

らも、国内の反発次第で各国間の協調関係が貫徹されにくい傾向がある国際貿易の分野において、米国が日本の地位改善を支援した背景には、米国の国際収支問題とドル防衛問題もあった。各国の貿易自由化が進めば、米国の輸出拡大が期待できると同時に、日本を含め各国の輸出先が多様化・拡散し、米国への輸出圧力が弱まるため、米国の国際収支問題やドル防衛に寄与する。また、同盟国間や途上国との貿易関係強化は、冷戦の論理からも望ましかった。

米国は、その後も一九八〇年代から九〇年代にかけて、ただ乗り（free ride）のない自由世界（free world）を確立するため、先進国間のバードンシェアリングを図り、日本への要求も強めていくが[87]、日本のＯＥＣＤ加盟前後は、そうした負担圧力が顕在化した初期段階であった。日本がＯＥＣＤに加盟し、その地位や役割が変化した背景には、冷戦・国際貿易・国際金融という異なる論理が作用するなかで、自国の負担を軽減すべく、西側諸国のバードンシェアリングを進め、多国間協力による国際秩序の強化を図る米国の戦略もある。日本のＯＥＣＤ加盟は、その国際的地位の確立を象徴すると同時に、ドル防衛問題をはじめとした国際問題に対し、日本の関与を強める手段として期待された側面もあった。

（1）吉次公介『池田政権期の日本外交と冷戦』岩波書店、二〇〇九年。鈴木宏尚『池田政権と高度成長期の日本外交』慶応義塾大学出版会、二〇一三年。

（2）Dower, J. W., "The Superdomino in Postwar Asia: Japan In and Out of the Pentagon Papers," In Chomsky, N., and Zinn, H., (Eds.), *The Pentagon Papers, The Senator Gravel Edition, Vol. V.*, Beacon Press, 1972, pp. 101–142. シャラー・Ｍ（市川洋一訳）『「日米関係」とは何だったのか――占領期から冷戦終結後まで』草思社、二〇〇四年、三二五頁。

（3）吉次、前掲書、および鈴木、前掲書。

（4）赤根谷達雄『日本のガット加入問題：〈レジーム理論〉の分析視角による事例研究』東京大学出版会、一九九二年。

（5）萩原徹（監）『日本外交史〈三〇〉講和後の外交（ＩＩ）経済（下）』鹿島研究所出版局、一九七二年、七頁。

（6）Carroll, P. and Hynes, W., "Japan and the OECD: How the sun rose on a global era", *OECD Observer*, April 2014, p. 8.

（7）*OECD Observer*, Dec 1, 1964, pp. 19–22.

（8）鈴木、前掲書、一九〇―九一頁。

（9）鈴木宏尚「パックス・アメリカーナと池田政権期の日本外交」『静岡大学法政研究』一九（三―四）、二〇一五年、一頁。

（10）青野利彦「同盟から冷戦を考える」益田実、池田亮、青野利彦、齋藤嘉臣編『冷戦史を問いなおす：「冷戦」と「非冷戦」の境界』ミネルヴァ書房、二〇一五年、三三頁。菅英輝『冷戦と「アメリカの世紀」――アジアにおける「非公式帝国」の秩序形成』岩波書店、二〇一六年、一〇頁、一七―二二頁。

（11）高橋和宏『ドル防衛と日米関係』千倉書房、二〇一八年。

（12）ギルピン・Ｒ（大蔵省世界システム研究会訳）『世界システムの政治経済学――国際関係の新段階』東洋経済新報社、一九九〇年、三五一頁。樋渡由美『戦後政治と日米関係』東京大学出版会、一九九〇年、第三章。

（13）赤根谷、前掲書、六三頁。Kratochwil, F., and Ruggie, J. G., "International Organization: A State of the Art on an Art of the State," *International Organization*, 40(4), 1986, p. 769.

（14）ラギー・Ｊ・Ｇ（小野塚佳光・前田幸男訳）『平和を勝ち取

る――アメリカはどのように戦後秩序を築いたか』岩波書店、二〇〇九年、六〇頁。

（15）ヘライナー・E（矢野修一ほか訳）『国家とグローバル金融』法政大学出版局、二〇一五年、二七頁。

（16）国家間で対立することもあるが、詳細は同上および、ストレンジ・S（本山美彦監訳）『国際通貨没落過程の政治学――ポンドとイギリスの政策』三嶺書房、一九八九年、五頁。

（17）菅英輝『冷戦期アメリカのアジア政策――「自由主義的国際秩序」の変容と「日米協力」――』晃洋書房、二〇一九年、二二頁。ギルピン・R（古城佳子訳）『グローバル資本主義――危機か繁栄か』東洋経済新報社、二〇〇一年、五二頁。

（18）菅英輝「冷戦の全体像と冷戦史の時期区分論」『国際政治』二〇七号、二〇二二年、一七一頁。

（19）United States Congress Joint Economic Committee (USCJEC). *The United States Balance of Payments-Perspectives and Policies*, USGPO, 1963, p. 3.

（20）樋渡、前掲書、二七三頁。

（21）このジレンマを指摘した経済学者の名前から「トリフィン・ジレンマ」ともいわれる。詳細は、トリフィン・R（村野孝・小島清監訳）『金とドルの危機』勁草書房、一九六一年。

（22）Bergsten, C. F., *The Dilemmas of the Dollar: The Economics and Politics of United States International Monetary Policy*. New York University Press, 1975, Chap. 6-7.

（23）ギルピン、前掲書、一一三頁。

（24）MacDougall, D., “The dollar problem: A reappraisal. International Finance Section”, *Essays in International Finance*, No. 35, Department of Economics, Princeton University, 1960, pp. 3–4.

（25）経済企画庁調査局編『世界経済白書（一九六一年版）』至誠堂、五〇―五三頁。

（26）USCJEC, *op. cit.*, pp. 82–89.

（27）古城佳子「日米安保体制とドル防衛政策――防衛費分担要求の歴史的構図」『国際政治』一一五号、一九九七年。

（28）高橋、前掲書、一五〇頁。

（29）中島信吾『戦後日本の防衛政策：「吉田路線」をめぐる政治・外交・軍事』慶應義塾大学出版会、二〇〇六年、一七七―八四頁。

（30）日本への影響については、高橋、前掲書、第二章。

（31）クームズ・A（荒木信義訳）『国際通貨外交の内幕』日本経済新聞社、一九七七年、七九―八六頁。

（32）萩原、前掲書、六八―六九頁、二六一頁。

（33）浅井良夫『ＩＭＦ八条国移行：貿易・為替自由化の政治経済史』日本経済評論社、二〇一五年。

（34）日本銀行百年史編纂委員会編『日本銀行百年史（第六巻）』日本銀行、一九八六年、二四六頁。

（35）萩原、前掲書、六九頁。

（36）矢後和彦「一九六〇年代の国際通貨体制とＯＥＣＤ――経済政策委員会第三作業部会の創設と初期の活動――」『経済学論究』（関西学院大学）六八巻一号、二〇一四年。

（37）OECD Archives, Working Party No. 3 of the Economic Policy Committee, Record of the Meeting held on 17th June, 1964.

（38）Cooper, R. N., “Prolegomena to the Choice of an International Monetary System,” *International Organization*, 29(1), 1975, pp. 63–97; James, H. *International Monetary Cooperation Since Bretton Woods*, Oxford University Press, 1996, pp. 181–83.「司令塔」としての意味については、矢後、前掲論文。鈴木秀雄「開放体制への道」エコノミスト編集部編『証言・高度成長期の日本（下）』毎日新聞出版、一九八四年、三八〇頁。

（39）大蔵省財政史室編『昭和財政史――昭和二七―四八年度　国際金

融・対外関係事（2）』第一二巻、東洋経済新報社、一九九二年、一三六頁。

（40）ヘライナー、前掲書、二七頁、二九二頁。

（41）経済企画庁調査局編、前掲書、三七―三九頁。

（42）樋渡、前掲書、二六三頁。

（43）Kennedy, J.F., "Special Message to the Congress on Foreign Aid, March 22, 1961", in *Public Papers of the Presidents (PPP) of the United States: John F. Kennedy, 1961*, United States Government Printing Office (USGPO), 1962, pp. 203–12.

（44）Kennedy, J.F., "Statement by the President Following Ratification of Convention Establishing the Organization for Economic Cooperation and Development, March 23, 1961," *ibid*, pp. 212–13.

（45）鈴木秀雄、前掲論文、三八五頁。

（46）鈴木、前掲書、一四一頁。

（47）吉次、前掲書、二五四―五五頁、井上、前掲書、二〇四頁。

（48）マクマン・R（青野利彦監訳、平井和也訳）『冷戦史』、勁草書房、二〇一八年、一〇七頁。

（49）ＥＥＣは、一九五八年にフランス、西ドイツ、イタリア、オランダ、ベルギー、ルクセンブルクの六カ国、ＥＦＴＡは、一九六〇年にイギリス、デンマーク、ノルウェー、スウェーデン、オーストリア、スイス、ポルトガルの七カ国によって発足した。

（50）Griffiths, R. T., "'An Act of Creative Leadership': the End of the OEEC and the Birth of OECD," in Griffiths, R. T. (Ed.), *Explorations in OEEC History*, OECD, 1997, pp. 235–56.

（51）この問題（Six-Seven problems）は、当時の米国の対欧政策の文書でいくつか確認できる。例えば"Circular Telegram From the Department of State to Certain Missions in Europe," April 12, 1961, *Foreign Relations of the United States (FRUS), 1961–1963, Volume XIII*, Doc. 3.

（52）Acting Secretary Dillon, "The Challenge of Economic Growth in the Free World," *Department of State Bulletin*, June 29, 1959, pp. 955–58.

（53）Griffiths, op. cit.

（54）"Memorandum From Secretary of State Herter to President Eisenhower, November 24, 1959," *FRUS, 1958–1960, Foreign Economic Policy, Volume IV*, Doc. 26.

（55）"Memorandum of Conversation, June 21, 1961", *FRUS, 1961–1963, Volume XXII*, Doc. 336. "U.S. Balance of Payments," October 1963, RG59, Bureau of European Affairs, Office of Atlantic Political and Economic Affairs, Alpha-Numeric Files 1948–1963, Box2, the National Archives at College Park (NA), MD, USA.

（56）Reischauer, E. O., "The Broken Dialogue with Japan," *Foreign Affairs*, 39(1), 1960, p. 12, 14. pp. 11–26.

（57）一四カ国のうち、オーストラリア、ニュージーランド、フランスなど八カ国が差別待遇を行った。赤根谷、前掲書、二八九頁、二九七頁。

（58）シャラー、前掲書、十章。

（59）同上。鈴木、前掲書、一一二―一五頁。

（60）鈴木、前掲書、一一四頁。

（61）鈴木、前掲書、第五章。

（62）Memorandum for the President, June 9, 1961, National Security Files, Box 123A, JFK Library.

（63）この経緯については、古城、前掲論文。

（64）USCJEC, *op.cit.*

（65）大蔵省財政史室（編）、前掲書、一一一頁。

（66）Hunsberger, W. S. *Japan in United States foreign economic policy*. Subcommittee on Foreign Economic Policy of the Joint Economic Committee, Congress of the United States. USGPO, 1961, p. 15.

(67) Kennedy, J.F., "Statement by the President Announcing a Program of Assistance to the Textile Industry. May 2, 1961," in *PPP (1961)*, pp. 345–46.

(68) 萩原、前掲書、一一三頁。

(69) "Memorandum of Conversation, June 21, 1961", *FRUS, 1961–1963, IX*, Doc. 218.

(70) Curzon, G., and Curzon, V., "The Management of Trade Relations in the GATT," In Shonfield, A., (Ed.), *International Economic Relations of the Western World 1959–1971, Vol. 1: Politics and Trade*, Oxford University Press, p. 259.

(71) Dulles, J.F., "Cotton Textile Imports from Japan", *Department of State Bulletin*, Dec. 1, 1955, USGPO, pp. 1064–1065.

(72) Curzon and Curzon, *op. cit.*, p. 260.

(73) 石崎昭彦「転機に立つ米国貿易政策」『貿易と関税』一九八三年四月、二二—二七頁。

(74) Kennedy, J.F., "Special Message to the Congress on Foreign Trade Policy, January 25, 1962", in *PPP (1962)*, pp. 68–77.

(75) 萩原、前掲書、二一—二三頁。

(76) 経済企画庁調査局編『世界経済白書（一九六四年版）』至誠堂、五七頁。

(77) 萩原、前掲書、四八頁。

(78) Curzon, G., and Curzon, V., "GATT: Traders' Club," In Cox, R. W., and Jacobson, H. K. (Eds.), *The Anatomy of Influence: Decision Making in International Organization*, Yale University Press, 1973, p. 319.

(79) Preeg, E. H., *Traders and Diplomats: An Analysis of the Kennedy Round of Negotiations Under the General Agreement on Tariffs and Trade*, Brookings Institution, 1970, p. 186.

(80) 限られた分野については、Winham, G. R., "GATT and the International Trade Régime," *International Journal*, 45(4), 1990, pp. 811–812. 関与の低さについてはHudec, R. E., *Enforcing International Trade Law: The Evolution of the Modern GATT Legal System*, Butterworth Legal Publishers, 1993, pp. 21–22.

(81) Hudec. *op. cit.* ＩＭＦ八条国移行については、浅井、前掲書。

(82) 萩原、前掲書、第五章。

(83) 鈴木、前掲書、一八三頁。

(84) Carroll, P. G. H., and Kellow, A. J. *The OECD: A Study of Organisational Adaptation*, Edward Elgar, 2011, pp. 157–8. 否定的意見の弱まりについては、"Japan and OECD," November 28, 1962, RG59, Decimal Files Related to the OECD, 1962–63, box2, NA.

(85) 鈴木、前掲書、吉次、前掲書、浅井、前掲書。

(86) Frank, I., "Introduction," in Frank, I., (Ed.), *The Japanese Economy in International Perspective*, Johns Hopkins University Press, 1975, p. 13.

(87) Islam. S. "Introduction", in Islam, S. (Ed.), *Yen for Development: Japanese Foreign Aid and the Politics of Burden-sharing*, Council on Foreign Relations Press, 1991, p. 1.

〔付記〕本稿は、ＪＳＰＳ科研費（20K01506）の成果の一部である。

（しばた　しげき　大分大学）

日本国際政治学会編『国際政治』第209号「冷戦と日本外交」（二〇二三年三月）

米中接近における沖縄ファクターの検討

――米国の対中作戦計画と中国の不干渉――

元山仁士郎

はじめに

二〇二二年で上海コミュニケの発表と、沖縄施政権返還（以下、沖縄返還）から五〇年が経った。同時期に、隣接する地域で行われていた米中接近と沖縄返還交渉とはどのように関連していたのだろうか。

一九七一〜七二年の米中協議に関する米国側の会談記録は、主として二〇〇〇年前後に、米国で公開された。これらの会談記録からは、中国側が、沖縄返還時の核兵器についての話題を度々持ち出し、米国側はこれに、沖縄からは核を撤去すると伝えていたことがすでに明らかになっていた。(1)

しかし近年、沖縄の核と米中接近との関係について新たな光を当てる史料が公開された。後述するように、当時国家安全保障問題担当大統領補佐官を務めていたキッシンジャー（Henry A. Kissinger）は、七一年一〇月に訪中した際、周恩来首相と会談した。この会談記録は二〇〇一年に公開され、多くの先行研究が依拠してきたものであるが、当初機密指定されていた箇所が二〇一四年に公開されていたのである。(2)この新規公開部分では、キッシンジャーが周に、沖縄からの核撤去を強調しつつも、周の指摘から沖縄基地への核の再持ち込みの可能性を認め、そして、周はこれに干渉しないという態度を取っていたことが示されていた。本稿の課題との関連で重要なのは、当該箇所が黒塗りにされていたためか、多くの先行業績が、米国による沖縄からの核撤去のみを分析対象としており、核の再搬入については十分検討していなかったことである。(3)

本稿は、この新史料を、米国の軍事作戦計画と米中協議の文脈の中で再検討することで、沖縄返還と米中接近との関係について、新たな解釈を提示しようとするものである。具体的には、日本による沖縄の核抜き返還要求と、沖縄への核の再持ち込みの保証が、米中接近に与えた影響、すなわち「沖縄ファクター」を明らかにする。このことは、日本外交と「冷戦」との接点をより解明する上で重要な課題である。

本稿ではまず、核の再搬入を含む沖縄の基地使用が、米国の対中作戦計画において一定の軍事的な役割を担っていたことを指摘する。[4] これが沖縄返還の一つの障害となったこと、佐藤が核の再持ち込みを米側に認めたことで沖縄返還が達成されたことは周知の通りであるが、本稿では、日本が再搬入を容認したことで、米国が、六九年の沖縄返還交渉後も沖縄基地を使用した非戦略核攻撃のオプションを保持したままでの対中接近が可能となったことを強調する。他方、中国は、沖縄に配置された核兵器を五〇年代末から警戒していた。[5] だが、七一年の米中協議の際、中国は、米国による沖縄や「本土」の基地への核再持ち込みの可能性を把握しながらも、この点を追及しなかった。それは、米国と核戦争が起きる可能性は低いと考え、ソ連との対立を背景に、米国との関係改善を優先する中国が、沖縄の核抜き返還によって一定の「安心供与」を得たことで、核の再搬入の問題には深く立ち入らなかったからだったのである。

一　米作戦計画の見直しと沖縄基地

(1) 中国による核実験と在沖米軍基地

一九六四年一〇月一六日、中国は初の原爆実験を成功させた。[6] これ以降、米国は、中国のみを対象にした軍事作戦計画の策定を目指すようになる。米軍のアジア地域への恒常的な前方展開が行われるようになったのは、アイゼンハワー（Dwight D. Eisenhower）政権末期の六〇年一二月につくられた「単一統合作戦計画（ＳＩＯＰ）」からであった。ＳＩＯＰとは、米国による抑止が失敗した際に、ソ連を中心とした共産圏の都市や軍事施設を標的にして実施される大規模な作戦計画を指す。ただ、六〇年代前半は、まだ核兵器を保有していなかった中国のみを対象にした計画はなく、不測の事態に対しては、核を搭載した長距離爆撃機を、中国本土を射程内に収める太平洋上の基地に配備することで対処していた。[7]

その後、中国は、六六年一〇月には核弾頭が搭載可能な中距離弾道ミサイル（ＩＲＢＭ）の着弾実験に成功し、翌年六月には初めて水爆実験を成功させる。

六六年七月に発効したＳＩＯＰ―４は、中国により重きを置くようになっていた。[8] また、六月に統合参謀本部（ＪＣＳ）が作成した「七七～八六年度合同長期戦略研究」では、米中対立の可能性がある中で、米ソ関係ならびに中ソ関係に「不確実性」があることが懸念されている。この研究では、その「不確実性」に対し、「ソ連に脅威を与えない対中国の戦略核抑止力と、大陸間弾道ミサイル（ＩＣＢＭ）防衛が必要である」と結論づけていた。[9] 言い換えると、このとき米国は、ソ連と中国とを区別した作戦計画を策定しなければならないと認識していた。

同時期に国務省・国防総省の特別チームが共同で作成した報告書「共産中国：長期的展望研究」では、グアムの核戦力は、ソ連国内ではなく中国国内の目標をカバーするように設計されており、ソ連領を飛行することなく目標に到達することができるとしている[10]。実際、六四年以降、グアムにはポラリス潜水艦の配備が始まるなど、米本土のＩＣＢＭと異なり、米国は太平洋地域内から、ソ連を刺戟することなく中国を攻撃することが可能となっていた[11]。さらに、同研究は、沖縄の基地の自由使用は、東アジアならびに東南アジアでの共産主義者による侵略に対抗し、打倒する能力を維持するために重要だと指摘していた[12]。

これらの提言は、翌六七年、ＪＣＳによる統合戦略目標計画（ＪＳＯＰ）に盛り込まれた。ＪＳＯＰは、米国の戦略は、中国をソ連の「周辺の脅威」として扱うのではなく「中国自体に焦点を当てる」べきとし、中国の脅威を抑えるためには、「最大限柔軟な核および非核戦力を持たなければならない」とした[13]。この計画で沖縄の基地は、中国の侵略に対する抑止と、米軍が極東で行う大規模な有事作戦で重要だと位置付けられている。具体的には、沖縄にはナイキとメースミサイルの核運搬システムが設置されており、ＳＩＯＰの戦力の中では、先制攻撃ならびに攻撃後の支援に寄与するとされた[14]。

同年一二月、国務省の情報研究グループの報告書では、中国における攻撃目標を増やしており[15]、米国による対共産圏の作戦計画の対象として、中国がますます重視されるようになっていた。また、米太平洋軍司令部は、中国の軍備増強を警戒しつつも、米国による核抑止力が機能すれば、大規模な衝突は起きないと考えていた[16]。そして、そのような対中抑止を担う基地の一つとして沖縄の基地が重視されたのだ。

(2)　変動するアジア情勢と沖縄の基地

六八年初頭、朝鮮半島ではプエブロ号事件、ベトナムではテト攻勢が勃発し、中国もＩＲＢＭの運用に向けた準備を進めるなど、アジア地域の緊張がにわかに高まっていた。また、日本や沖縄の政治情勢も流動的だった。日本では、相次ぐ米軍基地をめぐる事件・事故によって、米軍基地への不満が強まっていた。一方、沖縄でも、一一月の琉球政府主席公選で、沖縄の即時無条件返還や米軍基地の撤去を要求する屋良朝苗が当選していた[17]。このような状況のもと、米国政府は、アジア地域における作戦展開にとって重要な在沖米軍基地を維持するため、沖縄返還は不可避だという認識を持つようになっていた[18]。

こうして、ジョンソン（Lyndon B. Johnson）政権末期の六八年、米国政府は、今後のアジア戦略を検討し、沖縄返還や在沖基地もその文脈の中に位置付けた。「東アジアと太平洋における米政策」と題する国家安全保障会議（ＮＳＣ）文書によれば、米国は同盟国に、核を含む軍事的な抑止力を提供しつつ、対中関係の改善を目指すべきとされていた。そして、これらを達成するために、基地の「沿岸指向（off-shore heading）」を進めることが推奨される。これは、米国が、局地戦争に巻き込まれることを回避するために韓国やベトナムなどの大陸部から地上軍を削減する一方で、中国との「緩衝地帯（breathing space）」の確保と同盟国防衛の意思表示ため、アジアの共産主義国の沿岸に位置する日本、沖縄、フィリピンで、機動力のある海・空軍基地を維持することを意味していた。[19] とくに、沖縄の基地はこの地域の主要基地と位置付けられ、政治問題化を回避しつつ基地を安定的に使用するためには、核抜きで日本に返還すべきだと論じられる。[20] これらの方針は、直後のニクソン（Richard M. Nixon）政権でも引き継がれた。[21]

また、六八年一二月、新国務長官のために用意された「ブリーフィング・ブック」では、沖縄基地から核攻撃ができないと、「核攻撃の能力、柔軟性」が損なわれ、ソ連や中国を標的としたＳＩＯＰにも影響が出ることが指摘されていた。さらに、沖縄の基地を効果的に使用できるかは、日本政府による黙認にかかっていると記されていた。[22]

ニクソン政権発足後の六九年三月に、キッシンジャーからニクソンに宛てられた「沖縄」と題された覚書には、沖縄基地の軍事的な役割が記されている。この中で、沖縄の基地は、アジア・太平洋地域で活動する陸・海・空軍の中継・作戦基地かつ、核や通常兵器を備えた兵站基地とされている。そして、沖縄返還によって直接影響を受ける主な軍事活動は、Ｂ52の対ベトナム作戦のような戦闘航空出撃と、沖縄での核の貯蔵であり、ＪＣＳは、とくに後者を重視していた。したがって、米国は、日本との交渉において、緊急時の核の貯蔵権と通過権や、韓国・台湾・ベトナム作戦における核を含む沖縄基地の自由使用を確保する立場を取るようになる。また、沖縄返還合意を結ぶ時期としては、日本国内の反基地・反米世論を警戒し、七〇年の安保条約期限前の、六九年中に行う必要があることが示されていた。[23]

その後、キッシンジャーは七月に、国家安全保障検討覚書（ＮＳＳＭ）69「アジアにおける核政策」において、沖縄返還を考慮した上で、中国に対する戦略核戦力と作戦計画を検討するよう、ロジャーズ（William P. Rogers）国務長官やレアード（Melvin R. Laird）国防長官らに指示を出した。[24] しかしながら、主として戦術核兵器への依存と地上兵力の削減とをめぐって政権内の意見がまとまらず、ニクソン政権の一期目は、同政策に対する新たな枠組みが提示されることはなかった。[25]

このようにアジア情勢が変動する中で、米国政府は戦略の転換を迫られた。しかし、米中接近を行ったニクソン政権時には、省庁間での意見の対立から、中国を含むアジアにおける核政策の策定は見送られていたものの、後述する沖縄返還交渉で表れるように、沖縄基地における核の貯蔵権と通過権の確保は、対中国を含むアジア・太平洋地域における米軍の作戦にとって不可欠という方針は踏襲されていた。

二　沖縄返還と「核密約」

(1)　佐藤による「核抜き・本土並み」方針

一九六四年の中国による原爆実験の翌月、首相に就任した佐藤栄作は、日本独自の核兵器開発への関心を米国政府に示すようになっていた。[26] しかし、佐藤は、六五年一月の会談で、ジョンソン大統領が示した米国による日本への核抑止の提供の誓約と、核拡散への強い反対の意思を目の当たりにする。[27]この後、日本政府は、米ソによる核不拡散条約に向けた動きや、反核を求める根強い国内世論のもと、隣国の核の脅威に対する安全保障として日米安保条約を堅持し、米国の「核の傘」に依存する姿勢を示していく。[28]

核をめぐる議論は、六五年八月に、佐藤が沖縄で行った演説を受けて活発化していた、沖縄返還後の基地に関する議論へと波及していく。六七年六月、外務次官から駐米大使に就任した下田武三は、記者会見で、核兵器も含めた沖縄米軍基地の自由使用が、国際政治上重要であると述べた上で、沖縄返還実現のためには、「基地の現状を認めた上での解決しか考えられない」と主張した。[29]

このとき日本国内では、沖縄に配備されたメースBやナイキ・ハーキュリーズといった核兵器の問題が、新聞や国会などで取りざたされていた。しかし、冷戦後に公開された米軍の核貯蔵地リストを見ると、五四年から七二年にかけて沖縄とされる場所には、合計一八種類もの多種多様な核兵器が貯蔵されていたことがわかる。[30]なかでも、メースBやナイキ・ハーキュリーズのほか、オネスト・ジョン、一五五ミリ榴弾砲などの「核兵器」は、西ドイツにも配備されており、まさに局地制限戦争での使用が想定されていた。[31]このように沖縄が戦術核兵器の要地として位置づけられていたことを、外務省は理解していた。[32]日本政府は、米国の「核の傘」の「核」というのが具体的に何を指し、米国がどのような作戦計画を想定しているのかを考慮しながら、沖縄の核をめぐる交渉を本格的に進めていく。

六七年一一月の日米首脳会談で、佐藤は、日本は米国の「核の傘」に守られており、核兵器を製造する意図がないことをジョンソン大統領に伝えていた。さらに、昭和天皇の意向まで持ち出しながら日米安保条約の重要性を強調しつつ、日本が中国による核攻撃にさらされるかもしれず、六五年同様「いかなる形による攻撃」からも守ることを保証してほしいと求めた。これに対しジョンソンは、自身が大統領である限り、日本の安全保障への関与を続けていくと答えた。[33]同月一五日の日米共同声明では、日米はアジア諸国が中国の核開発の脅威に影響されない状況を作ることや、沖縄返還後の基地のあり方を検討することが合意され、返還時期は「両三年内」に決めることが発表された。[34]

このように、国際的には核軍縮を目指しつつ、自国の防衛は米国の「核の傘」に依存することから、佐藤は六八年一月の施政方針演説で、非核三原則や、核軍縮の推進、米国の核抑止力への依存といった「核四政策」を表明する。[35]

その後、六九年三月に、佐藤内閣は、沖縄返還にあたって「核抜き・本土並み」の立場を示す。[36]「核抜き・本土並み」とは、沖縄返還までに沖縄から核兵器を撤去させた上で、返還後は、事前協議制度を含めた日米安保条約及びこれに関連する取極がそのまま沖縄にも適用されることを意味していた。また、事前協議制度とは、六〇年一月、日米安保条約の改定と同日に結ばれた、「条約第六条の実施に関する交換公文」（通称、岸・ハーター交換公文）と「討議の記録」を指す。[37]ここでは、日本への米軍の配置や装備の重要な変更に対して、日米間で事前に協議することが定められ、この装備の変更には核兵器も該当すると解されていた。[38] 無論、当時米国は、日米安保条約やそれに基づく取極が適用されない沖縄基地で、自国の望む兵器や部隊の配置、作戦展開を行う自由使用の権利を行使していた。このような米軍基地の使用を制限しかねない事前協議制度の適用をめぐって、日本政府は、慎重に落としどころを探っていく。

(2) 沖縄返還交渉と沖縄基地機能の維持

東郷文彦外務省北米局長の訪米後、ニクソン政権は五月末に、対日政策に関する国家安全保障会議決定覚書（ＮＳＤＭ）13を策定する。このなかで、沖縄基地の核に関する方針については、核兵器の存続を希望するが、他の分野で満足のいく合意が成立するならば、緊急時の核の貯蔵・通過権が維持されることを条件に、大統領は最終段階で核撤去を検討すると記された。[39] 実際、米国は、沖縄基地を重視しつつも、沖縄からの核撤去に向けた作業を水面下で進めていた。たとえば、同月一日、レアード国防長官はウィーラー（Earle G. Wheeler）ＪＣＳ議長に、沖縄の核移転を念頭に、グアムと信託統治領（カロリン諸島、マーシャル諸島、マリアナ諸島）の核貯蔵施設等の建設費用の見積りを提出するよう指示している。[40] この時期、米国政府はミクロネシア地域との間で、信託統治終了後の外交・防衛の権限や軍事施設の使用継続について交渉の準備を進めていた。[41]

六月三日の愛知外相とロジャーズ国務長官との会談で、愛知は、返還後の沖縄基地に非核三原則が適用されるべきということに言及した。これに対し、米国側は、沖縄に存在する戦術核兵器の抑止効果の重要性を強調し、会談の席上不公表のフォーミュラの作成を提唱する。[42] 日本政府はこれに消極的な姿勢を示し、核の問題は持ち越されることとなった。[43]

六月の会談後も沖縄の核に関する日米交渉は、閣僚や事務レベルで続けられ、[44] 一一月の佐藤・ニクソン会談で決着がつけられることとなった。二一日に発表された日米共同声明の第八項では、米国政府の日本国民の反核感情への理解と、日本政府が、事前協議制度に関する米国の立場を害しないことが盛り込まれた。さらに、この声明の発表後、佐藤は、米ナショナル・プレス・クラブで演説を行う。佐藤は、事前協議について、朝鮮と台湾においては「前向きに、かつすみやかに態度を決定する方針」を示し、ベトナムの作戦計画については、「米国の立場に深い理解を抱」くとした。[45] この「一方的声明」は、極東での米国による在日・沖米軍基地の自由使用を政治的に保証するものであった。[46]

ただ、この間よく知られているように、外務省のみならず、佐藤が派遣した京都産業大学教授の若泉敬とキッシンジャーによる極秘ルートでも話し合いが行われていた。[47] この共同声明の発表に先立つ一九日、佐藤とニクソンは、核に関する秘密裡の取極である「核問題に関する秘密の合意議事録」（以下、合意議事録）に署名していた。合意議事録では、米国は沖縄返還までにすべての核兵器を撤去するものの、重大な緊急事態の際には、核兵器の沖縄への再持ち込みと沖縄を通過させる権利ならびに、嘉手納をはじめとする沖縄に現存する核貯蔵地の維持・活用が約束されていた。[48] また、署名の際、ニクソンは佐藤に、予算の関係でメースBを沖縄から撤去すると伝えており、[49]沖縄の「核抜き」を着々と進めることをアピールしていた。実際、沖縄のメースBは、翌年六月に完全に撤去された。[50]

日米共同声明と佐藤による「一方的声明」、佐藤・ニクソンが結んだ「核密約」の三者によって、米国は沖縄返還後も、在沖米軍基地での核の運用を想定した作戦計画を維持できると認識していた。ニクソンはこれらの内容に満足し、当時沖縄返還に強く反対していた米軍部や上院議員らを説得できると、キッシンジャーに誇らしげに語っている。[51]米国は、沖縄返還交渉後も、沖縄基地使用を想定した作戦計画を保持しながら、対中接近を行っていく。

三　沖縄からの核撤去と米中接近

(1)　メースBの撤去と中国による対米方針の転換

ニクソン大統領は政権発足当初より、対中関係改善を模索していた。[52]

一九六九年末、米国政府は、沖縄からのメースBの撤去[53]や米軍による台湾海峡のパトロール停止などを発表して中国政府に働きかけ、七〇年一月に米中大使級会談が再開された。[54]このとき中国は、米国政府が沖縄からメースBを撤去すると公表したことを、好意的に捉えたと考えられる。

前述のリストによると、台湾や韓国、フィリピンを含めた中国近隣に配置された戦術核兵器の中で、北京や重慶、武漢といった中国の都市や軍事施設などを射程内に収める米国の地対地巡航ミサイル[55]は、読谷や恩納、金武などに配置されていた沖縄のメースBのみであった。[56]メースBは、核によるエスカレーションを防ぐための「柔軟反応戦略」に沿うものとして重視されていた。[57]

沖縄からのメースBを含む核兵器の撤去については、米政権内の軍部と文民との間で意見が分かれていた。軍部を束ねるJCSは、沖縄からの核撤去は、「起こり得る核紛争を地域レベルに抑え込む能力を低下させる」として反対していたのに対し、国務省や国防総省の文民は、海空の戦略核戦力によって太平洋地域の全体的な抑止力は「多分維持できる」としていた。[58]

六九年一〇月の、国家情報評価（NIE）では、中国にはTU―16ジェット中距離爆撃機による核兵器使用能力があると分析されており、また、中国が準中距離弾道ミサイル（MRBM）の開発に着手していることも注目されていた。[59]

当時、メースBについては、その機動性や精度などの欠陥が指摘されており、西ドイツでは、六九年四月に、陸軍のパーシング・ミサイルが即応警戒部隊の役割を引き継いでいた。[60]アジア地域では、西ドイツのような代替措置は取られなかったとみられるが、[61]最終的には大統領府が沖縄からの核撤去を決定した。[62]

他方、中国は、六〇年代前半から沖縄を「極東最大の核基地」とみなしており、[63]メースBを含む核兵器が沖縄に配置されていることを把握していた。[64]

六三年に、ケネディとその側近が、中国の核保有阻止のために限定的な核攻撃を行う可能性を示唆したことや、[65]六四年八月の「トンキン湾事件」を受け、中国は「三線建設」を実行する[66]。これは、核製造を含む重工業の拠点を、中国内陸の西南地区に建設するという計画であり、中国沿海・東北部が核を含む攻撃で壊滅しても、持久戦を行える後方基地を形成することを目的としていた。なかでも、核兵器や原子力燃料を生産する「〇二九基地」は、四川省楽山市や宜賓市などに建設されている[67]。これらの地域は、沖縄のメースBの射程外の距離にあることからも、中国が沖縄の核兵器を警戒していたことは十分考えられる。

七一年四月に、中国は米国からの特別使節を受け入れる旨を伝達し、米国政府は、キッシンジャーの派遣による秘密訪中を実施することを決断した[68]。

このとき、中国は厳しい安全保障環境に置かれていた。国内的には、六〇年代半ば以降、文化大革命の行き過ぎによる混乱を抱えていた[69]。また、対外的には、とくに六八年八月のソ連によるチェコスロバキアへの介入や、六九年三月の珍宝島（ダマンスキー島）事件を機に、ソ連による脅威にさらされていた。同時期、ソ連は、中国国境沿いに二七～三四個師団、合計二七～二九万人を配置しており、六七年からは、戦術核システムSS―12（TR―1）という移動型ミサイルを配備していた[70]。さらに、珍宝島事件後には、中国への核攻撃の可能性を示唆していた[71]。

毛沢東は、六九年四月の第九期中央委員会第一回全体会議において、ソ連が中国内部に侵入する事態に備えよとの指示を出し、五月下旬には、最大の脅威は二千キロの国境を接するソ連であると明言するようになっていた[72]。同月、毛沢東の命を受け、周恩来の下で、陳毅・葉剣英・徐向前・聶栄臻ら「四元帥」が今後の中国の戦略を検討し始める。九月に、毛に提出された報告書「当面の情勢についての見方」では、米国よりもソ連を脅威として認識し、米国との関係改善を図るべきだとする提言を行っていた[73]。これ以降、中国は、対米接近を有力な選択肢として捉えるようになっていった。

(2) キッシンジャーによる訪中と沖縄からの核撤去

キッシンジャーは、七一年七月のパキスタン訪問中、秘密裏に北京を訪れ、毛沢東や周恩来ら中国指導部と会談を重ねた。

七月九日の会談において、周恩来は前月に調印されたばかりの沖縄返還協定に言及しながら、キッシンジャーに沖縄返還と核兵器に関する質問をしている。これに対し、キッシンジャーは沖縄からは核を撤去し、核がない状態（non-nuclear status）になると答え、そのことを軍部は嘆いていると話していた[74]。また、キッシンジャーは、周に沖縄基地への要求を尋ねたが、周からの具体的な要求はなく、沖縄返還後の基地の態様は、中国にとって気に触ること（irritant）の一つだと述べるにとどまった[75]。

協議終了後、七月一四日の、キッシンジャーからニクソンへの報告書の中では、米国が本当に沖縄から核兵器を撤去するかどうかを、周恩来が疑っていることが指摘されていた[76]。翌日には、ニクソンにより、キッシンジャーの訪中と七二年五月までの自身の訪中発表が行われる。そして、その四日後の一九日、沖縄から撤去される核兵器は、ニクソンの意向で、台湾や韓国、フィリピンといった中国に近い場所には移転されないことが発表された[77]。

ただ、この方針は、周との協議前にすでに米国政府内で指示されていた。前述のレアードの指示に加え、七〇年四月に、キッシンジャーはＪＣＳに対し、沖縄から信託統治領を含む基地への核移転を検討するよう指示を出していた[78]。さらに、同年一一月には、キッシンジャーは再度、沖縄からの核兵器の移転先は台湾や韓国ではなく、信託統治領が良いと述べている[79]。また、ＪＣＳ議長となったトーマス・ムアラー（Thomas H. Moorer）は、沖縄返還に不満を抱いていたが、七一年九月には、太平洋でしかるべき施設（suitable facilities）を得ることができれば、沖縄返還は受け入れられるとしていた[80]。実際、六九年からの沖縄の核兵器の削減に合わせて、グアムの核兵器の数は増加している[81]。したがって、米国政府は、七一年七月の周恩来との会談前に、すでに沖縄から太平洋地域へ核兵器を移転させ始めており、周から懸念が伝えられた後で、その方針を公にしたに過ぎなかった。

しかしながら、沖縄に配置された核兵器の存在を認識し、「三線建設」を実行していた中国にとって、沖縄からの核撤去が、自国の安全保障環境の改善を意味していたことは間違いないと考えられる。

四　上海コミュニケと沖縄基地

(1) 米国による拡大抑止と核の再持ち込みの黙認

キッシンジャーらによる二度目の訪中は、一九七一年一〇月に行われた。

二二日の会談で、周恩来は、日本の核武装や軍国主義の懸念をキッシンジャーに伝える。これに対し、キッシンジャーは、日本によるプルトニウムを用いた核製造能力を明らかにしたうえで、日本の核武装に反対することを説明した[82]。この話題の直後に、これまで機密指定により明らかになっていなかった、沖縄の核をめぐる興味深いやり取りが行われている。

キッシンジャー：沖縄が日本の島々と同じ条件に置かれるのは、返還後ではない。

周恩来：そうすると、米国は沖縄に核基地（nuclear bases）を維持するのか。

キッシンジャー：米軍基地はあるが、核はない。

周：核はいつでも持ち込める（They can come back anytime）。

キッシンジャー：それはどこだってそうだ（That's true anywhere）。核兵器を撤去することについて、私はすでに我々の軍当局に十分悩まされた。だから、核がそこ（沖縄）にあるということをあなたから責められたくない。我々の軍は不運だ。なぜなら、第一に核兵器を沖縄から取り除き（以下、一行強黒塗り）。

周：我々は構わない。そこの人々の話だ。

キッシンジャー：わかった。ただ、沖縄には核兵器はないということを知っておいて欲しい。

周：それは返還後にか？

キッシンジャー：返還後だが、いままさに運び出している。
周：日本についてはもういい。前回散々議論したことだ。いずれにせよ、過去数年間、あなた方は日本を目一杯（経済的に）太らせてきた。(83)

キッシンジャーが沖縄から核を取り除くと述べたのに対し、周は核の再持ち込みの可能性を指摘する。キッシンジャーは、これを否定せず、再び核の撤去を強調し、周に理解を求めた。沖縄の核について、周はそれ以上追及しなかった。

このとき中国側が、まだ日本の外務省も把握していなかった「核密約」の存在を知っていたとは考えられないが、そもそも米国は日本の基地を自由に使用できると考えていたとみられる。その一つに、七一年四月三〇日の『人民日報』では、同月二五日の『ニューヨーク・タイムズ』の報道を引用して、沖縄返還後も沖縄基地を用いて核兵器が運用される可能性に触れていた。(84)同記事は、「米国は核兵器を一時的に日本に持ち込むことが何年も前（for years）から許可されていた」とし、この「通過協定」が返還後の沖縄にも適用されると報じていた。(85)こうした報道にも基づいて、周は、キッシンジャーに沖縄基地への核の再持ち込みを指摘したのだろう。

これに対してキッシンジャーは、核の再持ち込みの可能性を認めたが、沖縄が非核状態になると伝えることによって、中国に対する脅威が高まるわけではないことを強調し、中国側の不安を払拭しようとした。

それにしても、周恩来は、なぜ再搬入の可能性を認識しつつ、これを追及しなかったのか。実際、減少傾向にはあったものの、当時沖縄には依然として、中国を主たる標的とした約千発もの核兵器が配置されていた。(86)

会談録にはまだ非公開部分があるため断定はできないが、米中双方とも関係改善を図ることが最優先だったため、沖縄等への核の再搬入に関する話題には深く立ち入らなかったと考えられる。また、中国側にとって沖縄から核が撤去されること自体、それ以前に比べれば安全保障環境が改善したと受け取れることや、中国側の米国ならびに核兵器に関する認識からも、沖縄の核の話題に立ち入らなかったのだろう。

中国による米国および核兵器に対する認識が垣間見られる記述は、前述の陳毅らによって、六九年七月に、周恩来に提出された「戦争情勢についての初歩的評価」と題する報告書にみられる。これによると中国は、ベトナム戦争の最中に米国が、長期化する可能性が高い中国との戦争を起こすことはないと考えていた。そして、核兵器の使用については、米国内世論の反発や中国による抵抗から、実際の使用は困難だと記されている。(87)とはいえ、米中協議において、周は再三沖縄の核に言及していることから、沖縄に核がない方が望ましいと考えていたことは想像に難くない。さらに、このとき中国では、前述の「三線建設」事業が停滞しており、内陸部の軍事拠点は未完成であった。(88)

したがって、中国にとっては、沖縄から核が撤去されたことにより、かねてからの安全保障上の懸念の一つが解消され、かつ米国が対中核戦争を起こす可能性は低いとみていたことからも、周は、米国による沖縄基地への核の再持ち込みを質さなかったと考えられる。

(2) 上海コミュニケと米国の対中作戦計画の確立

七二年二月、ニクソン訪中時の二三日の米中会談でも、沖縄の核のことが話題にあがった。周恩来は、六九年の日米共同声明に言及し、日本人民はなおも沖縄に核基地があることに不満を抱いていると主張した[89]。これに対してニクソンは、それは日本の野党が佐藤首相に対して持ち出している政治問題であって、実際には正しくないと反論した。この後、キッシンジャーは、「すべての核兵器を沖縄から撤去している」と説明し、ニクソンも、「そこ（沖縄）には（核は）一つもない」と付言した[90]。前年七月以降の米中協議で何度も沖縄基地に言及し、沖縄の核を気に掛ける周恩来に対し、米側は、それを撤去するとして中国側の不安を払拭しようと努めていた。

ただ、米国政府は、中国との緊張緩和を進めながらも警戒を解いたわけではなく、作戦計画を周到に準備していた。七一年七月の米中協議後、八月のＮＳＣで、キッシンジャーは、米戦略核戦力の任務は、抑止や第二撃確証破壊に加え、中国に対する「何らかの対抗能力」が含まれると説明している。当時米国は、ソ連との核のパリティから、対ソ武装解除能力は有していないと考えていたが、中国に対する武装解除能力は持っているとみていた。これは、米国の先制攻撃により、中国の戦略核戦力に報復能力が残存しないほどの壊滅的損害を与えることができるということを意味する。そして、同能力がある限り、中国の行動を規制する抑止力が働くとされた。また、中国の「背後」にはソ連がいるため、中国に対してＩＣＢＭは使えず、「爆撃機や潜水艦を使わなければならない」と付け加えられた[91]。沖縄における核貯蔵施設の整備や再持ち込みは、この戦略核戦力を補完する非戦力核戦力の一つに含まれていたと言えよう。

さらに、七二年一月、ＮＳＣは、中国に対するＳＩＯＰは、ソ連や他の共産主義国に対する攻撃を命じなくても実行できると報告していた[92]。まさに、ニクソンが北京との関係を正常化しようとしていた同じ時期に、米国は、中国を軍事作戦計画の独立した標的としていたのだ。実際、この計画では、中国に約六百個の核弾頭が向けられていた。そして、これらが攻撃計画に従って使用された場合には、中国の産業の約七〇％と都市人口の七〇％（約六千万人あるいは全人口の七％）が失われると予想されていた。ただ、今後の中国による移動式ミサイルの配備や警報即発射能力の開発により、米国による対中武装解除能力は「深刻に損なわれる」と記されている[93]。

米国は、この半年後の六月に沖縄から全ての核兵器を撤去するが[94]、将来の中国による核開発も見据えて、沖縄基地への核再搬入の方針を堅持したと考えられる。というのも、七五年の太平洋軍司令部の報告書によると、沖縄・嘉手納基地の第一八戦術戦闘航空団は、中国に対する核攻撃部隊として韓国の群山基地、フィリピンのクラーク基地の部隊と合わせて編成されていた[95]。グアムや韓国、フィリピンなどの基地に保管されていた核弾頭は、緊急時に嘉手納基地に空輸され、配備されたＦ４Ｄ戦闘機に搭載して中国に出撃する計画になっていたのだ。(96) つまり、米国は、日米合意に基づく核の再持ち込みを行える沖縄基地、とりわけ嘉手納基地を対中作戦計画の一つとして位置付けながら、中国への接近を行うことが可能となったのだ。

七二年二月二七日に発表された米中共同声明で、中国は、「一切の外国軍隊は自国に撤退すべき」ことに言及し、米中ともに、「国際的軍事衝突の危険を減少させることを願望する」ことが発表された。(97) 中国は対ソ脅威を念頭に置いた対米関係改善や米国による核使用の可能性の低さから、沖縄基地への核の再持ち込みには深く干渉せず、一方、米国は、主に対中抑止として沖縄基地を維持する。上海コミュニケには、こうした意図も内包されていた。

おわりに

本稿は、七一年から始まる米中協議で、沖縄基地への核の再持ち込みに関する議論が行われていたことを、近年機密指定が解除された米国政府文書に依拠して明らかにし、日米合意に基づく沖縄基地の態様が、米中接近の過程で米中双方に対して与えた影響、つまり「沖縄ファクター」を論じた。それは、次の二点にまとめることができる。

第一に、沖縄の核抜き合意によって、沖縄の基地をめぐる米中間の潜在的な論争点が取り除かれることとなった。沖縄の核は、米軍部からは軍事戦略上の役割が指摘されていたにもかかわらず、米国政府は対日関係の維持などを理由に、その撤去に踏み切っていた。このことが、米中協議以前から沖縄の核を警戒していた中国にとって、どの程度の効果があったのかは推測するしかないものの、少なくともそれ以前に比べると安全保障環境の改善を意味するものであったことは間違いない。

第二に、二〇一四年に公開された新史料からは、米中協議の過程において沖縄基地への核の再搬入も問題となったが、中国はそれを過大視しなかったことが明らかになった。日本の非核三原則や日米間の事前協議制度の存在にもかかわらず、中国は、本土及び沖縄の基地に米国の核が持ち込まれる可能性を認識していた。しかし、中国政府は、中ソ対立を背景にしつつ、そもそも米国と有事が起きることや、米国が中国に核兵器を使用する可能性は低いと考えていたことから、米中協議でキッシンジャーから核の再搬入が明かされても、対米関係の改善を優先したのだ。つまり、仮に沖縄をめぐる六九年の「核密約」の存在を中国側が知りえたとしても、米中接近の妨げにはなりえなかっただろう。

一方、米国は、日本政府との合意に基づき、六九年の沖縄返還交渉後も沖縄基地への核の再持ち込みを維持できたことで、それまでの対中作戦計画を大きく変更することなく、中国への接近を図ることができた。このことに加え、七一年の米中会談で、中国政府も沖縄への核の再持ち込みを黙認にしたことにより、米国はそれ以降もアジアにおける核戦略を保持することが可能となっていたのだ。

米国の核戦略やそれに対する中国側の政策・認識については、史料上の制約から、本稿では立ち入りきれなかった点も多い。米中双方のさらなる史料公開に期待しつつ、今後の課題としたい。

（1）Department of State, *Foreign Relations of the United States [FRUS], 1969–1976, Vol. 17.* (Government Printing Office, 2006), doc. 139, Jul. 9, 1971, p. 394; doc. 162, Oct. 21, 1971, p. 509; doc. 197, Feb. 23, 1972, p. 734; *FRUS, 1969–1976, Vol. E–13*, doc. 44, Oct. 22, 1971, p. 28; doc. 52, Oct. 24, 1971, p. 5; 毛里和子・増田弘監訳『周恩来キッシンジャー機密会談録』岩波書店、二〇〇四年、四〇、一四五—一四六、二〇一、二五二頁；毛利和子・毛利興三郎『ニクソン訪中機密会談録』岩波書店、二〇〇一年、一〇一頁。

（2）Memcon between Kissinger and Chou en-Lai, Oct. 22, 1971, *U.S. Declassified Documents Online [USDDO]* (BGBRJT652332548). 毛里和子・増田弘監訳前掲書、二〇一頁や *FRUS, 1969–1976, Vol. E–13*, Oct. 22, 1971, doc. 44, p. 28 を確認すると、この部分は、それぞれの会談録公開時点では抹消されていた文書と思われる。オンライン・データベースＵＳＤＤＯで、二〇一四年六月二日に機密解除されていた。また、同文書は、ニクソン大統領図書館のサイトで、二〇一五年五月二〇日公開文書として閲覧可能となっている（https://www.nixonlibrary.gov/sites/default/files/virtuallibrary/releases/may15/may15/okinawa01.pdf）［二〇二二年七月二二日アクセス、以下も同様］。

（3）神谷不二『戦後日米関係の文脈』日本放送出版協会、一九八四年、八六—八七頁；大嶽秀夫『ニクソンとキッシンジャー』中公新書、二〇一三年、九三—九四頁；李東俊『未完の平和』法政大学出版局、二〇一〇年、六三頁；中島琢磨「米中接近と日米関係」（菅英輝編著『冷戦変容と歴史認識』晃洋書房、二〇一七年）、七八—八〇頁。

（4）Hans M. Kristensen, Robert S. Norris, Matthew G. McKinzie, *Chinese Nuclear Forces and U.S. Nuclear War Planning*, (Federation of American Scientists, 2006), pp. 127–172.

（5）中央文献研究室編『毛沢東年譜一九四九—一九七六 第五巻』中央文献出版社、二〇一三年、三九一頁。『人民日報』一九五九年五月三一日。

（6）『朝日新聞』一九六四年一〇月一七日朝刊。

（7）Kristensen et al., *op. cit.*, pp. 127–129.

（8）Walter S. Poole, *The Joint Chiefs of Staff and National Policy 1965–1968* (Office of Joint History, Office of the Chairman of the Joint Chiefs of Staff, 2012), p. 24.

（9）U.S. CINCPAC, *CINCPAC Command History 1966*, Vol. I, Jun. 3, 1967, pp. 64–65.

（10）*FRUS, 1964–1968, Vol. 30*, doc. 161, Jun. 1966, p. 340.「グアム」の前文一行は削除されている。

（11）河村洋「米国の核戦略と沖縄」『軍事史学』五七巻二号、二〇二一年九月、一二九頁。

（12）Special State-Defense Study Group, "Communist China - Long Range Study," June 1966, *USDDO* (CK2349134582), p. 295.

（13）U.S. CINCPAC, *CINCPAC Command History 1967*, Vol. I, Mar. 28, 1968, p. 96.

（14）Memo for Mcnamara from Wheeler, "Future Use of Ryukyuan Bases," Jul. 20, 1967, *Digital National Security Archive [DNSA]* (JU00695), Appendix p. 5–6.

（15）Report by Department of State, "A Study of U.S.-Soviet Military Relationships 1957–1976: Foreign Policy Implications," Dec. 18, 1967, Appendix A, *DNSA* (NH00179).

（16）*Ibid.*, p. 93.

（17）宮里政玄『日米関係と沖縄』岩波書店、二〇〇〇年、二八一—二九〇頁。

（18）野添文彬『沖縄返還後の日米安保』吉川弘文館、二〇一六年、二二三—二二四頁。

(19) Report by National Security Council, "U.S. Policy for East Asia and the Pacific," Dec. 1968. *DNSA* (PR00443). pp. 9, 11.
(20) *Ibid.*, pp. 15–16, 21–22.
(21) Memo for Kissinger from Sneider, "NSSM on Post-Vietnam Asian Policy," Apr. 8, 1969, *DNSA* (PR00444).
(22) 太田昌克『盟約の闇』日本評論社、二〇〇四年、一六八―一六九頁。
(23) *FRUS, 1969–1976, Vol. 19, Part 2.* doc. 4, Mar. 12, 1969, p. 20–22.
(24) *FRUS, 1969–1976, Vol. 17*, doc. 18, Jul. 14, 1969, p. 48–49.
(25) Richard A. Hunt, *Melvin Laird and the Foundation of the Post-Vietnam Military, 1969–1973*, (Offce of the Secretary of Defense, 2015), pp. 330–331; William Burr, "The Nixon Administration, the "Horror Strategy," and the Search for Limited Nuclear Options, 1969–1972," *Journal of Cold War Studies*, 7–3, (Summer 2005), pp. 34–78; 石井修『覇権の翳り』柏書房、二〇一五年、一一二―一一七頁。
(26) 崔丕「中国の核兵器開発の道程と日米の反応、一九五四―一九六九年」（菅英輝・初瀬龍平編著『アメリカの核ガバナンス』晃洋書房、二〇一七年）、一五二頁。
(27) Memo for the Record, "White House Meeting with Prime Minister Sato, 11:30 a.m., January 12, 1965," Jan. 13, 1965, *USDDO* (CK2349108998). この時期の米国による対日核拡散防止策については、黒崎輝「中国の核実験とアメリカの対日政策への影響」『年報 日本現代史』七号、二〇〇一年、二四七―二七五頁を参照。
(28) 外務省『わが外交の近況』一〇号、一九六六年、六六―六八頁；中国の核保有に対する佐藤政権の認識と対応は、荒井誉史「佐藤栄作政権と拡大核抑止力」『国際政治』二〇二一年三月、一二六―一四一頁を参照。
(29) 『朝日新聞』一九六七年六月一六日朝刊。
(30) Office of the Assistant to the Secretary of Defense, "History of the Custody and Deployment of Nuclear Weapons (U), July 1945 Through September 1977" (National Security Archive, Feb., 1978), https://nsarchive2.gwu.edu/news/19991020/history-of-custody.pdf, Appendix B-4, B-6, B-7. この文書では、当該箇所が黒塗りになっているが、米国科学者連盟（The Federation of American Scientists）の「核情報プロジェクト（The Nuclear Information Project）」によると、同箇所は「沖縄」だとしている（https://www.nukestrat.com/us/1978_Custodyex.pdf）。
(31) 中島琢磨「戦後の日本は主権を回復したか――『独立の実質化』の問題の視点から」『年報政治学』二〇巻一号、二〇一九年六月、一四九頁；Robert S. Norris, William M. Arkin, William Burr, "Where They Were," *Bulletin of the Atomic Scientists*, 55(6), November 1999, p. 67.
(32) 北米局「施政権返還に伴う沖縄基地の地位について」一九六七年八月七日（「沖縄関係五 返還交渉前史（対米・対内）(2)」H22–021、0600–2008–00031、外交史料館所蔵）。
(33) Memcon, "U.S.-Japanese Relations and Security Problems," Nov. 15, 1967, *DNSA* (JU00842).
(34) 琉球政府総務局渉外広報部渉外課「第二回佐藤総理大臣ジョンソン大統領会談後の日米共同声明全文日英両文 一九六七年一一月一二日」沖縄県公文書館（R00000638B）。
(35) 黒崎輝「日米安保・核をめぐる日本の国内政治と『核の傘』依存政策の形成、一九六四―一九六八年」（菅英輝・初瀬龍平編著『アメリカの核ガバナンス』晃洋書房、二〇一七年）、一一四頁。
(36) 「第六一回国会参議院予算委員会会議録第九号」一九六九年三月一〇日における佐藤栄作の答弁ならびに、それを補足する保利茂官

房長官の記者会見（『朝日新聞』一九六九年三月一二日朝刊）。

（37）事前協議制度については、坂元一哉「核搭載艦船の一時寄港」『いわゆる「密約」問題に関する有識者委員会報告書』二〇一〇年三月、一九—四六頁：信夫隆司『日米安保条約と事前協議制度』弘文堂、二〇一四年、第二章：山本章子『米国と日米安保条約改定』吉田書店、二〇一七年、第四章を参照。

（38）東郷文彦『日米外交三〇年』世界の動き社、一九八二年、八一頁。

（39）*FRUS, 1969–1976, Vol. 19, Part 2*. doc. 13, May 28, 1969, pp. 52–53.

（40）Richard A. Hunt, *Melvin Laird and the Foundation of the Post-Vietnam Military, 1969–1973* (Office of the Secretary of Defense, 2015), p. 334.

（41）Walter S. Poole, *The Joint Chiefs of Staff and National Policy 1969–1972* (Office of Joint History, Office of the Chairman of the Joint Chiefs of Staff, 2012). pp. 246–250; 小林泉『アメリカ極秘文書と信託統治の終焉』東信堂、第二部参照。

（42）中島琢磨『沖縄返還と日米安保』有斐閣、二〇一二年、一六三—一六九頁。

（43）河野康子「沖縄返還と有事の核の再持ち込み」『いわゆる「密約」問題に関する有識者委員会報告書』二〇一〇年三月、七一頁。「密約」締結過程の詳細については、本報告書を参照。

（44）我部政明『沖縄返還とは何だったのか』ＮＨＫブックス、二〇〇〇年、六八—七〇頁。

（45）外務省『わが外交の近況』一四号、三七〇—三七二頁。

（46）豊田祐基子『日米安保と事前協議制度』吉川弘文館、二〇一五年、一七九—一八一頁：中島前掲書、一五八—一五九頁：我部前掲書、一一八—一二〇頁。

（47）若泉敬『他策ナカリシヲ信ゼムト欲ス』文藝春秋、一九九四年。

（48）河野前掲論文、二〇一〇年、七三—七五頁。

（49）*FRUS, 1969–1976, Vol. 19, Part 2*. doc. 27, Nov. 19, 1969, p. 81.

（50）Office of the Assistant to the Secretary of Defense, *op. cit.*, Appendix B-4.

（51）『共同通信』二〇一九年一一月一六日。

（52）*FRUS, 1969–1976, Vol. 17*, doc. 3, Feb. 1, 1969, p. 7; *FRUS, 1969–1976, Vol. 17*, doc. 4, Feb. 5, 1969, p. 8; 石井前掲書、八六—九〇、一三一—一三五頁。

（53）*New York Times*, Dec. 15, 1969.

（54）Yukinori Komine, *Secrecy in US Foreign Policy: Nixon, Kissinger and the Rapprochement with China* (Routledge, 2008), p. 111–119.

（55）Office of the Assistant to the Secretary of Defense, *op. cit.*, Appendix B-3, B-4, B-5.

（56）沖縄のメースＢの配置場所や想定されていた攻撃目標については、Randall L. Lanning, "United States Air Force Ground Launched Cruise Missiles: A Study in Technology, Concepts, and Deterrence" (*Air War College*, Apr. 15, 1992), https://apps.dtic.mil/sti/citations/ADA258351, p. 28; 中島前掲書、四八頁。メースＢの射程距離については、Erik Bergaust, *Rockets of the Armed Forces* (Putnam, 1966), p. 52; Kenneth P. Werrell, *The evolution of the cruise missile* (Air University Press, 1985), p. 111.

（57）U. Alexis Johnson and Jef Olivarius McAllister, *The right hand of power* (Prentice-Hall, 1984), p. 469.

（58）太田昌克『日米「核密約」の全貌』筑摩書房、二〇一一年、二六九—二七〇頁。

（59）*FRUS, 1969–1976, Vol. 17*. doc. 42, Oct. 30, 1969, pp. 114–117.

（60）Werrell, op. cit., p. 112.

（61）Office of the Assistant to the Secretary of Defense, *op. cit.*,

Appendix B–2, 3, 4, 5.

（62）中島前掲書、三六〇頁。

（63）『人民日報』一九六三年四月二八日。

（64）『人民日報』一九六〇年六月二〇日。

（65）William Burr and Jeffrey T. Richelson, “Whether to ‘Strangle the Baby in the Cradle’,” *International Security*, 25-3 (Winter 2000/01), p. 74.

（66）丸川知雄「中国の『三線建設』（Ⅰ）」『アジア経済』三四巻二号、一九九三年二月、六三―六四頁；中央文献研究室編『毛沢東年譜 一九四九―一九七六 第五巻』中央文献出版社、二〇一三年、三五五、四七三頁。

（67）丸川前掲論文、七五頁。

（68）Henry A. Kissinger, *White House Years* (Little, Brown and Company, 1979), p. 713.

（69）望月敏弘「中国の対米接近要因」増田弘編著『ニクソン訪中と冷戦構造の変容』慶應義塾大学出版会、二〇〇六年、三七―四三頁。

（70）Michael S. Gerson, The Sino-Soviet Border Conflict-Deterrence, Escalation, and the Threat of Nuclear War in 1969, *Center for Naval Analysis*, November, 2010, https://www.cna.org/cna_files/pdf/d0022974.a2.pdf, p. 16. 六九年のソ連の師団数について、いくつかのＣＩＡの報告書で多少の食い違いがあるとしている。

（71）Danhui Li, “The Breakdown of State Relations and the Sino-Soviet Military Confrontation, 1966–1973,” in Zhihua Shen ed. *A Short History of Sino-Soviet Relations, 1917–1991* (Palgrave Macmillan, 2020), p. 315; 中央文献研究室編『周恩来年譜 一九四九―一九七六下巻』中央文献出版社、一九九七年、三三五頁；Kissinger, *op. cit.*, p. 183.

（72）牛軍、真水康樹訳『中国外交政策決定研究』千倉書房、二〇一一年、四六四頁。

（73）同上、四六五頁；太田勝洪・朱建栄編『原典中国現代史 第六巻 外交』岩波書店、一九九五年、一五三―一五五頁。

（74）Memcon between Kissinger and Chou en-Lai, Jul. 9, 1971. *USDDO* (SNUQEM806340828), p. 7. 沖縄からの核撤去に対する米軍部の反応は、*FRUS, 1969–1976, Vol. 17.* doc. 139, Jul. 9, 1971, p. 395 ならびに毛利・増田前掲書、四〇頁では機密指定されている部分にある。

（75）*FRUS, 1969–1976, Vol. 17.* doc. 139, Jul. 9, 1971, p. 396.

（76）Memo for Nixon from Kissinger, “My Talks with Chou-En Lai,” 14 Jul. 1971. *USDDO* (JCEQXG495125350).

（77）*New York Times*, Jul. 20, 1971.

（78）Memo for Nixon from Kissinger, “Follow-up on Your Commitments and Directives,” Oct. 22, 1970, *USDDO* (CK2349543723), pp. 4–5.

（79）Memcon, “Breakfast between Mr. Irwin and Dr. Kissinger, 8 a.m.,” Nov. 11, 1970. *DNSA* (JU01348), p. 1.

（80）Report by Department of Defense, “Admiral Moorer’s Diary Friday 10 September 1971,” Sep. 10, 1971. *USDDO* (RLGLPI662137392).

（81）Norris et al., *op. cit.*, p. 30.

（82）*FRUS, 1969–1976, Vol. E-13.* doc. 44, Oct. 22, 1971, p. 24–29.

（83）Memcon between Kissinger and Chou en-Lai, op. cit., Oct. 22, 1971. 傍線と括弧内は筆者。

（84）*New York Times*, Apr. 25, 1971.

（85）『人民日報』一九七一年四月三〇日。

（86）Norris et al., *op. cit.*, p. 30.

（87）熊向暉『我的情報与外交生涯』中共党史出版社、一九九九年、一八二―一八四頁。

（88）丸川知雄「中国の『三線建設』（Ⅱ）」『アジア経済』三四巻三号、

一九九三年三月、八一—八二頁；丸川前掲論文、一九九三年二月、七五頁。

(89) *FRUS, 1969–1976*, *Vol. 17*. doc. 197, Feb. 23, 1972, p. 734. 括弧内は筆者。

(90) *Ibid.*, pp. 734–735. 括弧内は筆者。

(91) *FRUS, 1969–1976*, *Vol. 34*, doc. 195, Aug. 13, 1971, p. 854.

(92) Report by National Security Council, "U.S. Strategic Objectives and Force Posture: Executive Summary," Jan. 3, 197[2], *National Security Archives*, https://nsarchive2.gwu.edu/NSAEBB/NSAEBB173/SIOP-4.pdf, pp. 28–29.

(93) *Ibid.*, pp. 102–103.

(94) Office of the Assistant to the Secretary of Defense, *op. cit.*, Appendix B–4.

(95) U.S. CINCPAC, *CINCPAC Command History 1974*, *Volume 1*, n.d. [1975], pp. 150, 265.

(96) Kristensen, *op. cit.*, p. 135.

(97) *FRUS, 1969–1976*, *Vol. 17*. doc. 203, Feb. 27, 1972, p. 814.

（もとやま　じんしろう　一橋大学大学院）

日本国際政治学会編『国際政治』第209号「冷戦と日本外交」（二〇二三年三月）

一九七四年東南アジア反日暴動の再検討
――「長い六〇年代」における冷戦の変容と学生の叛乱――

八代　拓

はじめに

学生運動がトランスナショナルに生じた一九六〇年代、国内の政治対立と冷戦の変容は相互に関連していた。核の恐怖と第三世界への軍事介入に反発した各国の学生達は既存の政治体制や社会秩序の改革を求め、路上に公共圏を作り上げようとした。東西両陣営の政治指導者は学生達の声を封殺する一方、秩序と権威の維持のためにデタントを進めた。大国政治によって国内政治改革が犠牲となる中で、学生達は自国の政治指導者や冷戦のレトリックに幻滅していった。[1] こうした一九六〇年代的な社会動態は、一九五〇年代末から一九七〇年代前半に至る「長い六〇年代」としてその後の時代に影を投げかけた。[2]

では、開発主義と権威主義に基づく開発独裁下の第三世界においても同様の現象が生じ得たのだろうか。また、こうした他国の国内政治対立に日本外交はいかに対応したのか。上記の関心に基づき、本稿は田中角栄首相の東南アジア訪問（一九七四年一月）に際してタイとインドネシアで発生した反日暴動を、冷戦と国内社会の変容に伴うトランスナショナルな学生運動の観点から再検討するものである。暴動発生当時のメディアや既存研究は、暴動の原因を経済分野に偏重した関係に求める「オーバープレゼンス論」を示してきた。[3] 一方で、自国の権威主義政権に対する反感が日本企業を捌け口として発露したとする「ジャパン・アズ・スケープゴート論」もある。[4] また、暴動の要因を自国社会と華僑との文化摩擦に求める研究や国軍内の政争に求める研究もある。[5] ただし既存研究は、国際秩序の変容や現地社会の構造変化、そしてそれらを踏まえた上での日本の外交的対応にまで分析の光を当てていない。

これに対して本稿は、東南アジア反日暴動を冷戦の変容に伴う反共親米政権の正統性失墜と国内社会の近代化に伴う権威主義的支配への抵抗の帰結とみなし、「長い六〇年代」の中に位置づける。東南アジアにおける日本人や日本企業の言動に問題があったとはいえ、暴動の主体であった学生達は政権打倒を視野に入れた運動を推進しており、反日暴動はその広範な運動の一部ないし延長だったのである。これらを踏まえ、本稿は日本外務省が上記の国内政治対立への関与を避けるべく「オーバープレゼンス論」を公式化して文化外交を推進した過程を指摘する。

本稿の内容は次の通りである。一節では冷戦変容期の国内社会変化について高等教育の拡充を中心に述べる。二節では、タイの政権打倒に繋がった「血の日曜日」の延長として反日暴動を分析する。三節では、インドネシアの権威主義的支配や軍産癒着に対する批判、国軍内政争、反華僑運動の一環として反日暴動を分析する。そして最後に、反日暴動の「長い六〇年代」における位置づけと日本外務省の政策的対応を述べる。

一　東南アジア国際秩序と現地社会の変容

(1)「ショック」の時代の東南アジアと日本外交

一九六〇年代後半から一九七〇年代前半は、東南アジアにおいて何度もの「ショック」が起きた時代だった。ベトナム戦争の泥沼化と反戦運動に直面したニクソン（Richard M. Nixon）は、一九六九年七月のニクソン・ドクトリンを通じて米軍の撤退を進め、東南アジアの同盟諸国に対して安全保障上の責任分担を求めた。また、中ソ対立が激化する中で、一九七一年七月にはキッシンジャー（Henry A. Kissinger）が訪中し、米中は接近した。この結果、対中脅威に基づく反共親米路線を掲げた東南アジア諸国は動揺を余儀なくされた。冷戦や植民地主義の色彩が希薄化する中、東南アジアには軍事的にもイデオロギー的にも真空状態が生まれつつあった(6)。ＡＳＥＡＮ外相会議の中立化宣言のように、大国政治からの脱却を目指す地域主義も垣間見られたが、発足初期のＡＳＥＡＮは一枚岩ではなかった。

また、ニクソンは金ドル交換停止によってブレトンウッズ体制を動揺させ、国際経済に変容を迫った。ドル切り下げの結果、タイやインドネシアでは対外債務が実質的に増加し、貿易赤字も拡大した。その後、両国は対米関係の希薄化と経済的苦境に直面した。ニクソンは南ベトナム崩壊を容認する形で和平交渉に臨み(7)、一九七三年一月のパリ和平協定によりインドシナ共産化を決定づけた。同年の第一次石油危機によって、産油国インドネシアの貿易収支は黒字化したが、先進国の生産減少により原材料や肥料等の東南アジアへの供給は減退した。前年から続く農産物の不作と合わせて、タイやインドネシアでは食料物価が高騰し、国民生活が圧迫された(8)。

こうした「ショックの時代」における日本の東南アジア外交は、米国の冷戦政策との整合を図りつつ、東南アジアの開発需要に経済面で応える従前の路線を踏襲したものだった。産業構造高度化や国際分業体制構築を目指す経済界の潮流とも合わさり、日本の東南アジアへの経済進出は拡大していった。この頃、平和大国論を掲げる福田赳夫が、外交における国際的連帯や文化交流、経済協力の質的向上を重視するなど、後の全方位平和外交の原型が形作られつつあった。[9]しかし、通常防衛力の拡大をもって米軍を補完しようとする佐藤・田中両政権の基本的性格は、米国の冷戦戦略上のコラボレーターだった。[10]「経済大国」としての長期的外交戦略が形成途上の中で、日本は防衛力拡張を続けるとともに、タイやインドネシアにおける経済的影響力を高めていた。[11]

(2) タイとインドネシアの社会変化

東南アジア冷戦の変容や日本の経済進出と時期を同じくし、タイやインドネシアは開発と社会変化の時代を迎えていた。タイのサリット（Sarit Thanarat）首相は輸入代替工業化戦略の下で国家経済開発庁（ＮＥＤＢ）と投資委員会（ＢＯＩ）を設立し、欧米留学組のテクノクラートを活用して外資誘致を進めた。またサリットは人材育成を重視し、軍備や経済開発に匹敵する予算を教育拡充に割り当てた。[12]

サリット政権が第一次六カ年計画（一九六一年～六六年）で掲げた大学拡充は、後継のタノーム（Thanom Kittikachorn）首相とプラパート（Praphas Charusathien）副首相からなるタノーム＝プラパート政権にも継承された。同政権下で大学拡充の財源となったのは、米国政府や米国民間財団等の西側資本だった。[13]一連の大学拡充政策を通じ、第二次五カ年計画（一九六七～七一年）期間中に三〇・七％、第三次五カ年計画（一九七一～七六年）期間中に四一％の学生数増加が図られた。[14]大学大衆化の兆しは、大卒者の雇用を保証し得ない状況を生み出しつつあった。[15]それでも大学は学生が西側の多元的民主主義に触れ得る場だった。

しかし学生達が現実政治で享受できたのは、国王を元首とし軍が国民の主権と利益を代表して国を統治する「タイ式民主主義」だった。[16]また、入閣した一部の高級官僚や軍高官が議会を制御しつつ政治権力と経済利権を掌握する官僚政体が続き、民主主義の定着が妨げられていた。[17]「タイ式民主主義」は官僚政体によって実体化されていたのである。一方、伝統社会から近代社会への移行期において、権力への対抗勢力や権力を抑制する法体系は未発達だった。こうした中、タノームはプラパートやナロン（Narong Kittikachorn）とともに閨閥政治を展開し、株式の不正取得や収賄を繰り返す「三暴君」となった。

また、政権の掲げた国民統合と反して国内の格差は拡大していた。大土地所有制度の緩和により農村部で新興地主層が台頭する一方、土地を奪われた小作農は都市に流入した。[18]結果、首都近郊では未熟練労働者が供給過剰となり、[19]ベトナム特需の恩恵を受けた都市部富裕層との間で軋轢が生じた。一連の急速な社会変化は、伝統主義や国民・仏教・国王を基軸とする公定ナショナリズムへの反感を惹起した。[20]国王への敬意こそ不変とはいえ、「タイ式民主主義」の名の下に権威主義的支配と汚職を続ける官僚政体に対する憤りが国民の中で蓄積されていった。

同時期、インドネシアにおいても類似した現象が見られた。一九六六年に実権を握ったスハルト（Suharto）は、前政権下での経済停滞と国際的孤立を打破すべく、開発を重視する「新秩序」を形成した。そして、世銀・ＩＭＦへの加盟や対米関係修復、インドネシア債権国会議（ＩＧＧＩ）による援助導入を進めた。また一九六七年の外国資本導入法を通じて、外資主導型の経済開発を図った。これら方針の下、国家開発企画庁（ＢＡＰＰＥＮＡＳ）のテクノクラートには国家開発計画の策定権限が与えられ、開発予算管理や外国援助導入に対して中心的な役割を担った。[21]

ＢＡＰＰＥＮＡＳは第一次五カ年計画（一九六九年〜七四年）において、「民主的な社会の建設」を教育政策の目的として掲げ、教育開発予算の二九％を大学拡充に充当した。[22]既にインドネシアでは大学生数が急増中であり、一九五〇年〜六七年の大卒者数が累計約二万人だったのに対して、一九六七年には単年で主要国立大学二四校の学生数が九万人超に達していた。[23]そして第一次五カ年計画の結果、一九七三年に大学生数は一一万七六〇〇人に増加した。その後の第二次五カ年計画（一九七四年〜七九年）においても「民主主義の礎」という名目の下で大学の拡充が進められた。[24]

一方でスハルトの「新秩序」は、社会を脱政治化し抵抗勢力を力で封じる権威主義体制だった。[25]政権移行による民主主義の拡大を期待した学生層は次第に「新秩序」に幻滅していく。また、国営石油公社プルタミナ総裁のイブヌ・ストウォ（Ibnu Sutowo）に代表されるように、経済利権を握った国軍高官は外国企業から贈賄を受け、国民の顰蹙を買った。スハルトは国民の政治不満への対応として総選挙法（一九六九）に基づく選挙を一九七一年に実施したが、内務省や国防治安省および大統領補佐官（ＡＳＰＲＩ）は露骨な選挙干渉やメディアへの圧力行使を行った。[26]この間、経済開発の結果として所得格差や地域格差が拡大し、汚職の蔓延や失業者の増大などの社会問題が顕在化しつつあった。

このように、一九六〇年代後半から一九七〇年代前半にかけ、タイとインドネシアでは開発計画に基づく大学拡充が進み、学生の社会的影響力が高まりつつあった。一方で、開発独裁下で享受できる民主主義は表層的であり、政権による抑圧や不正が続く中で、学生達の政治意識と政権への反感が培われていった。

二　官僚政体への反発と反日

(1)　学生運動の揺籃

前節で述べた冷戦と国内社会の変容は反日暴動とどのように関係しているのだろうか。まずタイの事例から分析する。タノーム＝プラパート政権は米国のベトナム戦争拡大に全面協力し、反共主義的開発独裁体制を構築した。かねてより革命団布告によって政治的権利を抑圧されてきたタイの知識人層は、新政権に警戒の目を向けた。当時唯一の知識人向けリベラル誌であった『サンコムサート＝パリタット（社会科学評論）』や国内七大学の学生誌である『ジェット＝サターバン（七大学）』は政治批判を展開し、タイの国内世論を喚起した。[27]特に後者は、政権が北爆への協力を国民に秘匿している点を追及し、タイにおけるベトナム反戦運動の情報源となっていった。

一九六八年六月、タノーム＝プラパート政権は国民懐柔策として、言論の自由を規定した新憲法を公布し、民政への移管を宣言した。しかし、同憲法は民選議員の内閣への参画を認めておらず、軍が内閣をコントロールする「タイ式民主主義」と官僚政体を制度化するものであった。憲法公布の翌日、バス運賃値上げ反対や新憲法の一部修正、ベトナム反戦、生活物資値下げを求める学生デモが発生した。政権は世論の刺激を避けるべく譲歩し、バス運賃の値上げを撤回した。小幅な譲歩だったが、学生活動家達は自らの政治行動によって政策転換が実現するという経験を得た。

しかし参政権の制限はなおも続いた。一九六九年二月には一二年ぶりに下院選挙が実施されたが、前年施行の政党法と選挙法により共産勢力に被選挙権は与えられなかった。同選挙は反共親米政権に正統性を付与する目的で行われたのである。ただし、タノーム率いるタイ人民連合党は全二一九議席のうち七五議席しか獲得できず、過半数確保のために無所属議員三五名を選挙後に入党させることとなった。[28]

しかも、新内閣発足から四カ月後のニクソン・ドクトリン発表は、駐留米軍の削減という安全保障上の影響のみならず、ベトナム特需によって貿易赤字を補填するという国際収支構造が破綻する危険性を生み出した。この結果、貿易赤字の主因である対日経済関係やベトナム戦争をめぐる対米政治関係への批判が知識人層を中心に高まった。『サンコムサート＝パリタット』も「アメリカ帝国主義」や「日本帝国主義」を非難した。[29] また、米国留学組のエリート学生達は、留学先で見聞したベトナム反戦運動の手法をタイの学生運動に取り入れていった。庶民層もまたセンセーショナルな反日報道に晒される中で、反日感情を強めた。[30]

(2) 反共／容共のダブルスタンダードと軍事クーデター

自国の政権や日米両国に対する反感を受け、一九七〇年二月には国立大学等一一校の学生一〇万人が「タイ全国学生センター」（NSCT）を結成した。かつて、第一次五カ年計画で指摘された「大学間の協働の不在」[31] という課題が、政権の思惑と異なる形で解決されたのである。学生の出版物にも反独裁、ベトナム反戦、反米、社会主義という傾向が明確に生じ始めた。[32] 四月には改正労働法に基づく労働組合結成が許可され、第一回メーデーの準備が進められた。議会政治の開始と合わせ、組織化された学生や労働者が政治的意見を交わす公共圏が現れつつあった。

この頃、タノーム＝プラパート政権の反共姿勢には変化が生じていた。一九七〇年三月のロン・ノル（Lon Nol）によるクーデターに際し、タノームは米国のカンボジア侵攻を支持した。そして、海兵隊と海軍特別部隊をラオス・カンボジア国境に派遣した。ニクソン・ドクトリンを受けてタイ国内の共産ゲリラが攻勢を強める中で、タノームは共産勢力との政治面での対決姿勢を改めて示したのである。その一方、五月にはブンチャナ（Boonchana Attakorn）経済相が貿易赤字是正を目的とした対共産圏貿易の必要性を提唱し、ソ連との貿易協定交渉を開始した。中国の支援を受けたタイ共産党（CPT）を弾圧し、インドシナ共産化を危惧する一方、貿易相手としては積極的に共産圏に接近するというダブルスタンダードだったと言えよう。

対中関係の変化もまた、このダブルスタンダードの延長線上に位置づけうる。一九七一年一月、タナット（Thanat Khoman）外相は対中貿易の開始検討に言及し、五月には中華人民共和国の名称を初めて用いて対中緊張緩和を呼び掛けた[33]。一方、七月六日のキッシンジャーとの会談において、対中貿易慎重派のタノームは米国が中国の拡張主義を積極的に抑制することに期待を馳せた[34]。しかし会談から三日後のキッシンジャー極秘訪中を受け、タノームは米中接近という国際政治の変化に直面した。結果、一一月には対中貿易の禁止解除や反共法制である革命団布告五三号の廃止、タイの文化・スポーツ代表団の訪中許可に踏み切った[35]。

一連の外交政策の変化は学生達を刺激したが、政権側は政権批判に直結しない限り学生運動を容認していた。むしろ、ブンチャナを中心に学生の反日活動を愛国心の発露だと評価する声もあった[36]。ただし、コメの輸出価格低下やベトナム特需減少を受けた国民の購買力低下、金ドル交換停止とドル切り下げによる外貨建て債務の実質増加、そして不況下の物価高を受け、学生運動の矛先は政権の経済政策全般に向かっていった。

不安定な議会を率いて政治経済の新局面に対応することが困難になる中、一一月一七日、タノームは自らの政権をクーデターで打倒するという奇策に出た。憲法公布後三年半にわたる議会制民主主義は国王の承認の下で終焉を迎え、軍事政権が再来した。翌一九七二年一一月、タノームは首相権限を大幅に強化した新憲法を制定した。また、任命議員二九九名のうち二〇〇名を国軍と警察から任命し、政権基盤を強化した。結局、議会政治と軍事クーデターの繰り返されるサイクルの中でも官僚政体は継続した。加えて米価が前年同月比で二八・六％上昇するなど、国民は政治的抑圧と生活苦に直面していた。

(3)　反政権・反日・反米

こうした中でタイ国内に流入し続ける日本製品や日系企業によるタイ人職員への差別的待遇、日本人旅行者の問題行動に国民の批判の矛先が向かっていった。一一月六日、ティユラット・ブンミー（Thirayudh Bunmee）事務局長らＮＳＣＴメンバーが日本大使館を訪問し、日本によるタイ経済支配を非難した田中首相宛抗議文を手渡した。ＮＳＣＴは二〇日、日本製品不買運動を開始するとともに、経済状況改善に関する一〇項目の要望書をタノームに提出した。同要望書の主眼は、政権批判というよりも法案審議中の外国人職業規制法や外国企業規制法の早期施行を求めるものだった。このため、政権側はＮＳＣＴの要求を部分的に受容しつつ、学生運動の沈静化を図った[37]。一方、日本製品不買運動は政治意識を高めた学生達が全国規模で統一的な政治行動をとるという新たな経験をタイ社会にもたらした。

留意すべきは同運動の根底にあったのが、日本企業への反感というよりも、日本の経済進出を促したタノーム＝プラパート政権への憤りだった点であろう[38]。日本外務省もまた、経済政策に対する批判やポスト・ベトナムを見据えた漠然とした不安感が日本製品不買運動の背景にあるとみなした[39]。実際、日本製品不買運動で国民の支持を得たＮＳＣＴの運動対象は、政権批判や米軍基地反対に向かっていった。一九七三年一〇月四日、学者や議員およびＮＳＣＴ関係者等から組織された憲法要求百人委員会は、軍部独裁反対と恒久憲法の公布を求めた。同委員会に対する政権側の措置は、ティユラット を含む一三名の逮捕であった。これを受け、タマサート大学には政権を批判する一五万名のデモ隊が全国から結集した。一〇月一三日正午、大学構内を出て憲法記念塔に向かうデモ隊に市民が加わり、その数は四〇万人に達した。ＮＳＣＴ代表団は国王やプラパートと会見し、一三人の無条件釈放と憲法公布の確約を取り付けた。

これを受けＮＳＣＴは勝利宣言を発したが、デモ隊は既に分裂傾向にあった。セクサン・プラスートクン（Seksan Prasertkul）に率いられた職業学校生からなるデモ隊が、宮殿に向かって行進を始めたのである。一〇月一四日、宮殿に近づく同デモ隊に対して武装警察隊と国軍が発砲し、七七名の死者と八五〇名超の負傷者が生じた。「血の日曜日」である。同日夕刻、国王から出国を促されたタノームはラジオで総辞職を発表し、プラパートとナロンを伴って国外逃亡した。偶発的結果ではあるが、学生運動を通じて政権が倒れたのである。また同事件は国王が国家的危機に介入・指導するというタイ政治の嚆矢となった。

反共親米政権の崩壊に対して、米国は静観姿勢を示した。キッシンジャーはインフレや汚職による都市部住民の不満が事件の要因だとみなし、国王に任命されたサンヤー（Sanya Dharmasakti）新首相も親米路線を踏襲すると想定した[40]。しかし、米タイ関係は悪化の途上にあった。例えば英字紙ザ・ネイションは、一一月にＣＰＴ中央委員名義でサンヤー宛に投函された停戦条件に関する書簡がＣＩＡによって偽造されたものだと報じた。新政権による調査の結果、一九七四年一月五日には米国大使館も報道内容を認めた[41]。さらにＣＩＡでの勤務経験を持つキントナー（William Kintner）駐タイ米国大使の着任や米国人旅行者による仏像の冒涜などが世論を刺激し、反米感情が醸成されていった[42]。在タイ米国大使館は、米タイ関係の好転が図れない限り、在タイ米軍の撤退に支障が生じると懸念した[43]。

(4) 田中の訪タイと反日暴動

田中が訪タイしたのは、政権打倒の達成感と反日・反米の機運が学生間で隆盛を極めた時期であった。一九七四年の年明けから反日デモの準備が進められ、一月九日にはＮＳＣＴやセクサン派の「タイ全国職業学校学生センター」（ＮＶＳＣＴ）を中心とした三千名のデモ隊が抗議活動を展開した。ＮＶＳＣＴはバンコクの大丸デパートで破壊活動を行い、ＪＥＴＲＯの建物前ではプラスチック爆弾が爆発した。この田中への抗議集会の後、「民主主義のための国民グループ」（ＰＤＧ）は米国大使館前でＣＩＡによる内政干渉を非難した。キントナー米大使が訪問中のチェンマイ大学でも、ＣＩＡに対する抗議として米国国旗が焼かれた。

一〇日、ＮＳＣＴ代表者団は田中と面談し、日本によるタイ経済の支配や、公害輸出、文化破壊についての見解を問うた。田中は日タイ間の問題は認めつつも、経済関係の深化に伴う軋轢の発生はやむを得ないという従前の自説を出し、日本企業に対する指導を強化すると応答するに留めた。また田中は、日米経済関係を通じて戦後日本が成長できたと主張し、日タイ経済関係深化の妥当性を説明した[44]。ただし、田中の応答にNSCTは満足せず、日本人の問題行動や日系企業による環境汚染等の問題を直截的に田中に突き付けた[45]。

当時の日本外務省は、米タイ関係やタイ国内の政治腐敗、生活苦などの政治不満がタイ人のナショナリズムと結節したことで反日暴動が生じたと捉えていた[46]。それゆえ、日本人の行動改善の効果は限定的だという判断[47]や「我が国にとってタイはそれほど重要視する国ではないという印象を与えることも一つの戦術[48]」という藤崎萬里大使の冷ややかとも言える見解もあった。日本経済のオーバープレゼンスと反日暴動を単線的に結びつける議論は、暴動直後の時点では見られない。

三　「新秩序」への反発と反日

(1) 開発独裁体制と学生運動

次にインドネシアの事例について述べる。一九六五年の九・三〇事件に伴うスカルノ（Sukarno）からスハルト（Suharto）への政権移行は、非共産圏最大の共産党を擁するインドネシアが親共反米路線から反共親米路線に転換したことを意味した。米国はインドネシアとの関係修復を進め、スハルトによるインドネシア共産党（PKI）関係者の徹底的な弾圧・虐殺を看過した。スハルトが西側資本を積極導入した結果、資源や製造業等の分野に外国資本が進出し、一九六七年からの二カ年で新規投資受入額は五倍以上に拡大した。一方、国内資本は外資に押され、華僑と軍部を含む特権階層に富が偏在した[49]。また、親米路線の下で一九六〇年代的な西側の価値観が急速に流入した。一九六九年にはハリウッド作品等八〇〇本の外国映画が輸入された。また、ビートルズに影響を受けたコスプラス（Koes Plus）がポップミュージックの先駆けとなった。

こうした反共親米路線に基づく経済成長と国軍再編を通じて権力を正統化したスハルトは開発独裁体制を構築した。しかしその結果、自らの権力掌握を支援した反共右派学生連合「インドネシア学生行動戦線」（KAMI）との関係に亀裂が生じた。スハルトはKAMIの一部メンバーを体制内に取り込んだが、政権への参画を拒んだメンバーはスハルトの経済政策を批判した[50]。同時期、学生の政治行動は活発化しつつあった。一九七〇年七月結成の反汚職評議会（KAK）を率いるアリフ・ブディマン（Arief Budiman）は、反汚職運動を通じてKAMIの元メンバーを運動に取り込んだ。同年一〇月には、国軍士官学校（AKABRI）の学生によるバンドン工科大学（ITB）学生殺害事件を受け、ITB学生が警察権力や汚職および軍産癒着を糾弾した。一二月には、国内七〇の大学からなる学生諮問会議が設置され、全国的な学生運動の連絡機関として機能し始めた。

学生の政治不満に対し、スハルトは一九七一年実施予定の総選挙で応えた。ただし、PKIと九・三〇事件関係者には選挙権も被選挙権も与えられなかった。またスハルトは大統領補佐官や国軍を通じて、野党支持者に圧力をかけ、与党ゴルカル支持者に転向させた。

ブディマンは政権による露骨な選挙介入を批判したが、七月三日の総選挙でゴルカルは二三六議席を獲得し、任命議員一〇〇議席と合わせて全議席の七三％を占めた。結局、スハルトが国民に与えた参政権が形式的なものに過ぎないことを学生達は痛感した。

時期を同じくし、インドネシアの国内経済界からも、外資主導型経済開発に対する疑念が生じていた。日系総合商社によるパイプライン建設や日系電機メーカーの相次ぐ進出など、外国投資が民族系内需産業を圧迫していたのである。さらに金ドル交換停止発表後のルピア切り下げが外国直接投資受入れを加速化した。しかし、スハルトはＡＳＥＡＮ外相会議における中立化宣言や米中接近に伴う対中貿易の開始検討など、新たな東南アジア国際秩序にも対処しなければならない局面に置かれていた。

内政・外交が岐路に立つ中、国民の不満はタマン・ミニ計画を契機に噴出した。同計画は、大統領夫人が首都近郊に二六〇〇万ドルの予算を拠出して国土のミニチュアや商業施設等を建造するというものだった。一九七一年一二月の計画報道の直後から、ＫＡＭＩを中心とした学生団体が計画反対デモを展開した。翌年一月六日、スハルトは反対運動を政府権威の失墜と国軍批判を意図する政治的策謀と規定し、デモ隊がスハルト罷免を求める場合には九・三〇事件後のＰＫＩと同等の弾圧を加えると言明した[51]。親族のビジネスに対する批判を一蹴する目的もあろうが、ＫＡＭＩの運動目的が大統領の罷免や政権の打倒にあるとスハルトが認識していたと考えることもできる。

ただし、上述のようなスハルトの強硬姿勢は学生運動をさらに刺激した。また、新設された国民協議会（ＭＰＲ）において、定数の三分の二をスハルト派勢力が占めた政治状況は、政治参加を願う若年層を落胆させた。その上、長期間の干ばつによって米価が三カ月間で三倍に拡大し食糧危機が生じるなど、反政権の機運を惹起する要因は複数あった[52]。

(2) 反政権と反日の狭間

上述のようなインドネシア国内の政治不満は、どのように反日感情に繋がったのであろうか。確かにスハルトは田中政権に友好を示し、日本との関係を強調した。だからと言って反スハルト感情と反日感情が直ちに結びついたわけではない。それゆえ日本外務省は、反日感情が潜在していても極端な形で発露される可能性は低いと認識していた[53]。

むしろインドネシアで批判に晒されてきた外国資本は、経済的影響力と独自の共同体意識を持つ華僑だった。過去数度の廃華運動を経験した華人政商は、国軍高官、特に大統領補佐官に利益を提供し、その見返りとして生命財産の保護を求めた。こうした中で一九七三年八月五日、バンドンで生じた自動車事故当時者のインドネシア青年と華僑青年の諍いは、大規模暴動に発展した。従前の文化的軋轢に加えて経済格差の拡大に伴う不満が廃華運動として顕在化したのである。ただし、日本企業にとって華僑は国内流通網をもつ有望提携先だった。一九七四年までにインドネシアに進出した日系企業の約七割が華僑系財閥と提携しており[54]、現地職員の採用条件として中国系インドネシア人であることを求める企業もあった[55]。

他方、反日感情と繋がりの深い要素として大統領補佐官への反発が挙げられる。例えばムルトポ（Ali Murtopo）大統領補佐官は、特別工作班（OPSUS）とその傘下の暴力組織を率いて国内諜報活動や政党再編を展開するとともに、日本資本との関係を深めていた。またスジョノ（Sujono Humardani）大統領補佐官もまた、政治ブローカーとしてKAMIの批判対象となった。抑圧者である大統領補佐官が華僑や日本企業と結託し、日本企業も華僑と提携してインドネシア進出を図るという三角同盟はKAMIにとって容認できない存在だったのである。

さらに、事態を複雑化させたのは国軍内におけるスミトロ（Sumitro）治安秩序回復作戦司令部（KOPKAMTIB）司令官とムルトポの勢力争いである。国民の人気を背景に政権掌握の野心を燃やすスミトロは、OPSUSがKOPKAMTIBの所管を侵犯していると認識し、KAMIによるムルトポ批判を容認した。他方でムルトポも、自派の学生を動員した反スミトロデモを扇動しつつKAMIバンドン支部を懐柔した。結果、学生運動には国軍内の政争が反映された。ムルトポがスミトロの失脚を目的に学生を扇動して後述のマラリ事件を起こさせたという見解[56]の所以であろう。

こうした構図の下、スハルトは「血の日曜日事件」に伴うタイの政権崩壊を警戒視し、学生デモを抑制した[57]。しかし、一九七三年には国際収支こそ黒字化したものの、ジャカルタで前年比二七％増の生活物価高が進み、学生デモが頻発した。一一月一一日には、「インドネシアのためのインドネシア」（GMII）がIGGI議長を空港で待ち伏せて外国援助を批判する書簡を手交し、一六日には政府の経済政策を批判する覚書をBAPPENASに送った[58]。

田中の訪尼計画が発表されたのは、上述のように大規模デモ発生前夜ともいえる時期だった。一一月二二日の田中訪尼計画発表を受け、バンドンの三大学から構成される学生評議会は日本大使館を訪問し、日本企業と国軍の癒着を糾弾した。これにインドネシア大学（UI）の学生も呼応することで、反日デモが複数都市で同時多発的に発生した。日本外務省は、「金に任せて資源を買い漁る」という日本イメージを与えないよう、田中の訪尼時の発言内容に慎重を期した[59]。

一方スハルトは反日デモの拡大を防ぐべく、KOPKAMTIBを通じてデモ活動の禁止措置に踏み切った。しかし、一二月一〇日には、「債務支払世代」（GPU）と「国民の誇り委員会」（KKN）の二団体が日系企業の入居ビルに日本批判の殴り書きをした。一八日にUIで開催された学生集会では国政改革と政権批判が明確に打ちだされた。二二日にはイブヌ・ストウォの私邸に、二四日にはスハルトの私邸にデモがかけられた。三一日、KAMI構成団体であるインドネシア大学学生評議会（DM―UI）のハリマン・シレガル（Hariman Siregar）議長[60]はアジ演説を行い、スハルトによる支配や国軍と華僑の癒着を糾弾するとともに、日本企業を軍政期の憲兵隊に例えて批判した[61]。学生運動の矛先は経済政策や大統領補佐官そして日本資本に留まらず、スハルト個人にも明確に向けられていたのである[62]。

(3) 田中訪尼とマラリ事件

一九七四年一月以降も学生デモが各地で続き、バンドンではスハルトや田中をかたどった人形が焼き払われた。一〇日、シレガルは田中訪尼の一月一五日を期して全国の学生が決起すべきと田中訪尼反対学生集会で訴えた。シレガルが述懐するように、学生の政治行動の原動力となったのは、外資主導型経済開発が国内産業の衰退と国民の生活苦をもたらす中で、外資と結託した国軍高官が開発の恩恵を受けて私腹を肥やす状況への憤りであった[63]。

こうした憤りが渦巻く中で一月一五日、マラリ事件が発生した。田中＝スハルト会談に合わせて開催された学生デモは拡大を続け、目抜き通りのタムリン通りはデモ隊で溢れかえった。デモ隊の一部は日本大使館構内に侵入して日の丸を燃やし、日系企業や華僑商店を略奪・破壊した。スミトロは、デモの目的が日本企業や大統領補佐官への批判だけでなくスハルト政権打倒にあると察知しつつ[64]、シレガルには暴徒化するデモ隊を統制できないと認識した[65]。スハルトは田中の訪尼期間中に民衆を刺激することを控え、同日深夜に国軍の投入を決定したものの、鎮圧行動の拡大は避けた。しかし一月一七日の田中の出国後、スハルトはスミトロを招聘し、デモの禁止や新聞検閲、事件関係者の徹底捜査を指示した[66]。シレガルを含む約七七〇名の学生・知識人が逮捕され、日刊紙と週刊誌合計一二誌が発禁処分を受けた。

このマラリ事件は政権批判や華僑批判、対日批判、国軍内政争など複数の特徴を併せ持つ事件だった。ただし、デモを主導した学生達の視点に立てば、政権打倒を最終目標に据えた運動の一端として、政権や華僑と結託した日本企業を批判した事件と位置づけることもできよう。事実、ＵＩ構内でニューヨーク・タイムスの取材を受けた学生達は、腐敗したスハルト政権へ攻撃が暴動の最終目的だったと述べた[67]。シレガルも自身の裁判で政府転覆の意図を否定したが[68]、釈放後には政権打倒によるスミトロの権力掌握が目的だったとスミトロに打ち明けた[69]。一方、マラリ事件による政権崩壊をスハルト自身が危惧していた可能性は低く、自伝でも同事件には言及していない[70]。

留意すべきは、日本外務省が上述のようなマラリ事件発生の構図を多角的に把握しようと情報の収集・分析に努めていた点であろう。外務省は、ＫＡＭＩとスミトロの関係や国民の国軍に対する恐怖心の希薄化、マスコミによる学生デモへの同調、そしてマリク（Adam Malik）外相によるデモの容認がマラリ事件の引き金になったと分析した[71]。また、事件の背景として、生活苦や華僑への反感、日本人の問題行動、日本企業と大統領補佐官の癒着、イスラム教徒の国軍への反感、スミトロとムルトポの対立を挙げた。このような見解を持っていたからこそ、外務省は「スケープゴート論」を公式見解とすることには消極的だった[72]。在尼日本大使館もまた、「暴動の規模及び激しさをそのまま反日感情の強さの表れとみるのは行き過ぎ」[73]とみなした。

おわりに

本稿で論じたように、反共親米路線と外資主導型経済開発を掲げたタイとインドネシア両国の政権は、冷戦の変容によって動揺した。同時期、伝統から近代への移行期にあった国内社会でも、汚職や格差のない公正な社会を求める声が上がっていた。こうした声を実際の政治行動に移したのは、皮肉にも両国の政権が経済発展計画に基づいて育成した学生達だった。タイではＮＳＣＴが中心となって官僚政体に抵抗し、日本商品不買運動を経てタノーム＝プラパート政権を崩壊させた。インドネシアにおいても、学生達は国軍・華僑・日本企業の癒着と国民生活の圧迫をもたらしたスハルトの開発独裁を糾弾した。この延長線上に田中角栄訪問時の暴動が両国で生じたのである。

従って、一九七四年にタイとインドネシアで生じた反日暴動は、冷戦の変容に伴う反共親米政権の正統性失墜と国内社会の近代化に伴う権威主義的支配への抵抗の帰結とみなすべきであろう。その際、反日はそれ自体が最終目標だったのではなく、既存秩序を否定する広範な政治闘争の一環だった。急速な社会変化の恩恵から漏れた人々の声を代弁すべく、学生運動は社会変化をもたらした自国の政権とその裨益者である日本企業を批判したのである。

市民意識を高めた学生達が冷戦の論理や権威に基づく不正義に対して過激な抵抗をしたという点において、一九六〇年代の先進諸国における学生運動と反日暴動には共通点が見られる。ただし、両者を同一視すべきではなかろう。タイやインドネシアの学生達は「先進産業文明における民主的な不自由」[74]を享受できたわけではなく、アイデンティティや生のリアリティの不安という「現代的不幸」[75]に直面していたわけでもなかった。とはいえ、両国の学生達は自国と社会経済状況の異なる先進諸国の学生運動を現地化した上で反日暴動を起こした。この意味で、反日暴動は「長い六〇年代」におけるトランスナショナルな学生運動の外延を広げたものと言えよう。

では、反日暴動に日本外務省はどのように対処したのか。暴動発生直後に多面的な考察がなされたことは既述の通りである。ところが二月になると外務省は、反日機運の背景に経済的オーバープレゼンスや日本人の行動、権力者層と日本企業の結託に対する反感、二国間での相互理解の不足があるという単純化された認識を示すようになった[76]。

その後、大使館の詳報に基づく多面的な分析は次第に後退した。四月には「各国のいわゆる『腐敗政治』との付き合いは、いわば『賄賂の合理化』を考えるべき」[77]と癒着の容認ともとれる言説が生じた。同月一九日開催の対日批判問題に関する在ＡＳＥＡＮ諸国公館次席会議においては、「能率的な議事運営のために、対日批判の分析は省略し、対策の討議についても哲学的論議はできるだけ避け具体的論議に集中する」[78]という運営方針が掲げられた。この結果、同会議では経済協力の改善、広報活動の強化、文化交流、日系企業の業務及び人事面での改善、公正な商態度の堅持といった「オーバープレゼンス論」に基づく事務局原案の実務的対処策が承認されたのである。そして一〇月、「既存の国際関係についての考え方の枠をはるかに越えた対応を必要とする」として、外務省は国内政治対立への関与を見送った(79)。

実は、海外広報課は暴動の前年から「オーバープレゼンス論」に基づく文化外交を重視していたが(80)、当時の在外公館の反応は消極的だった。一方、反日暴動後には在外公館も文化外交を承認し、国際交流基金の現地事務所設置や留学生支援組織の形成が進んだ。上記の経緯から、「オーバープレゼンス論」は暴動の要因を究明する解釈というよりも、新たな東南アジア政策である文化外交を推進するために外務省が選択したロジックだったと考えるべきであろう。

外務省の対処方針は、「長い六〇年代」に心を寄せることなく、経済・文化面での実務的対処に特化した形で対日世論の好転を図るものだった。反日暴動を経ても経済関係強化という方針は変わらなかったが、日本外交には変化が生じた(81)。アジア局は反日暴動とサイゴン陥落を受けて東南アジア政策の再検討を始め、ＡＳＥＡＮの強靭性強化と連帯を目指す方針を固めた。そしてアジア局の政策構想と福田の外交思想が融合する形で福田ドクトリンが形成されたのである(82)。この結果、東南アジアにおける日本の友邦としての信頼性は向上していった(83)。

その頃、タイでは左右イデオロギー対立の深刻化による「国内冷戦」ともいえる状況の中で、共産勢力を危険視する国王の支持の下で、右派と官憲による「血の水曜日」が発生していた。インドネシアでもスミトロの罷免によるスハルトへの権力集中とゴルカルの組織固めが進んでいた。両国における「長い六〇年代」は他の地域と同様に国内政治の抜本的変化をもたらさずに幕を閉じたのだった。

（1）Jeremi Suri, *Power and Protest: Global Revolution and the Rise of Detente*, (Cambridge: Harvard University Press, 2003), pp. 261-263.

（2）マーウィックは、一九五八年から一九七四年までを「長い六〇年代」と呼ぶ。同時代の特徴として、批判的文化・運動、個人主義、若者文化市場、技術進歩、過激行動、国際文化交流、権威に内在する自由主義、極端な反動的要素、市民意識、多文化主義が挙げられる。Arthur Marwick, *The Sixties*, (New York: Oxford University Press, 1998), pp. 7-20.

（3）井原伸浩「一九七〇年代の東南アジアにおける非経済的な日本イメージの悪化要因」『言語文化論集』三八巻一号、二〇一六年三月。

（4）波多野澄夫・佐藤晋『現代日本の東南アジア政策――一九五〇―二〇〇五』早稲田大学出版部、二〇〇七年。

（5）前者としては、倉沢愛子「インドネシアの経済発展と日本企業――マジャラヤの地場繊維産業衰退問題をめぐる新解釈」『三田学会雑誌』一〇二巻二号、二〇〇九年七月。後者としては、増原綾子『スハルト体制のインドネシア――個人支配の変容と一九九八政変』東京大学出版会、二〇一〇年。

（6）宮城大蔵「米英のアジア撤退と日本」波多野澄雄編『冷戦変容期の日本外交』ミネルヴァ書房、二〇一三年、四四―四八頁。

（7）手賀裕輔「米中ソ三角外交とベトナム和平交渉一九七一―一九七三――「名誉ある和平」と「適当な期間」の狭間で」『国際政治』一六八号、二〇一二年、一二七頁。

（8）『アジア動向年報一九七四年版』アジア経済研究所、一九七四年、三二―三三及び五一一頁。

（9）若月秀和「福田ドクトリン――ポスト冷戦外交の「予行演習」」『国際政治』一二五号、二〇〇〇年一〇月、二〇二頁。

（10）瀬川高央「日米防衛協力の歴史的背景――ニクソン政権期の対日政策を中心に」『年報公共政策学』一号、二〇〇七年三月、一一八―一一九頁。

（11）菅英輝『冷戦と「アメリカの世紀」――アジアにおける「非公式帝国」の秩序形成』岩波書店、二〇一六年、二五〇―二七四頁。

（12）末廣昭『タイ――開発と民主主義』岩波書店、一九九三年、四二頁。

（13）NEDB, *National Economic Development Plan 1961–1966: Second Phase 1964–1966*, (Bangkok, 1964), p. 151.

（14）NEDB, *National Economic Development Plan 1967–1971*, (Bangkok, 1968), p. 192. Ministry of Education, *The Third Five Year Educational Plan 1972–1976*, (Bangkok, 1971), p. 5.

（15）ベネディクト・アンダーソン『比較の亡霊――ナショナリズム・東南アジア・世界』作品社、二〇〇五年、二四六―二四九頁。

（16）末廣、前掲書、一〇頁。

（17）Fred Riggs, *Thailand: The Modernization of a Bureaucratic Polity*, (Honolulu: East West Center Press, 1966), p. 323.

（18）アンダーソン、前掲書、二三八―二四〇頁。

（19）浅見靖仁「タイ――開発と民主化のパラドクス」末廣昭編『岩波講座東南アジア史九』岩波書店、二〇〇二年、四二頁。

（20）アンダーソン、前掲書、二六八頁。

（21）佐藤百合、「インドネシア――「開発の時代」から「改革の時代」へ」末廣、前掲書、七四頁。

（22）Department of Information [DoI], *The First Five-Year Development Plan 1969/70–1973/74*, vol. 2-C, (Jakarta, 1969), pp. 12–13.

（23）Biro Pusat Statistik, *Statistical Pocket Book of Indonesia 1968 & 1969*, (Jakarta, 1971), pp. 86–87.

（24）DoI, *The Second Five-Year Development Plan 1974/75–1978/79*, vol. 3, (Jakarta, 1976–77), p. 143, 174.

（25）佐藤、前掲論文、六六頁。

（26）増原、前掲書、八九―九五頁。

（27）赤木攻「「タイ全国学生センター」を中心にみた学生運動の歴史」『現代アジア教育研究』一三号、多賀出版、一九八三年、五九六頁。

（28）浅見、前掲論文、四一頁。

（29）高橋勝幸「タイにおけるベトナム反戦運動一九六四～一九七三年――学生・知識人が果たした役割を中心に」『東南アジア』三〇号、二〇〇一年、九九―一〇三頁。

（30）タンシンマンコン・パッタジット「一九七〇年代タイにおける反日運動――その原因の再検討」『ソシオサイエンス』二三号、二〇一七年三月、五八頁。

（31）NEDB (1964), *op.cit.*, p. 149.

（32）P・C・チャンダー、T・スパヌウォン『革命に向かうタイ――現代タイ民衆運動史』柘植書房、一九七八年、三三頁。

（33）『アジア動向年報一九七二年版』アジア経済研究所、一九七二年、三四七頁。

（34）Memorandum, Thanom & Kissinger, September 6, 1971, *Foreign Relations of the United States [FRUS]*, Vol. 20, Document No. 127.

（35）アジア経済研究所、前掲書、三五八頁。

（36）同上、三四二頁。

（37）吉田千之輔「タイ国日本人会とバンコク日本人商工会議所」小林英雄他編『戦後アジアにおける日本人団体』ゆまに書房、二〇〇八年、三二六頁。

（38）シリヌット・クーチャルパイブーン「タイの民主化と反日運動――野口キック・ボクシングジム事件と日本商品不買運動を事例

に」『現代社会学研究』二八巻、二〇一五年、一四頁。

（39）アジア局「東南アジアにおける対日世論」一九七二年一二月二〇日、戦後期外務省記録「日・アジア諸国関係／対日批判問題」二〇一二―一四九六［以下、二〇一二―一四九六と略記］。

（40）Memorandum, Kissinger to Nixon, October 29, 1973, *FRUS*, Vol. E-12, Document No. 377.

（41）"U.S. Says a CIA Agent Sent False Message to Thai Premier", *New York Times*, January 6, 1974.

（42）Telegram, Bangkok to DoS, January 30, 1974, *FRUS*, Vol. E-12, Document No. 379.

（43）*Ibid.*

（44）アジア局「田中総理の東南アジア諸国訪問」一九七四年三月、戦後期外務省記録「田中総理東南アジア訪問関係」A'一・五・一・一六［以下、A'一・五・一・一六と略記］。

（45）地域政策課「田中総理のタイ学生代表との会見議事録」一九七四年一月一〇日、二〇一二―一四九六。

（46）アジア局「総理東南アジア訪問に関する疑問擬答」一九七四年一月、A'一・五・一・一六。

（47）地域政策課「総理東南アジア訪問の評価及び対日批判に対する対処方針」一九七四年二月二六日、二〇一二―一四九六。

（48）藤崎発大平宛「総理の東南アジア御訪問」一九七四年一月二五日、二〇一二―一四九六。

（49）鈴木静夫「一九七〇年代前半の東南アジアにおける反日の論理」矢野暢編『東南アジアと日本』弘文堂、一九九一年、二四二頁。

（50）土佐弘之「インドネシア権威主義体制と学生運動――政治体制と社会運動との相互作用に焦点をあてて」『東南アジア研究』二七巻一号、一九八九年六月、七八―七九頁。

（51）G. Dwipayana& Nazaruddin Sjamsuddin eds., *Jejak langkah Pak Harto vol. 2*, (Jakarta: Citra Lamtoro Gung Persada, 1991), pp. 401–402.

（52）『アジア動向年報一九七三年版』アジア経済研究所、一九七三年、五〇三―五〇五頁。

（53）アジア局「東南アジアにおける対日世論」一九七二年一二月二〇日、二〇一二―一四九六。

（54）国内広報課「東南アジアの反日問題と国内広報政策に関する出張報告書」一九七四年三月二七日、二〇一二―一四九六。

（55）田中発大平宛「日本進出企業の商活動に対する批判」一九七三年五月一六日、二〇一二―一四九六。

（56）増原、前掲書、六九頁。

（57）Airlambang & Yosef Rizal eds., *Hariman & Malari: Gelombang Aksi Mahasiswa menentang Modal Asing*, (Jakarta: Q-Communication, 2011), p. 43.

（58）アジア経済研究所（一九七四年）、前掲書、五〇七頁。

（59）アジア局「総理東南アジア訪問用発言メモ」一九七三年一二月、A'一・五・一・一六。

（60）シレガルは一九七一年の総選挙でゴルカルに所属しムルトポの支援を受けることで、DM―UIの議長に就任した。しかし議長就任後には学生に支持者の多いスミトロに接近してムルトポとの距離を置いた。そこでムルトポはDM―UIの切り崩しを図った。

（61）Mochtar Lubis, *Hati Nurani seorang Demonstran: Hariman Siregar*, (Jakarta: Mantika Media Utama, 1994), pp. 2–7.

（62）Heru Cahyono, *Peranan Ulama dalam Golkar, 1971–1980: Dari Pemilu sampai Malari*, (Jakarta: Pustaka Sinar Harapan, 1992), p. 149.

（63）Airlambang & Rizal, *op.cit.*, pp. 383–386.

（64）*Ibid.*, pp. 175–180.

（65）Soemitro, *Pangkopkamtib Jenderal Soemitro dan Peristiwa 15 Januari '74*, (Jakarta: Pustaka Sinar Harapan, 1998), p. 226.

(66) 南東アジア二課「総理訪イ中のジャカルタ情勢（その一、事態の推移と関連措置）」一九七四年一月二二日、A'一・五・一・一六。

(67) "Corruption at the Top Angers Indonesian Students", *New York Times*, January 22, 1974.

(68) Lubis, *op.cit.*, p. 21.

(69) Edi Haryono ed., *Konflik, Manipulasi, dan Kebangkrutan Orde Baru*, (Jakarta: Burung Merak Press, 2010), p. 188.

(70) Soeharto, *Soeharto: My Thoughts, Words and Deeds*, (Jakarta: Citra Lamtoro Gung Persada, 1991).

(71) 南東アジア二課「総理訪イ中のジャカルタ情勢（その二、背景、見とおし等）」一九七四年一月二三日、A'一・五・一・一六。

(72) 南東アジア二課「インドネシアの内外資政策に関する基本綱領の発表について」一九七四年一月三〇日、A'一・五・一・一六。

(73) 地域政策課「総理東南アジア訪問の評価及び対日批判に対する対処方針」一九七四年二月二六日、二〇一二—一四九六。

(74) ヘルベルト・マルクーゼ『一次元的人間』河出書房、一九七四年、一九頁。

(75) 小熊英二『一九六八（下）反乱の終焉とその遺産』新曜社、二〇〇九年、七八七頁。

(76) 南東アジア一課「東南アジアの反日機運」一九七四年二月一日、戦後期外務省記録、「ＡＳＥＡＮ諸国日本公館次席会議／対日批判問題」二〇一〇—〇〇四〇［以下、二〇一〇—〇〇四〇と略記］。

(77) 南東アジア二課「対日批判問題に関する在ＡＳＥＡＮ諸国公館次席会議について」一九七四年四月八日、二〇一〇—〇〇四〇。

(78) 同上。

(79) 地域政策課「東南アジアの日本批判」一九七四年一〇月、戦後期外務省記録、「ＡＳＥＡＮ諸国日本公館次席会議／対日批判問題」、二〇一〇—〇〇四一。

(80) 海外広報課「対アジア政策広報のあり方」一九七三年九月七日、戦後期外務省記録「日・アジア諸国関係（対日批判問題）」二〇一二—一四九八。

(81) 佐藤晋「田中東南アジア歴訪の意義——グローバリゼーション過程における東南アジアと日本」『国際政経論集』一五巻、二〇〇九年、一二〇—一二一頁。

(82) 井上正也「福田赳夫——「連帯」の外交」増田弘編『戦後日本首相の外交思想』ミネルヴァ書房、二〇一六年、二六〇頁。

(83) 外務省の対日世論調査によれば、一九七七年から一九八三年にかけ「友邦としての日本の信頼性」に関する肯定的回答率はタイで六六％から七八％へ、インドネシアで七六％から八七％へ増加した。海外広報課「ＡＳＥＡＮ五か国対日世論調査」一九八三年一一月、東京大学付属図書館所蔵。

（やしろ　たく　山口大学）

日本国際政治学会編『国際政治』第209号「冷戦と日本外交」（二〇二三年三月）

米ソ戦略兵器制限交渉をめぐる日本外交一九七二―一九七九年

――「被爆国」である「同盟国」の受容と主張――

石本凌也

はじめに

一九六〇年代末、米国とソ連という核超大国による初めての戦略核軍備管理交渉が開始された。いわゆる戦略兵器制限交渉（Strategic Arms Limitation Talks: SALT）である[1]。同交渉は七二年五月にＳＡＬＴⅠ協定、七九年六月にＳＡＬＴⅡ協定という形で結実した。ＳＡＬＴは冷戦体制下における米ソデタントを象徴したものであり、冷戦史研究の重要な研究対象となってきた[2]。そのＳＡＬＴに対し、日本も二つの理由から無関心ではいられなかった。第一に、唯一の「被爆国」としての立場からである。言うまでもなく、「被爆国」日本は核兵器の制限および削減に関心を抱いていた。第二に、日本は米国の核抑止力に依存していたからである。ＳＡＬＴは米国の核兵器をも制限するものであり、日本への拡大抑止の信頼性に悪影響を及ぼしかねないものであった。

しかしながら、ＳＡＬＴが日本外交史の主たる研究対象になってきたとは言い難い。確かに、核兵器をめぐる日米関係を対象とした研究によってＳＡＬＴに関する日米協議は分析されている。そこでは、日本政府がどのように対応したのか分析されているものの、ＳＡＬＴⅠ協定締結までを研究範囲とするに留まっている[3]。また、日米同盟の制度化に関する研究では、ＳＡＬＴⅠ協定締結後に設置され、ＳＡＬＴⅡを議題として扱う戦略問題に関する日米協議が分析されている。しかし、そこでは同盟の制度化の原因を明らかにすることに焦点が当てられ、ＳＡＬＴをめぐる日本外交に重きが置かれていたわけではなかった[4]。以上要するに、日本にとっても無関心ではいられなかったＳＡＬＴをめぐる日本外交を明らかにする研究は、必ずしも十分になされてこなかったのである。特に、ＳＡＬＴⅡに対する日本の態度や主張は明らかにされてこなかった[5]。ＳＡＬＴⅠ協定締結後、つづくＳＡＬＴⅡに向けて従来以上にコミュニケーションを取るための日米協議が新設されたにもかかわらず、である。

では、新設された日米協議や米国によるブリーフィングの機会を通じて、日本はＳＡＬＴⅡをどのように受容し、自国の立場を主張していたのであろうか。本稿はこうした問いに答えようとする試みであり、これらの作業を通してＳＡＬＴⅡに対する日本の姿勢を明らかにすることが目的である。その際、本稿では核兵器に対する日本の二つの立場に着目する。一つは反核および核軍縮推進を指向する「被爆国」としての立場であり、もう一方は米国の日本に対する拡大抑止の信頼性向上を目指し、自国の安全保障を優先する「同盟国」としての立場である。これら二つの立場は常に共存し、核兵器をめぐる日本の対応に影響を与えてきた。こうした枠組みを強く意識し、分析を行う。

以下では、まず、日本政府および外務省がＳＡＬＴⅠ協定をどのように評価していたのかを確認し、新たな日米協議が設置される経緯を概観する。そこで外務省が、来たるＳＡＬＴⅡに対してどのような主張を、どのような理由から行っていたのかを明らかにする。次に、ＳＡＬＴⅡにおいて重要なポイントであったＳＡＬＴ基本原則・核戦争防止協定、ウラジオストク合意に対する日本の主張を明らかにする。また、その後ＳＡＬＴが停滞する一方、日本国内では核不拡散条約（Treaty on the Non-Proliferation of Nuclear Weapons: NPT）批准問題とＳＡＬＴがリンクして論じられていたことを示す。そして、ＳＡＬＴⅡ協定締結後の日本政府および外務省の評価を確認し、ＳＡＬＴⅢに向けた主張を明らかにする。そこでは、八〇年代に浮上する中距離弾道ミサイルＳＳ—20をめぐる問題がすでに外務省レベルでは挙がっていたことを論ずる。最後に結論として、当該期のＳＡＬＴに対する日本の態度や主張は一貫したものではなく、「被爆国」と「同盟国」という二つの立場が交錯し、時期やアクターによってその内容が異なっていたことを論じた上で、そのインプリケーションに迫る。

こうした本稿の取り組みは、研究史上の空白を埋めるだけでなく、ＳＡＬＴⅠからＳＡＬＴⅡ、さらには中距離核戦力（Intermediate-range Nuclear Forces: INF）交渉という米ソ核軍備管理・軍縮交渉をめぐる日本外交を包括的に検討することを可能とする。さらに、核抑止と核軍縮との間で整合性を図ることを迫られる日本外交の構図は今日まで続いていることから、本稿は現在の核兵器をめぐる日米関係を理解する上でも有用であろう。

一　ＳＡＬＴⅠからＳＡＬＴⅡへ

(1)　ＳＡＬＴⅠ協定に対する評価と新たな日米協議

一九七二年五月二六日、米国とソ連によってＳＡＬＴⅠ協定が締結された[6]。これは米ソ二国間で結ばれた最初の核軍備管理協定であり、質的制限が含まれていない等の課題は残ったものの、その後の進展に対する期待も込めて他国からも概ね高く評価された(7)。日本政府も、竹下登官房長官や福田赳夫外務大臣が「被爆国」としての立場から肯定的な評価を示していた(8)。他方、佐藤栄作首相は、ＳＡＬＴⅠ協定締結に至るまで一貫して「同盟国」としての立場を強調していた。米国政府高官との会談の際には、日本が米国の「核の傘」に依存していることを指摘した上で、その信頼性を向上させるために十分な核運搬手段を維持することを要望していた(9)。佐藤がＳＡＬＴⅠ協定をどのように評価していたのかは定かではない。しかし、彼は政権の座から降りた後にもジョンソン（U. Alexis Johnson）国務次官と面会し、日米安保体制の観点からＳＡＬＴの説明を日本が受ける意義を説き、「同盟国」としての立場からジョンソンの来日を希望していたのであった(10)。

佐藤と同様の観点からＳＡＬＴⅠ協定締結を好意的に見ていなかったのは外務省である。彼らは同協定の締結によって、米国の「核の傘」への信頼性が低下するのではないかと憂慮していた。特に外務省は、弾道弾迎撃ミサイル（Anti-Ballistic Missile: ABM）制限条約が締結されたことによって、中国の核に対する脆弱性が増す結果となったと考えており、同条約は米国自らの防衛を困難にし、同盟国の米国に対する信頼を損なうことになるのではないかとの危惧感を米国に表明していた(11)。この時期の外務省の主張は、まさに「同盟国」としての立場からなされたものであった(12)。

こうした状況に対応するために、日米両国はソ連に関する日米協議および戦略問題に関する日米協議という二つの新たな日米協議を設置した。前者は、米ソのモスクワ・サミットに対する日本の懸念を払拭することを目的として設置された(13)。その後も同協議は、外務省の要請に応える形で一年に一、二回のペースで開催された(14)。後者は、戦略バランスやＳＡＬＴが及ぼす影響等、戦略問題を扱う定期的な非公式協議である。米国の主なねらいは、自身が日本の安全を真剣に考え、欧州の同盟国と同様の扱いをしているという姿勢を日本に示すことにあった(15)。外務省も非公式ゆえの率直な意見交換を期待していた(16)。七二年七月、牛場信彦駐米大使とジョンソンの間でこの定期協議を設置することが合意され、ＳＡＬＴ等の案件を一方的ブリーフィングではなく、日米間の協議の形に改めていくことが決定された(17)。さらに、日本国内では外務省と防衛庁の協議も新設され、戦略問題に関する日米協議の準備の一環として核戦略問題や軍縮問題が検討・研究されることになっていた(18)。

こうして、ＳＡＬＴⅠ協定締結後、ＳＡＬＴⅡにまつわる問題を協議する素地が日米の間に整ったのであった。

(2)　ＳＡＬＴⅡに対する日本の基本的態度

外務省は、七月にジョンソン、八月にキッシンジャー（Henry A. Kissinger）国家安全保障問題担当大統領補佐官、九月にスミス（Gerald C. Smith）軍備管理軍縮局（Arms Control and Disarmament Agency: ACDA）長官から、ＳＡＬＴⅡに対する自国の要望を尋ねられていた。しかし、協議は設置された一方で、外務省は自国の立場を示せずにいた。ＳＡＬＴにまつわるレーダーや弾頭といった技術的な問題への知識や理解が欠如していたからである。こうした状況に、村田良平在米日本国大使館（以下、在米大使館）参事官は苦言を呈していた。彼は、そもそも「ＳＡＬＴをやってくれた方が本当に日本のためによいのか」といった点から検討し、ＳＡＬＴに対する日本の立場を表明する必要性を説いていた[19]。また、彼は戦略問題に関する日米協議を軍縮室が中心となってフォローすることは本末転倒であるといい、戦略が根本で軍縮はそれに連なるものであるという米国の考えを鑑みると、アメリカ局が担うべきであると深田宏北米第一課長に主張していた[20]。そもそも、こうした政治・軍事問題に外務省全体として取り組むべきであるとの意向を持っていた村田が、牛場と考えを共有しながら積極的に戦略協議の設置に邁進したのであり[21]、これらの取り組みは彼らの熱意に依存していたともいえる。

ＳＡＬＴⅡが始まる一一月に入り、ようやく在米大使館がＳＡＬＴⅡに対する基本的な考え、態度を米国に示した。一一月一〇日に開催された戦略問題に関する日米協議において、①日本は今後も米国の核抑止力に依存し続けることから、十分効果的な抑止体制の維持を望む、②核超大国とは異なった見地からの考慮を望む、③前方基地システム（Forward-Based Systems: FBS）、戦略爆撃機、中距離弾道ミサイル（Intermediate-Range Ballistic Missile: IRBM）、準中距離弾道ミサイル（Medium-Range Ballistic Missile: MRBM）については特別な考慮を望むという三つの要望が示されていた[22]。

①の抑止体制については、対ソ連だけではなく対中国という観点からも維持してほしい旨強調した。ソ連に対して効果的な第二撃能力を維持するだけでなく、中国に対しては長期間にわたって第一撃能力を維持する必要性を説いている。外務省は、中国の核戦力が自国の安全保障にさらなる悪影響を及ぼすことになると考えていた[23]。さらに、どのような形であれ戦略核戦力のバランスが米国優位で維持されることが同盟国の安全を維持するにあたっても重要であるため、効果的な抑止体制を維持してほしい旨を米国に希望したのであった。

②が指すもの、それは「同盟諸国における非対称的な心理的かつ政治的な影響を考慮すること」であった。言い換えれば、ＳＡＬＴⅠ協定の内容が同盟諸国には分かりづらく、軍事的には問題がなくとも心理的・政治的に影響を及ぼすというのである。同協定で米国は、複数個別誘導弾頭（Multiple Independently-targetable Reentry Vehicle: MIRV）化という質的優位を背景に、ソ連の戦略兵器保有上限数の優位を認めていた。しかし、日本の世論はＳＡＬＴⅠ協定で米国が劣勢状態を受け入れたと信じており、ＳＡＬＴⅡにおいても同様のことが起こるのではないかと疑念を抱いている様子が、協議に先立って米国に伝えられていた。日本人には、米国が質的に優位であることは伝わりにくい。そのため、在米大使館は目に見える優位性を希望したのであった。

③について在米大使館は、主に核戦力以外の通常戦力にまで影響が出ることを懸念していた。当時、ＦＢＳが何を指すのか明確ではなかったが、外務省内では在日米軍基地や第七艦隊が該当する可能

性があると考えられていた。これらは日本の安全保障にとって不可欠な通常戦力を構成するものであり、ソ連との交渉において取引されることを在米大使館は望んでいなかった。戦略爆撃機も同様であった。その上で、在米大使館は極東にあるソ連のIR／MRBMが制限されることを希望した。しかし、これがFBSやセントラル・システムと引き換えに行われることは望んでいなかった。あくまでも極東配備されたソ連のIR／MRBMは中国に対するものであり、中国の核攻撃を抑止しているものだと外務省は理解していた。したがって在米大使館は、より自国の安全保障にとって重要なFBSや戦略爆撃機を含めたセントラル・システムの維持を優先したのであった。

以上のように、SALTⅡ開始前に在米大使館が米国に表明した基本的な態度は、自国の安全保障に不利益が生じないよう要請するものであり、米国が提供する抑止力の信頼性が低下しないことを求めるものであった。しかもそれは、核抑止だけではなく通常戦力による抑止をも含むものであった。まさに「同盟国」としての立場である。その際、軍事的な影響だけでなく心理的な影響をも重視しており、特に「目に見える優位」の重要性を強調していた。確かに、上記三点に続いて核実験全面禁止等の問題が取り上げられているが、「被爆国」としての立場が前面に示されることはなかった。さらに、軍縮室も「わが国の安全保障から見て、米国の核抑止力の信頼性がSALTによって損なわれることがあってはならない（……日米協議が必要）」と同様の主張を外務省内で行なっていた。[24] 以上より、SALTⅡに対する基本態度は、この当時外務省内で一定のコンセンサスがあったといえよう。SALTⅡが始まるにあたり、外務省は「被爆国」としての立場よりも「同盟国」としての立場を強調するかたちで、自国の態度を米国に表明したのであった。

二　主張の変容とSALTの国内問題化

(1) SALT基本原則・核戦争防止協定、ウラジオストク合意への反応

七二年一一月、SALTⅡが始まった。しかし、当初から米ソ双方の意見は折り合わず、早速交渉は暗礁に乗り上げた。[25] これを打開しようとキッシンジャーは七三年五月に訪ソし、米ソ首脳会談を六月にワシントンで行う約束を取り付けた。彼はそこで具体的な成果を挙げることを望んでいた。[26] 実際に同月に開催された米ソ首脳会談では、SALT基本原則ならびに核戦争防止協定が調印された。[27] これに対し、日本も自国の立場を米国に表明することとなる。

協定が調印された翌日、外務省はSALT基本原則に対するコメントを米国に文書で示した。そこでは、同基本原則の合意が高く評価され、SALTⅠのブレイクスルーとなった七一年五月の米ソ共同声明に匹敵するものであると位置づけられていた。その上で、特に着目されるべき点として、①恒久条約の実現に時間的制限を設けた点、②質的改善の規制および攻撃兵器の削減の可能性を打ち出し、「実質的な核軍縮」への足掛かりを残した点、③「適切な検証手段の確保が強調された」点を挙げている。いずれも「被爆国」とし

ての立場からの評価であった(28)。一方、「同盟国」の立場からは、「SALT合意は米ソ平等な安全保障上の利益に基づくべきものとされているが、これはわが国を始めとする同盟国の安全保障にも大きく資するものと期待したい」と願望を示したのみにすぎなかった(29)。

核戦争防止協定に対しては、牛場が離任に際した挨拶の中で米国にコメントを残している。牛場は、上記のSALT基本原則に対するコメントとは異なる見解を示した。彼は言う。今回の「核協定は、我々への抑止力の効用を弱め、脆弱にするものではないか(30)」と。これはSALTI協定締結後に表明されていた外務省の懸念そのものであり、「同盟国」としての立場からのコメントであった。

さらに上記協定は、八月一日に発表された日米首脳共同声明でも触れられた。田中角栄首相とニクソン（Richard M. Nixon）大統領は、SALT基本原則および核戦争防止協定の合意を米ソ関係の「前進」であると位置づけ、「満足の意」を表明した(31)。しかし日米首脳会談において田中は、ニクソンが安全保障の観点から同盟国に対して悪影響が及ばないよう取り組んだと説明しているのを聞いているだけであった(32)。彼は、「日本は核を持たない」と述べるに留まり、当時の田中が核兵器の問題に関心を寄せている様子は見て取れなかった。

七三年八月、米国は、ソ連がMIRVの実験に成功したことを明らかにした。これはMIRV化の優位を背景に交渉に臨んでいた米国にとって極めてショッキングな出来事であり、SALTI協定で米国が不平等総数を認めた根拠が崩れ去った瞬間であった(33)。これを受けて、戦略問題に関する日米協議が開催された。本協議では、ソ連のMIRV開発がSALTⅡにどのような影響を与えると考えられるのか日本側が尋ね、米側が回答している(34)。現状と今後の見通しにつき説明を受けた在米大使館だが、それに対して米国に特段何か主張をすることはなかった。そして、これが戦略問題に関する日米協議においてSALTⅡが取り扱われた最後の回となった(35)。以降、在米大使館は変わらずSALTⅡに関するブリーフィングを受けるものの、これまでのように自国の主張や態度を米国に表明することはなくなってゆく。

このことはSALTを扱う日米協議のチャンネルが変わった、もしくはなくなった可能性を示唆している。実際にこの時期、戦略問題に関する日米協議の新設に尽力したメンバーが異動になっている。七月に牛場は帰任し、安川壮が駐米大使に着任した。村田も七四年三月には中近東アフリカ局中近東課長となり、米国を離れた。米国側も、七三年二月にはジョンソンがSALT米国主席代表に任命されている。

この点に関しては、個人要因ではなく、SALTにおいて日本の立場に関係する動きがなかったからではないかとも考えられよう。しかし、SALTⅡ開始前に外務省が米国に主張した「同盟国」としての懸念は、この時期のSALTにおいて未だ払拭されておらず、むしろソ連はFBSに関して頑なな姿勢を貫いていた(36)。立場を表明した頃と状況はさして変わっておらず、SALTの進展度合いが外務省の主張や態度の表明を不要にしたと考えることは難しい。

以上を鑑みると、七二年から七三年にかけての在米大使館、アメリカ局のSALTⅡに対する積極的な関与は、牛場、村田といった属人的要因が強く作用していたと考えられる。

さて、この時期のSALTは再度行き詰まっていた。七四年六月に再度米ソ首脳会談を開催するも、成果は挙がらなかった。八月にはニクソンが辞任し、副大統領であったフォード（Gerald R. Ford）が大統領へと昇格した。彼はSALTⅡに関して、選挙の関係からも七五年中に決着がつく目処が立てば良いと考えていた[37]。一一月、フォードとブレジネフ（Leonid Il'ich Brezhnev）書記長がウラジオストクにおいて会談した際、ウラジオストク合意が成立した。この合意では、SALTⅡが恒久的協定ではなく暫定的協定として軌道修正され、合意された一定の総量の戦略的運搬手段を保有する権利が認められた。さらには、SALTⅢを予定していることも表明された[38]。本合意は、米国が重ミサイルの言及を避け、戦略爆撃機を含めることとなった一方、ソ連がFBSを撤回するという双方の妥協の上で成り立っていた[39]。

一二月五日、軍縮室は文書を作成し、ウラジオストク合意の評価できる点と問題点の双方を示した。それらは「被爆国」としての立場に基づく主張であった。評価できる点として、SALTⅡ協定締結のためのガイドラインが確立され、質的規制の面でもひとつの歯止めが設けられたこと、SALTⅢへの足がかりができたことが挙げられていた。一方で問題点としては、実質的な質の制限が期待できないこと、規制対象には抜け穴があること等が挙げられていた[40]。

もちろん「同盟国」としての立場からの言及が全くなかったわけではない。FBSの規制がSALTⅡ協定の対象外となったことを歓迎している。また、同立場から問題点も挙げてはいるものの、米国も自国の「爆撃機を含めたtotal payload」を考慮し、優位な立場にあると軍縮室は判断していた[41]。とはいえ、この時期の主張において、安全保障の観点は総じて弱かったのである。

このように七三年中葉以降は、在米大使館が国務省やACDAから定期的にブリーフィングを受け、軍縮室が「被爆国」としての立場から米国に文書を通して期待を示すに留まるようになっていた。SALTⅡ開始前後とは異なる状況が生まれていたのである。その一方、日本国内ではこれまでとは異なる形でSALTが取り上げられるようになっていた。NPT批准問題とのリンケージである。

(2) NPTとの関連

日本はNPTを七〇年二月に署名し、七六年六月に批准を行った。この期間の批准をめぐる問題については多くの先行研究が存在し、非核政策と米国の核抑止力への依存、独自核保有の可能性といった問題を軸に据えた国内政治過程が描かれてきた[42]。そこで指摘されることはなかったが、NPT批准問題にはSALTも関連づけられていた。国内問題化していたNPT批准問題を解決するための手段として、SALTは位置づけられていたのである。

三木武夫首相は、米ソ両国に対して核軍縮を進めるように日本はこれまでも訴えてきたが、その訴えには国際的な迫力が欠けていると指摘した。彼は、非核三原則とは言っているものの、NPTの批准は躊躇するといった日本の姿勢にその理由を求めていた(43)。実際に国連軍縮委員会等において日本は、米ソ両国に対して「希望」や「期待」、「願い」を表明しているにすぎず、これに迫力があったとは言い難い(44)。宮澤喜一外務大臣も、日本がどれだけ核兵器全面廃棄を叫んだところで外国に対して実行させる力がないため、現実的な手段を考えるとNPTを批准すること、そして「米ソのSALT交渉が進展することについてわれわれの主張をすること」が必要であると考えていた(45)。両者に共通しているのは、日本が核軍縮に対する影響力を従来以上に発揮するためにも、NPTの批准が必要であるという論理であった。

その一方で、NPTを批准するためにSALTの成果を強調する必要があるという考えも存在していた。これは、実際にNPTが核軍縮促進に対して有用に働いているのか、核保有国と非核保有国を区別するための不平等条約ではないかという懸念への対応であった。こうした議論は、七四年一〇月のラロック（Gene R. Larocque）退役海軍少将による核の持ち込みに関する証言を受けて一層強まっていた。当時の首相であった田中は、これまであまり核問題に関心を寄せてこなかったにもかかわらず、日米首脳会談において初めて自ら核兵器の話題を持ち出した。それは、ラロック証言を受け、核兵器をめぐる問題が政治問題化したからであった(46)。

実際にラロック証言をめぐり、国会は紛糾していた。同証言をきっかけに、反核感情が高まったのである。こうした感情は日本国内においても高まっており、SALTに関する議論もこの影響を受けていた。国会では、日本はこれまで米ソの核軍縮に対する取り組みを評価してきたが、SALTの現状を見ても分かるとおり核軍縮は全く進んでいない現実がある。こうした問題に対して、この程度の米ソの努力でよいのか疑問に持たざるを得ず、これからNPT批准を考えている日本にとって、さらなる努力を「批准の条件」としてぶつけていくべきではないかという主張さえ出てきていた(47)。

当時の軍縮室長であった数原孝憲は、こうした懸念に対応するためにジョンソンSALT米国主席代表の来日を要請した。やはりそこには、「NPTは不平等条約だという国内の批判に対応して、軍縮への取り組みがいかに進んでいるかを示してもらおうという狙い」があったという(48)。ジョンソン自身も日本への詳細な情報提供をすべきと考えており、七五年六月、東郷文彦外務事務次官にこの旨を伝えていた(49)。その後ジュネーブの西堀正弘大使から、東京も訪問を歓迎しているとの電話を受け、国務省や在京米国大使館の許可を取り付けた上で来日し、SALTの進展につき詳細に説明を行った(50)。これを受けて数原は、「自民党の中で随分説明しました。不平等性をどうやって解消するのだという批判を受けて、核軍縮がここまで進んでいます、SALT交渉が随分進んでいるのです、という説明をした」と回顧している(51)。

このように、日本ではNPTが国内問題化しており、SALTはそれを解決するための手段として位置づけられていた。軍縮室がSALTの成果を強調することで、NPT批准という目標を達成しようとしていたのである。この過程では、「同盟国」としての立場に基づく話はほとんど登場しない。この時期のＳＡＬＴは日本にとって安全保障問題というよりも核軍縮問題であった。まさに「被爆国」としての立場である。

三　ＳＡＬＴⅡ協定締結とＳＡＬＴⅢへ向けた日本のスタンス

ウラジオストク合意以降、ＳＡＬＴは再度停滞していた[52]。結局、巡航ミサイルとソ連の中距離爆撃機であるバックファイアの問題が尾を引き、結局フォード政権期でＳＡＬＴが結実することはなかった。七七年一月には、カーター（Jimmy E. Carter）政権が誕生した。彼は核軍縮を進めていくことに対して強い意欲を有しており、巡航ミサイルとバックファイアを除外してまでもＳＡＬＴⅡ協定の合意にこぎつける姿勢を示した[53]。しかし、その強い熱意とは裏腹に、政権発足から三月に至るまで全くの進展はなかった。

この時期、外務省はＳＡＬＴⅡの進捗状況に関する意見をまとめている。内容は、①ＳＡＬＴⅠ協定が失効する一〇月三日以前に新協定が締結されなかったことを残念に思う、②両国は核大国たる責任を十分自覚し、速やかにＳＡＬＴⅡ協定を締結するよう希望するという、「被爆国」としての立場から二点であった[54]。国会においても、当時国連局科学課長であった太田博が、同様の見解を示していた[55]。

一方、太田はＳＡＬＴが進展しない理由についても言及した。彼は、米ソ両国の戦略の中心を占めているのが核兵器であり、そこへの信頼関係を両国間で打ち立てるのはなかなか困難であると、交渉の停滞に対し一定の理解を示した。その上で、米ソ間の交渉はお互いに誤解を生まないように進捗してきたわけであり、少しずつの前進しか見られないのは仕方がないことではないかとの見方を国会答弁の中で表明したのであった[56]。

七八年に入ると、事務レベルだけではなくトップレベルの会談が精力的になされ、ＳＡＬＴは少しずつ協定締結へ向けて進み出した[57]。そして七九年五月九日、ヴァンス（Cyrus R. Vance）国務長官は、米ソ両国がＳＡＬＴⅡ協定の基本合意に達したことを発表し[58]、六月一八日、ウィーンにて同協定は調印される運びとなった[59]。

調印を受けて、園田直外務大臣が談話を発表した。彼は、ＳＡＬＴⅡ協定の締結は核軍縮を、ひいては米ソ関係の安定化を通して世界の平和を促進するものと評価し、併せてＳＡＬＴⅢへの期待も示していた[60]。その一方で、外務省はＳＡＬＴⅠ協定締結後と同様に、必ずしもこの状況を好意的に捉えてはいなかった。ソ連が配備し始めていたものの、ＳＡＬＴⅡ協定の規制対象とはなっていないＳＳ—20の存在がその理由であった。協定締結後、日本政府は「被爆国」としての立場から協定妥結を歓迎しながらも、外務省は「同盟国」としての立場から懸念を抱いていたのである。

ＳＡＬＴⅡ基本合意が発表された直後、外務省は「ＳＡＬＴⅡに関する日本の関心事項」の一つとして、ＳＡＬＴの対象外となっていた戦略兵器か戦術兵器かを明確に定義し難いグレーゾーン兵器の存在を挙げた。特にＳＳ—20およびバックファイアに言及し、これらについて「大きな関心を有している」ことを米国に伝えた[61]。これまで「被爆国」としての立場を強調してきた軍縮課[62]でさえも、極東配備が伝えられるSS―20等の戦域核兵器は、「看過し得ない存在」であると指摘している[63]。さらに、在米大使館の田中伸明は、国務省との協議に際して米国への不安と警戒感を漏らした。彼は、ソ連がSS―20やバックファイアを日本に対して自由に展開できる状態のまま、米国がSALTからこれらを除外する可能性を含んでいるために、「日本は特にSALTプロセスについて多大なる関心を有している」ことを米国に示したのである[64]。調査部企画課長となっていた太田も、在京米国大使館職員に対し、SALTⅡ協定の主たる要素を再検討する機会が欲しいという要望を伝えた。それは、アジア地域への影響という観点を含める必要から生じたものであり、「SALTⅢのプロセスを我々が想像できるよう」にするためにも必要であるという考えに基づいていた[65]。一一月に開催された第二五回日米政策企画協議では、「SALTⅡの締結に際し、日本政府としては公的に歓迎する旨の声明を発出したが、国内的には色々意見が分かれている」という率直な日本の反応が、米国に示された。その上で、つづくSALTⅢはSALTⅡと比べて「地域的意味合いを持ってくるので、日本としても実際的利害関心が大きくなる」という考えを表し、SALTに対する日米の密接な連携の必要性を訴えたのであった[66]。

このように、SALTに対する外務省の主張は、協定締結前後になると再び表出してきた。それは「同盟国」としての立場からの主張であり、特にSALTⅡの制限対象外となったSS―20等の戦域核兵器の存在がその理由であった。この当時、福田首相がSS―20について西ドイツのシュミット（Helmut Schmidt）首相に問われた際、「これは主として西欧に向けて配置されているものであり、日本としてはさほど脅威を感じていない」と回答し、「それは大きな間違いである」と指摘されたように、日本の政治指導者レベルではこの問題に対する脅威認識は希薄であった[67]。SS―20をめぐる日本外交は八〇年代に本格化し、日本がINF交渉に影響を及ぼしたことは広く知られている[68]。実質的な対応は、日本で中曽根康弘政権、米国でレーガン（Ronald W. Reagan）政権が発足した後に行われた。その一方、外交当局者レベルでは、SALTⅡ協定締結に至る時期からこの問題を認識し、懸念を米国に対して積極的に主張し始めていたのである。INF交渉に対する日本外交の土壌は、すでにこの時期に築かれ始めていたといえよう。

おわりに

本稿では、主として日米協議や対日ブリーフィングの機会に着目し、SALTⅠ協定締結からSALTⅡ協定締結に至る日本の主張や態度を明らかにしてきた。当該期の日本の立場や主張、態度は一貫したものではなかった。核兵器に対する日本の二つの立場、すなわち「被爆国」としての立場と「同盟国」としての立場が交錯し、時期やアクターによって主張内容が異なっていたのである。

SALTⅠ協定締結後から七三年にかけては、主に戦略問題に関する日米協議において自国の主張や態度を示していた。そこでは、米国が提供する抑止力の信頼性が低下しないように「同盟国」としての立場から米国に主張していた。しかし、こうした主張は個人要因が大きかったと考えられる。協議新設に尽力した牛場、村田、ジョンソンが異動になると、日本の安全保障上の懸念は払拭されていないにもかかわらず、ＳＡＬＴⅡが協議のテーマに挙がることはなくなってしまったのである。

七三年中葉以降は、協議チャンネルの変更もしくは消失した可能性があり、ＳＡＬＴⅡ開始前後と異なる状況が生まれていた。在米大使館が定期的にブリーフィングを受け、軍縮室が折に触れて「被爆国」としての立場から期待を示すに留まるようになっていた。

一方その頃、日本で国内問題化していたＮＰＴ批准問題を解決するための手段として、ＳＡＬＴは位置づけられていた。ＮＰＴを批准するためにＳＡＬＴの成果を強調する必要があったのであり、軍縮室は奔走した。ラロック証言の余波を受け、「被爆国」としての立場からの主張が強まっていたことも、その背景にあった。

ＳＡＬＴⅡ協定締結前後になると、外務省は再び「同盟国」としての立場から米国に懸念を表明し始めた。特にＳＡＬＴⅡ協定の制限対象外となったＳＳ―20等の戦域核兵器の存在がその理由であった。政治指導者レベルでの脅威認識は希薄であったものの、外交当局者レベルでは、のちに展開されるＩＮＦをめぐる日本外交の伏線がすでに引かれていたのである。

以上を踏まえると、ＳＡＬＴⅡに対する日本の姿勢につき、以下の二点が指摘できよう。第一に、ＳＡＬＴⅠの経験を踏まえ、ＳＡＬＴⅡに関して米国とより緊密な関係を築こうとしたものの、それは長く続かなかったという点である。ＳＡＬＴに影響を与えようという意識や意図があった点でＳＡＬＴⅠ期とは異なっていた。しかし問題は、その姿勢が組織に根付かず、属人的なものに留まってしまったことであった。

第二に、存在感の薄い「被爆国」であった点である。しかし、これは言い換えると、ＳＡＬＴをめぐる日本外交は、「多面的」と評される日本の核政策[69]が表出した事例であると言えまいか。核兵器をめぐる日本の二つの立場が交錯するのは、いつも同じ場所ではなかった。「同盟国」日本にとって、米国の核抑止力の信頼性が低下することがあってはならず、ＳＡＬＴⅡにおいてもその点に懸念が生じると外務省は米国に主張をしてきた。その一方、「被爆国」日本はＳＡＬＴの現状追認を行いながら核軍縮を推進するよう米国に希望を伝え、ＳＡＬＴを梃子にＮＰＴを批准するという姿を見せている。こうした姿は核抑止依存と核軍縮外交のジレンマであり矛盾していると評されることも多いが[70]、安全保障政策の中の核抑止依存と核軍備管理の推進という関係に位置づければ、決して矛盾するものではなかろう。

以上のような本稿の結論を踏まえると、そのインプリケーションとして、ＳＡＬＴをめぐる日本外交は、今日外務省が表している核抑止と核軍縮の整合性を示す事例として位置づけることも可能であろう[71]。確かに外務省は、核抑止と核軍縮の両立の困難さを五〇年代後半の核実験問題への対応の際にすでに認識していた[72]。しかし、日本が米国の核抑止力に依存するということを公に表明したのは六八年の一月であり、それ以降、より実体として二つの立場の整合性を取る必要にかられたと考えられる。その意味でSALTをめぐる日本外交は、「反核」ではなく「非核」を選択した日本[73]の現実的立場であったと評価することもできるのかもしれない。しかしそれは同時に、核兵器をめぐって二つの立場を共存させる日本外交の限界でもあったのかもしれない。これらがどれほど能動的、意図的なものであったのか、それとも偶然の産物であったのかは分からない。この点に関しては、今後改めて検討を加えたい。

（1）本稿では、交渉およびその一連の過程の略語として「SALT」を用い、協定を指す場合は「SALTⅠ協定」のように示す。

（2）SALTは冷戦史研究の文脈で多く扱われてきた。その証左として、冷戦史の主要なテキストにおいてもSALTが触れられないことはない。ロバート・マクマン（青野利彦監訳／平井和也訳）『冷戦史』勁草書房、二〇一八年、第七章；O・A・ウェスタッド（益田実監訳／山本健、小川浩之訳）『冷戦：ワールド・ヒストリー　下』岩波書店、二〇二〇年、第一五章、第一八章；J・L・ガディス（河合秀和、鈴木健人訳）『冷戦：その歴史と問題点』彩流社、二〇〇七年、第六章など。

（3）黒崎輝『核兵器と日米関係：アメリカの核不拡散外交と日本の選択一九六〇―一九七六』有志舎、二〇〇六年、第四章。

（4）吉田真吾『日米同盟の制度化：発展と深化の歴史過程』名古屋大学出版会、二〇一二年、第四章。

（5）デタント維持を訴え、中ソ等距離外交を継続しようとした文脈から、大平正芳首相と外務省はSALTⅡ早期妥結を望んでいたと指摘する研究も存在する。しかし、同研究も本稿の主意に着目しているわけではない。山本章子「デタント崩壊とインドシナをめぐる日米関係」『国際政治』第一九二号、二〇一八年三月。

（6）SALTⅠ協定の詳細は、U. S. Department of State (hereafter DoS), *The Department of State Bulletin*, vol. LXVI, no. 1722, August 1972, pp. 918-921.

（7）『朝日新聞』一九七二年五月二七日付夕刊。

（8）『朝日新聞』一九七二年五月二七日付朝刊；第六八回国会参議院外務委員会第一二号、一九七二年五月三〇日、国会会議録検索システム <https://kokkai.ndl.go.jp/>（ウェブページは二〇二二年二月二二日最終アクセス、以下同じ）。

（9）第六三回国会衆議院予算委員会第三号、一九七〇年二月一八日：Embtel 6718, Tokyo to Secretary of State (hereafter SoS), "SecDef Visit to Japan: Meeting with PrimeMin," July 11, 1971, Digital National Security Archive, Japan and the U.S., 1960-1976, JU01400 (hereafter DNSA, JU01400)：「総理と大統領との第二回会談要旨」（一九七二年一月七日）和田純編『オンライン版楠田實資料（佐藤栄作官邸文書）』丸善雄松堂、二〇一六年、J-11-32（以下、『楠田資料』J-11-32）：Memorandum for the President's File, "Meeting with Eisaku Sato, Japanese Prime Minister, on Friday, January 7, 1972 at 9:30 a.m. in San Clemente," January 7, 1972, *Foreign Relations of the United States*, 1969-1976 (hereafter *FRUS*), vol. XIX, no. 112.

（10）在米大使館「佐藤総理とジョンソン国務次官との懇談要旨」（一九七二年一月一九日）『楠田資料』J-12-32。

（11）調査部企画課「第一五回日米政策企画協議報告（一九七二年六月一四日～十六日於下田東急ホテル）」（一九七二年六月三十日）戦後外交記録「日米政策企画協議」二〇一二―二八七八、外務省外交史料館（以下、外史）。

（12）詳細は、石本凌也「米ソ核軍備管理交渉と日本：ニクソン政権期におけるＳＡＬＴⅠを中心に」『同志社法学』第七二巻第五号、二〇二〇年一一月、一五六—一六二二頁：吉田、前掲書、二二二—二二三頁。

（13）外務大臣発在米牛場大使宛第一二〇九号「ソ連に関する日米事務レベル協議」（一九七二年五月二九日発）戦後外交記録「ソ連に関する日米協議」二〇一九—一五五〇、外史：Memo for Henry A. Kissinger, the white house, "Consultation with Japanese after Moscow Summit," May 2, 1972, 石井修、我部政明、宮里政玄監修『アメリカ合衆国対日政策文書集成　第一八期　日米外交防衛問題一九七二年・日本　政治・外交編』第七巻（以下、『集成一八』七）、柏書房、二〇〇六年、一八〇頁。

（14）Air Telegram 637, Tokyo to DoS "First U.S.-Japanese Consultations on the USSR," July 22, 1972, 同上、二七三—二八六頁：在米日本国大使館「外務省・国務省間事務レベル定期協議について」（一九七四年二月）戦後外交記録「日米関係」二〇一八—〇五九八、外史。

（15）Action Memo, Spiers, Green to Johnson, "Consultation with Japan on the Strategic Balance and Arms Control [Attachments Not Included]," DNSA, JU01549.

（16）無題（一九七二年九月二八日）戦後外交記録「日米関係」二〇一六—二一七四、外史。

（17）Deptel 129473, DoS to Tokyo, "Consultations with Japan on Strategic Issues," July 18, 1972, 石井、我部、宮里監修『集成一八』一〇、一五六—一五七頁：外務省アメリカ局北米第一課「戦略問題に関する日米協議（従来の協議の経緯）」（一九七三年一一月二八日）戦後外交記録「日米関係」二〇一六—二一七四、外史。

（18）この協議で具体的にどのようなことが協議され、研究されたかを示す史料は見つかっていない。軍縮室「軍縮問題等に関する防衛庁との協議要領（案）」（一九七二年八月一五日）戦後外交記録「米ソ戦略兵器制限交渉（ＳＡＬＴⅠ）」二〇一五—二一〇二、外史。

（19）無題。

（20）同上。

（21）"Consultation with Japan on the Strategic Balance and Arms Control [Attachments Not Included]."：村田良平『村田良平回想録 上巻：戦いに敗れし国に仕えて』ミネルヴァ書房、二〇〇八年、二二五—二二六頁。

（22）Memo, Christopher to Johnson, "Items to be Raised by the Japanese at the November 10 Meeting with Ambassador Johnson," November 7, 1972, Box 32, Records of U. Alexis Johnson, 1932-1977, RG 59, National Archives II, Maryland (hereafter NARA II); Memo, Christopher to Johnson, "Items to be Raised by the Japanese at the November 10 Meeting with Ambassador Johnson," November 9, 1972, Box 32, Records of U. Alexis Johnson, 1932-1977, RG59, NARA II; アメリカ局北米第一課「戦略問題に関する日米協議（従来の協議の経緯）」：Memcon, "Japanese Views on SALT," November 10, 1972, DNSA, JU01668; Memcon, "SALT TWO," November 10, 1972, DNSA, JA00055; アメリカ局長 "Outlines of SALT Negotiations," 日付不明、外務省開示文書二〇一九—〇〇四〇二。

（23）中国の核兵器に対する日本の懸念はＳＡＬＴⅠ開始以前から米国に示されていた。詳細は、石本、前掲論文。

（24）軍縮室「ＳＡＬＴ（米ソ間の戦略兵器制限交渉）」（一九七三年三月二日）戦後外交記録「米ソ戦略兵器制限交渉（ＳＡＬＴ２）」二〇一五—二一〇三、外史。

（25）その間にＳＡＬＴ米国主席代表兼ＡＣＤＡ長官であったスミスが退任し、前者にはジョンソンが、後者にはイクレ（Fred C. Iklé）

が就任した。

(26) Memcon, "Nuclear Agreement; SALT," May 5, 1973, *FRUS*, vol. XV, no. 104.

(27) 協定の内容は、DoS, *The Department of State Bulletin*, vol. LXIX, no. 1778, July 1973, pp. 158, 160-161.

(28) 本文書の作成者は不明であるが、核軍縮について多く言及している点などから軍縮室による作成であると考えられる。

(29) 外務省「ＳＡＬＴ基本原則に対するわが方のコメント」（一九七三年六月二二日）戦後外交記録「米ソ戦略兵器制限交渉（ＳＡＬＴ２）」二〇一五—二一〇三、外史。

(30) Deptel 126707, "Ambassador Uchiba's Farewell Call on SecState," June 28, 1973, Electronic Telegram, 1/1/1973-12/31/1973, Central Foreign Policy Files (hereafter CFPF), RG 59, Access to Archival Databases (hereafter AAD) <https://aad.archives.gov>.

(31) 「田中総理大臣とリチャード・ニクソン大統領との間の共同声明」（一九七三年八月一日）データベース「世界と日本」<https://worldjpn.grips.ac.jp/documents/texts/JPUS/19730801.D1J.html>。

(32) Memcon, "(1) Exchange of Visits; (2) U.S.-Japan Trade; (3) Nuclear Capabilities; (4) Educational Exchange; (5) USSR and PRC; (6) U.S.-USSR Summit; (7) USSR, PRC and U.S.-Japan Security Relations; (8) New Atlantic Charter; (9) Press Guidance," July 31, 1973, *FRUS*, vol. E-12, no. 179.

(33) Matthew J. Ambrose, *The Control Agenda: A History of the Strategic Arms Limitation Talks* (NY: Cornell University Press, 2018), pp. 64-65.

(34) 安川大使発外務大臣宛第三九二九号「日米戦略協議（ソ連のＭＩＲＶ開発の影響）」（一九七三年八月二九日発）戦後外交記録「米ソ戦略兵器制限交渉（ＳＡＬＴ２）」二〇一七—一〇七一、外史：アメリカ局北米第一課「戦略問題に関する日米協議（従来の協議の経緯）」。

(35) なお、同協議がいつまで続いていたのかは不明である。

(36) Memorandum from Sonnenfeldt and Aaron to Kissinger, "SALT New Soviet Proposals," October 9, 1973, *FRUS*, vol. XXXIII, no. 40; Minutes of a Verification Panel Meeting, "SALT," November 23, 1973, *FRUS*, vol. XXXIII, no. 43.

(37) Memcon, no title, August 12, 1974, *FRUS*, vol. XVI, no. 9.

(38) 具体的な合意内容は、Aide-Mémoire, no title, December 10, 1974, *FRUS*, vol. XXXIII, no. 91.

(39) David Tal, *US Strategic Arms Policy in the Cold War: Negotiations and Confrontation over SALT, 1969-1979* (NY: Routledge, 2017), pp. 176-177.

(40) 国連局軍縮室「ＳＡＬＴⅡに関する米ソの合意について」（一九七四年一二月五日）戦後外交記録「米ソ戦略兵器制限交渉（ＳＡＬＴ２）」二〇一七—一〇七一、外史。

(41) 同上。

(42) 主な研究として、黒崎、前掲書、第六章：Yoko Iwama, "The Japanese Ministry of Foreign Affairs and the decision to join the Non-Proliferation Treaty", John Baylis and Yoko Iwama eds., *Joining the Non-Proliferation Treaty: Deterrence, Non-Proliferation and the American Alliance* (NY: Routledge, 2019); 西連寺大樹「日本の核兵器不拡散条約調印・批准過程と日米安全保障条約（Ⅰ）（Ⅱ）」『政治経済史学』四四八号／四四九号、二〇〇三年一二月／二〇〇四年一月：櫻川明巧「日本の軍縮外交：非核三原則と核抑止依存とのはざま」『国際政治』第八〇号、一九八五年一〇月など。

(43) 第七五回国会衆議院本会議第一九号、一九七五年五月六日。

(44) Statement by the Japanese Representative (Nisibori) to the

Conference of the Committee on Disarmament (hereafter CCD), June 26, 1973, *Documents on Disarmament* (hereafter *DoD*) *1973*, pp. 328-333; Statement by the Japanese Representative (Nisibori) to CCD, July 11, 1974, *DoD 1974*, pp. 298-302; Statement by the Japanese Representative (Nisibori) to the First Committee of the General Assembly, October 31, 1975, *DoD* 1975, pp. 535-542.

（45）第七五回国会衆議委員外務委員会第二三号、一九七五年六月一三日。

（46）詳細は、波多野澄雄『歴史としての日米安保条約：機密外交記録が明かす「密約」の虚実』岩波書店、二〇一〇年、第七章。

（47）第七三回国会参議院外務委員会閉会後第三号、昭和四九年一〇月一八日。

（48）「核不拡散体制の成立と安全保障政策の再定義」プロジェクト編『数原孝憲オーラル・ヒストリー』政策研究大学院大学、二〇一九年、七七頁。

（49）Telegram of SALT 00252, US Delegation SALT II to SoS, “GOJ Request for SALT Briefing (SALT TWO-695),” July 28, 1975, Electronic Telegram, 1/1/1975-12/31/1975, CFPF, RG 59, AAD.

（50）*Ibid.*; Deptel 223615, SoS to Tokyo, “Ambassador Johnson's SALT Consultations,” September 19, 1975, Electronic Telegram, 1/1/1975-12/31/1975, CFPF, RG 59, AAD; Telegram of SALT 00329, US Delegation SALT II to SoS, “Ambassador Johnson's Consultation (SALT TWO-767),” September 4, 1975, Electronic Telegram, 1/1/1975-12/31/1975, CFPF, RG 59, AAD; Embtel 12469, Tokyo to SoS, “Ambassador Johnson's Consultation (SALT TWO-767),” September 5, 1975, Electronic Telegram, 1/1/1975-12/31/1975, CFPF, RG 59, AAD; Deptel 215403, SoS to US Delegation SALT II, “SALT-Consultation with Japanese,” September 10, 1975, Electronic Telegram, 1/1/1975-12/31/1975, CFPF, RG 59, AAD.

（51）「核不拡散体制の成立と安全保障政策の再定義」プロジェクト編、前掲書、七八頁。

（52）Memorandum From Sonnenfeldt and Lodal to Kissinger, “Status of SALT Negotiations,” April 24, 1975, *FRUS*, vol. XXXIII, no. 96.

（53）『朝日新聞』一九七七年二月九日付夕刊。

（54）外務省、文書名不明、日付不明、戦後外交記録「米ソ戦略兵器制限交渉（ＳＡＬＴ２）」二〇一四―五七七二、外史。

（55）第八二回国会衆議院科学技術振興対策特別委員会第四号、一九七七年一〇月二七日。

（56）同上。政治レベルにおいても同様の考えは米国に示されていた。日米首脳会談において大平はカーターに対し、「核戦略の基本にふれる本件交渉の難しさ」への理解を表している。外務省「極秘　無期限　大平総理・カーター大統領会談発言要領（国際情勢及び主要国際問題における日米協力（資料三））」（一九七九年四月）「大平正芳関係文書」資料番号一八一二、国立国会図書館憲政資料室。

（57）Ambrose, *op. cit.*, ch. 5.

（58）『朝日新聞』一九七九年五月一〇日付朝刊。

（59）協定の詳細は、“Treaty Between the United States and the Soviet Union on the Limitation of Strategic Offensive Arms,” June 18, 1979, *FRUS*, vol. XXXIII, no. 241.

（60）Embtel 10935, Tokyo to SoS, “Japanese Reaction to SALT II,” June 20, 1979, Electronic Telegram, 1/1/1979-12/31/1979, CFPF, RG 59, AAD.

（61）外務大臣発在米国大使宛第二五二四号「ＳＡＬＴⅡ」（一九七九年五月二八日発）戦後外交記録「米ソ戦略兵器制限交渉（ＳＡＬＴ２）」二〇一四―五七七四、外史。

(62) 七八年四月五日より、軍縮室から軍縮課へと変更になっている。「戦後外務省人事一覧」「データベース日本外交史」<https://sites.google.com/view/databasejdh/home?authuser=0>。

(63) 軍縮課「SALTⅡとソ連の戦域核兵器」(一九七九年六月二五日) 戦後外交記録「米ソ戦略兵器制限交渉(SALT2)」二〇一四―五七七五、外史。また、軍縮課はSALTⅡ妥結の意義につきまとめているものの、記載は安全保障の強化、核軍縮の推進の順番であった。軍縮課「SALTⅡ妥結の意義について」(一九七九年五月九日) 戦後外交記録「軍縮問題/軍備管理」二〇一四―三三一三、外史。

(64) Deptel 07226, SoS to Tokyo, "Japan and NATO," September 22, 1979, Electronic Telegram, 1/1/1979-12/31/1979, CFPF, RG 59, AAD. なお、SALTⅡ開始以前に在米大使館が米国側に示した、極東配備されたソ連のミサイルは中国向けであるという外務省の認識から、このように変化した理由については定かではない。

(65) Embtel 19311, Tokyo to SoS, "Planning Talks: Japanese Approach to Agenda Items," November 1, 1979, Electronic Telegram, 1/1/1979-12/31/1979, Central Foreign Policy Files, RG 59, AAD.

(66) 調査企画部企画課「第二五回日米政策企画協議要録」日付不明、戦後外交記録「日米政策企画協議(第二四~二八回)」二〇一四―二八六〇、外史。

(67) 欧亜局西欧第一課「福田総理主催シュミット首相歓迎晩餐会における主要話題」(一九七八年一〇月一一日) および「シュミット首相主催リターン・バンケットに於ける総理・首相間の主要話題」(一九七八年一〇月一二日) 戦後外交記録「シュミット西独首相夫妻訪日(公賓)」二〇一〇―六五二二、外史。

(68) 瀬川高央『米ソ核軍縮交渉と日本外交：INF問題と西側の結束一九八一―一九八七』北海道大学出版会、二〇一六年。

(69) 黒崎輝「『非核』日本の核軍縮・不拡散外交：被爆国の虚像と実像」波多野澄雄編『日本の外交　第二巻　外交史戦後編』岩波書店、二〇一三年、二六八頁。

(70) 上村直樹「対米同盟と非核・核軍縮政策のジレンマ：オーストラリア、ニュージーランド、日本の事例から」『国際政治』第一六三号、二〇一一年一月：Anthony DiFilippo, *Japan's Nuclear Disarmament Policy and the U.S. Security Umbrella* (NY: Palgrave Macmillan, 2006) など。

(71) 外務省は、諸国間の安定的な関係の下で核軍縮は進められるべきであるとし、「日本が核軍縮を追求することと、当面米国の核抑止に依存しつつ国の安全保障の確保という最重要の責務を果たしていくことはなんら矛盾するものではない」との見解を示している。外務省軍縮不拡散・科学部編『日本の軍縮・不拡散外交(第七版)』(二〇一六年三月) 八頁 <https://www.mofa.go.jp/mofaj/files/000145531.pdf>。

(72) 樋口敏広「核実験問題と日米関係：『教育』過程の生成と崩壊を中心に」『国際政治』第一三四号、二〇〇三年一一月。

(73) 黒崎、前掲論文、二六八頁。

〔付記〕本稿は、二〇二一年度「若手研究者による社会と文化に関する個人研究助成(鳥井フェローシップ)」による成果の一部である。

(いしもと　りょうや　同志社大学大学院)

日本国際政治学会編『国際政治』第209号「冷戦と日本外交」（二〇二三年三月）

新冷戦期における朝鮮半島問題と日本の対応
——北朝鮮の国際海事機関（IMO）加盟問題を中心に——

李　秉　哲

は じ め に

一九八三年一〇月のラングーン事件により北朝鮮が外交的に孤立するなか、一九八四年六月の国際海事機関（IMO：International Maritime Organization）[1]理事会では、北朝鮮加盟案件の審議が予定されていた。これに対して韓国は、北朝鮮をけん制するために、日本を含む友邦諸国に同案件の審議延期に賛同するよう要請した。結局、日米英などの主要理事国がそれに同調し、北朝鮮の加盟は見送られた。

一九八〇年代前半の米ソ新冷戦期において、日本政府が「西側の一員」[2]として欧米その他の友好諸国との協調を図っていたことや、日韓関係を重視する中曽根政権がラングーン事件を受けて韓国の立場に配慮して北朝鮮に制裁を科したことなどからすると、日本政府の対韓国協力は一見自然に見える。ところが、後述するように、日本政府は一九七〇年代以降、朝鮮半島情勢を安定化させる方策として、北朝鮮の国際機関への加盟を支持していた。また、当時の日本政府は、日朝漁業協定の再締結、第十八富士山丸事件といった懸案を解決し、北朝鮮との関係を改善しようとしていた。さらに、ラングーン事件勃発後、日米両国は、朝鮮半島の緊張緩和に向けて、南北対話が再開されるべきという認識を共有していた[3]。これらの事実を考慮に入れると、日本の行動は自明ではなくなる。

他方で、冷戦期における日本の対朝鮮半島外交に関するこれまでの研究は、米ソ冷戦や米中対立などの大国間の関係及び、日本とこれらの大国との関係の影響を重視する傾向が強い。特に、新冷戦期に関する先行研究の多くは、日米韓三国のリーダーである中曽根康弘、レーガン（Ronald W. Reagan）、全斗煥（チョンドゥファン）が「反共の三角協力」[4]関係を定着させ、ソ連と北朝鮮をけん制したことに注目しているが、当時の日本政府が朝鮮半島の平和と安定という長年の外交課題にいかに取り組んでいたのかが十分に分析されているとは言い難い。

加えて、一九七〇年代の日本が、朝鮮半島の緊張緩和に向けて、朝鮮問題の関係諸国間の協議・調整や南北朝鮮の国連同時加盟などを模索したことを究明した先行研究はあるものの(5)、新冷戦期における日本の対朝鮮半島外交については、日韓・日朝関係など、二国間関係に関する研究が中心となっている。したがって、冷戦終結前の日本の対朝鮮半島外交を総合的に考察するためには、新冷戦期に国際機関などで行われた多国間外交に関する研究が必要となる。

以上のような問題意識を背景に、本稿は一九八〇年代前半における北朝鮮のＩＭＯ加盟問題に着目し、国際場裏において南北朝鮮が外交競争を行うなかで日本政府が北朝鮮に対する韓国の外交攻勢に同調した理由について、日韓の外交文書を含む各種資料を用いて考察する。そして、当時の日本政府が「友邦諸国との協力」及び「朝鮮半島における緊張緩和」という二つの目標をバランス良く達成しようとしたことを示す。

一　北朝鮮のＩＭＯ加盟問題と韓国の対応

(1)　北朝鮮のＩＭＯ加盟の模索と韓国の立場

韓国政府は一九八一年六月、北朝鮮が同月一五日から一九日にかけてロンドンで開催が予定されていた政府間海事協議機関（IMCO：Inter-governmental Maritime Consultative Organization(6)、一九八二年五月からＩＭＯへ改称）の第四六回理事会を通じて同機関への加盟を果たそうとしているという情報を英国から入手した。英国と韓国は、北朝鮮はＩＭＣＯでの活動自体には特に興味がなく、同機関への加盟により駐英常駐代表部を開設し、それまで国交がなかった英国との関係改善を狙っていると考えていた(7)。

同機関の本部協定（Headquarters Agreement）には、設立当初から加盟国の常駐代表部設置に関する規定がなかったが、ソ連の提案により一九七五年から常駐代表部設置問題が議論され始め、全加盟国の意思を問うこととなった。しかし、一九八〇年三月末まで常駐代表部設置問題について意思表明をしたのは三九カ国のみであり、そのうち二九カ国は別途の常駐代表部を設置しないと表明していた。その背景としては、当時の同機関加盟一二〇カ国のうち一〇三カ国及びすべての理事国がすでにロンドンに在外公館を設置していたことが考えられる。特に西側諸国は、ソ連をはじめとする東側陣営が西側陣営への外交攻勢を積極化させるための拠点として駐英常駐代表部を「悪用」する可能性を懸念していた。

それでも、国際機関における諸権利の確立を重要視するアフリカ・中南米諸国が常駐代表部設置規定を作るべきであるというソ連の立場に同調していた。また、国連及びその他の専門機関がかねてから常駐代表部の設置を規定していたため、西側主要諸国がそれを阻止することは困難であった。その結果として、一九八〇年一〇月の第四五回理事会において常駐代表部設置への肯定的な雰囲気が醸成されたことから、一九八一年六月の理事会で本部協定の改定案が採択される可能性が高まっていた(8)。そのようななかで、北朝鮮はＩＭＣＯへの加盟に興味を示したのである。

一九六二年四月に同機関に加盟した韓国政府は、一九七三年六月二三日に朴正熙大統領が「平和統一外交政策に関する特別声明（以下、六・二三宣言）」を通じて「緊張緩和と国際協調の役に立つなら、北朝鮮が韓国と共に国際機構に参加することに反対しない」と表明したこともあり、北朝鮮のＩＭＣＯ加盟自体には原則として反対しないという立場を取っていた。事実、北朝鮮は一五の国連専門機関のうち八つの機関にすでに加盟していた。

その一方で、韓国政府は、上述したように、北朝鮮の同機関加盟が駐英北朝鮮代表部の設置につながることを警戒していた。したがって、北朝鮮が加盟を申請する場合には同案件の討議を遅延させることを目指した。さらに、韓国政府は加盟国の大半が賛成しないという状況を踏まえて常駐代表部設置案の討議も延期されるべきであると考えていた。韓国外務部は六月一一日、駐英大使館を含め二〇カ国における在外公館に対し、こうした韓国の立場を駐在国政府に説明することを指示した（9）。

加えて、仮に北朝鮮が加盟するとしても、英国政府が北朝鮮代表部の設置を阻止すべきという韓国の立場には、英国側も理解を示した（10）。英国政府は、北朝鮮がＩＭＣＯでの活動自体に関心を持っておらず、朝鮮半島における緊張を高めているという冷ややかな視線を北朝鮮に向けており、北朝鮮の加盟阻止を西側主要国と協議しようとした。また、ＩＭＣＯ理事会への参席を理由に北朝鮮の要員らにビザを発給した英国政府は、ＩＭＣＯが北朝鮮をロンドンに招請しなかったという情報を入手した韓国側がそのビザを取り消すよう要求すると、それを受け入れた。ただし、英国側は、すでに常駐代表部設置案に同意していたため、同設置案の討議延期には協力できないことを韓国側に伝えた（11）。

ところが、北朝鮮は加盟を申請しなかった。これについて、韓国政府は、北朝鮮が新規加盟の要件である全加盟国の三分の二以上の賛成を確保しにくいと票読みしたのがその原因であると推測した。それでも、六月の理事会及び一一月の総会を経て常駐代表部設置案が採択された結果、同機関の加盟国はロンドンに常駐代表部を設置することが可能となった（12）。

一九八二年五月には、北朝鮮加盟問題に対する韓国の立場が改めて決定された。韓国政府は、北朝鮮の加盟阻止には四一カ国の反対が必要であるが、南北朝鮮のうち韓国とのみ外交関係を有する国が三八カ国あることから、積極的な外交を展開すれば北朝鮮の加盟を阻止し得ると予測していた。しかし、南北首脳会談の開催や南北朝鮮の国連同時加盟などを提案した全斗煥政権の平和志向的な姿勢が国際社会から高く評価されていたことや、六・二三宣言の発表以降、韓国政府が北朝鮮の国際機関への加盟に反対してこなかったこと、そして西側諸国の大半が国際機関の普遍性原則に基づき北朝鮮の加盟に反対し難いことを韓国側に表明していたことなどを考慮すると、長期的に北朝鮮の加盟を阻止するのは困難であると、韓国政府は判断した。したがって、韓国政府は、北朝鮮にＩＭＯ加盟の難しさを思い知らせるとともに、韓国を承認しない共産陣営諸国の姿勢や、同機関において北朝鮮が朝鮮問題を含む政治問題を取り上げて対立を助長する可能性などを強調して、韓国を支持する国を多数確保していくことにしたのである[13]。

(2) 北朝鮮の加盟申請と韓国の対応

その後、一九八三年四月一四日に北朝鮮はＩＭＯ加盟を申請した。同案件が暫定議題の追加案件として理事会に提出されると、ホスト国として直接的な反対意見を出しづらかった英国政府は五月四日、審議を行う時間的余裕がないため議題として採択することは困難であるとする回覧文書を、日本をはじめとする九カ国の友邦に回した。これに韓国が同意したことはいうまでもなく、五月一六日の審議においては、日米英などが賛成するなかで、北朝鮮加盟案件の議題不採択及び審議延期が決定された。その結果、同案件は、一九八四年六月一一日から一五日にかけて開かれる第五二回理事会の暫定議題となった。

他方で、北朝鮮が一一月七日から一八日まで開かれる第一三回ＩＭＯ総会にオブザーバー参加を申請したことに対し、英国政府は同代表団へのビザ発給を決定したものの、北朝鮮は出席しなかった。これは英外務省が分析した通り[14]、一一月四日にビルマ政府がラングーン事件を北朝鮮の犯行と断定し、北朝鮮と断交したことによるものであると考えられる。

しかし、一九八四年六月の第五二回理事会を控えて、北朝鮮は在ジュネーブ大使をロンドンに派遣して交渉活動を展開するなど、ＩＭＯ加盟に一層の熱意を示していた。これに対し、韓国政府は北朝鮮加盟の案件の議題不採択は事実上不可能であると認識していた。したがって、北朝鮮の加盟自体に反対するとまではいかなくても、その実現を次回以降の総会まで遅らせ、ラングーン事件といった挑発行為への反省を北朝鮮に促し、英国への進出もけん制することを交渉目標とした。具体的には、①理事会における北朝鮮加盟案件の審議のさらなる延期、②理事会における審議の延期が困難な場合、加盟承認勧告案の不採択、③加盟承認勧告案が採択される場合には一九八五年一一月の第一四回総会における採決実施、④郵便投票が決定した場合の水面下での説得工作など、四段階に分けた目標が立てられた[15]。

韓国政府は一九八四年三月から、理事国を含む二七カ国に対して韓国の立場を支持するよう働きかけた。とりわけ、北朝鮮がラングーン事件当時、商船をテロ活動の手段として使用したという、商船の安全な航行の確保を重視するＩＭＯとしては好ましからざる活動を行ったこと及び、北朝鮮のＩＭＯ加盟申請が英国との関係進展や海外での宣伝活動など、政治的目的の達成に向けてなされたことを問題視した。加えて、主要海運・造船国として航海に関する国際的な各種規則の審議や策定などに積極的に取り組み、ＩＭＯにおいても強い影響力を持っていた日米英などの「核心友邦支援国」からなる、韓国の立場を支える協議体を作ろうとした[16]。例えば、六月四日、駐日韓国大使館のサー（ママ）書記官は外務省専門機関課を訪問し、北朝鮮加盟案件の審議延期などを協議するために同月八日にロンドンで戦略協議会を開くことへの協力を求めた[17]。

殊に、韓国政府は、ＩＭＯ設立以来の理事国として積極的に活動してきた日本に対し、北朝鮮加盟延期の実現に関する助言を求めるとともに、冒頭発言などを通じて審議延期を提案するよう要請した[18]。事実、韓国政府は、朝鮮問題に関する構想について日本と話し合うことをなるべく回避しようとした。例えば、韓国の外務部長官は一九七三年五月二三日、駐韓米国大使に対し、六・二三宣言の内容について米国側と緊密に協議することを求めた上で、秘密漏洩の懸念から、日本との話合いは時期尚早であると述べた[19]。とはいえ、国際機関での外交協力には比較的前向きであった。

二　日本政府の立場

日本政府は、韓国側の立場に理解を示していたものの、韓国が要請したように北朝鮮加盟審議の延期を自ら提案するか否かについては十分な検討を経て慎重に決定しなければならないと考えていた。当時の日本政府の考慮事項は以下の通りである。

(1)　国際機関の普遍性原則及びＩＭＯの非政治性

まず、ＩＭＯに関する日本政府の基本的な立場は、海事分野における国際協力の拡大と向上を実効ならしめるために、普遍性の原則の下、可能な限り多くの国がＩＭＯに参加することが望ましいというものであった[20]。したがって、北朝鮮がＩＭＯに加盟して海事分野の協力に寄与することには基本的に賛成であった。

また、ＩＭＯがそもそも国際海運の安全や、船舶による海洋・大気汚染の防止など、海事分野の諸問題に関する政府間協力を促進することを目指す専門機関であることから、日本政府は、東西冷戦などの政治的な理由を挙げて北朝鮮の加盟に反対することにより、同機関に政治問題を持ち込むことは望ましくないと考えていた。さらに、諸会員国が政治的ステートメントを好まない傾向があったため、北朝鮮の行動に対する韓国などの政治的批判に他の加盟国が同意する見通しが立っているのか否かも、日本政府にとって疑問であった[21]。

(2)　朝鮮半島情勢の安定化という長年の外交目標

一九七〇年代に入り、米中和解や米ソデタントなどで国際環境が激変するなかで、日本は東アジアの安定に貢献して自らの存在感を示そうとした。殊に南北朝鮮の激しい対立が大国間の紛争につながる事態を極めて憂慮していた日本政府は、朝鮮半島情勢の安定化を図った。具体的にいえば、日本政府の朝鮮半島政策の基本方針は、韓国の政治的・経済的安定に向けて韓国に協力するとともに、北朝鮮との交流も漸進的に拡大し、南北朝鮮の平和共存を促すという方向に収斂していった[22]。こうした日本政府の方針は、以下に述べるように、新冷戦期にも基本的に維持された。

第一に、日本政府は、経済協力を中心とする日韓友好協力の促進を図っていた。これは東アジアにおいて自由主義陣営を強化することを目指すとともに、韓国の武力解放が非現実的であることを北朝鮮に気づかせてその好戦性を低下させるための方策であった。

特に、中曽根政権が日韓の協力関係を重視したことは周知の事実である。中曽根首相は、一九八三年一月の訪韓において「韓国が民生の安定、国土の建設、国防力の充実に努力することはアジアの平和と安定の要」であると表明した。そして対韓経済協力問題の早急な決着に加え、国際社会の韓国支持に向けた働きかけなどを通じて韓国の外交政策にも協力した(23)。中曽根首相はこうした対韓支援を通じて構築した韓国との信頼関係を、日米関係や東アジア地域における日本の発言力強化につなげようとしたという(24)。

第二に、日本政府は一九七〇年代以降、北朝鮮との関係改善への関心を強めていた。ただし、日本政府は、中ソが韓国を承認しない限り日本が北朝鮮承認に踏み切るのは南北朝鮮間の微妙なバランスを崩しかねないという考えに基づき、北朝鮮とは「国際情勢の推移、南北対話の進展などを勘案しつつ、経済、文化、人道、スポーツなどの分野で交流を広げていく」ことにした(25)。

これに関して特記すべきことは、一九七〇年代以降の日本政府が北朝鮮との経済的な結びつきの緊密化を通じて、その好戦性を低下せしめ、朝鮮半島情勢を安定させようとしたことである(26)。こうした日本政府の姿勢について、米国務省は、日本政府が北朝鮮との漸進的な関係強化を通じて、朝鮮半島の情勢変化に対応し得る外交力の基盤を築き上げることを目指していると分析した(27)。

他方で、中曽根首相も日朝国交正常化の早期実現には慎重であった(28)。また、外務省にも日朝関係を進展させるには日韓関係を幅広く考慮すべきであるという慎重論があった(29)。実際、一九八三年一月の中曽根首相の訪韓により日韓関係の雰囲気が一変したとはいえ、韓国政府は日本の対北朝鮮政策に依然敏感であった。谷野作太郎元中国大使によると、「韓国当局は日本が北に対して何かやるのではないかという猜疑心があり、一々文句をつけてきた(30)」。ただし、中曽根政権にとっては、日朝間の漁業問題、北朝鮮の対日債務返済などの懸案事項を解決する必要がある上に、北朝鮮の孤立が誤った情勢判断につながる可能性も懸念材料であった。したがって、日本政府は「一定の範囲内」での日朝間の対話・交流を模索した(31)。日朝友好議員連盟の代表団が日朝漁業協定の再開問題を協議するために一九八三年六月に平壌を訪問したことがその例である(32)。しかし、北朝鮮側は上記の中曽根首相訪韓に反発し、漁業交渉の再開に応じようとしなかった。そして、後述するように、ラングーン事件の勃発に伴い日本政府が一一月七日に制裁措置を取ると、一五日に第十八富士山丸事件が発生するなど、日朝関係はさらに冷え込んだ。

ところが、一九八四年に入り、一月に米朝韓の三者会談を提案するなど、北朝鮮の柔軟性が目立ち始めると、日本政府は、話合いに前向きな姿勢で臨む観点から、日朝関係の打開策を探ろうとした(33)。例えば、日本政府は富士山丸の釈放交渉において中国から協力を得ることにした(34)。なお、安倍晋太郎外相は、四月一八日の衆議院外務委員会での答弁で、中韓の接触や、レーガンの訪中、五月の胡耀邦(こようほう)の訪朝などを傍観するだけでは済まず、対朝制裁措置については関係諸国の動向を見守りつつ、より柔軟な姿勢で判断すると述べた。つまり、当時の日本政府としては、日朝関係を悪化させかねない対応を取ることには慎重にならざるを得なかったのである。

第三に、日本政府は国際社会における南北朝鮮の平和共存を重視していた。特に南北朝鮮だけでは朝鮮問題の解決が不可能であるとみた日本政府は、南北対話の雰囲気醸成や、関係諸国との協議・調整など、日本独自の外交的役割を果たすことに関心を示した(35)。例えば、一九七六年一月一九日の日本記者クラブ主催昼食会で、三木武夫首相は、平和統一までに暫定的な平和共存が必要であり、「南北対話の再開と平和共存のための国際環境の醸成に向けて日本は努力する」と述べた(36)。また、大平正芳政権が発足させた総合安全保障研究グループが一九八〇年七月にまとめた総合安全保障報告書は、「朝鮮半島を含むアジアの安定のために」政治的な役割を果たすことを日本の「責務」として強調した(37)。

そして中曽根政権も、米中ソと緊密に話し合って南北対話の環境を整備することにより、朝鮮半島の安定とともに日本の影響力の拡大を追求していた(38)。例えば、一九八三年一月の中曽根首相訪韓の際に発表された共同声明は、朝鮮半島の「平和と安定及び繁栄のため今後とも互いに協力していく」との原則が日韓間で確認されるなど、日本側の意向を反映した比較的穏当な内容であった。また、同声明では韓国の対話努力に対する日本側の期待も表明された。

そのような状態において、ラングーン事件勃発により朝鮮問題をめぐる南北朝鮮や関係諸国間の対話は一旦中止となった。すると、日本政府は、韓国支持の姿勢を明確に示すと同時に、朝鮮半島の緊張緩和に向けた地道な努力が今後も継続されなければならないという立場を鮮明にした(39)。また、犠牲者の合同国民葬に参列するため一〇月に訪韓した安倍外相は、北朝鮮に対する毅然たる対応及び日米韓協力の重要性を確認しながらも、軍事的な対決を避けることを今後の課題として強調した(40)。中曽根首相も、一九八三年一一月に訪日したレーガンに対し、韓国に自制を求めることが重要であると述べた(41)。

その後、米朝韓の三者協議を打ち出した北朝鮮に対し、米国政府が中国を含めた四者協議を開くことを逆提案し、一九八四年四月から南北対話が再開されるなど、南北朝鮮と関係諸国は再び対話を模索した(42)。さらに、当初「田中曽根内閣」と皮肉られ、短命に終わると予想された中曽根政権は、長期政権に向けた基盤を固めていた。このような国内外の状況は、朝鮮問題への取り組みにおいて日本が一定の役割を果たすことを可能とした(43)。

特に、日本政府は、北朝鮮の国際社会への参加を促すことにより、朝鮮半島情勢の安定性を高めようとした。例えば、日本は一九七三年に韓国の要請を受けて北朝鮮の世界保健機関（WHO: World Health Organization）への加盟に反対して以来、韓国が六・二三宣言を発表したことを踏まえて、北朝鮮の国際機関への加盟を一貫して支持してきた。また、一九七五年七月のアジア太平洋地域大使会議に関する外務省アジア局長発言用メモには、南北共存体制を定着させるには南北朝鮮の国連同時加盟が要求されると記されている(44)。そして、日本政府はＩＭＯについても、北朝鮮が同機関に加盟し、その枠組みの中で国際協力を行うことが、朝鮮半島の安定化という観点からも有益であると考えていた(45)。

要するに、日本政府としては、北朝鮮のＩＭＯ加盟問題に関して、対韓協力のみならず、北朝鮮との関係改善や、国際社会における南北朝鮮の平和共存なども同時に模索する必要があったのである。

(3) ラングーン事件直後という状況

前述した通り、ＩＭＯ第五二回理事会が開かれた一九八四年六月には、南北朝鮮と関係諸国の間で対話が模索されていた。しかしながら、北朝鮮はラングーン事件の責任を認めて韓国側に謝罪することはしなかった。その結果、同事件の被害者たる韓国政府は、北朝鮮への不信感を露わにしていた。

他方で、一九八三年一一月にビルマ政府がラングーン事件について北朝鮮によるテロであると発表すると、日本政府は米韓の要望を受け[46]、北朝鮮のテロ行為を非難する官房長官談話を発表した。そして、公務員の北朝鮮渡航禁止、北朝鮮の公務員の日本への入国禁止など、北朝鮮に対する制裁措置を断行したことは、韓国政府から誠意を尽くしたという評価を受けた[47]。また、一九八四年五月三一日、日朝関係の改善を希望するという金日成（キムイルソン）主席のメッセージを伝えたシアヌーク（Norodom Sihanouk）元カンボジア国王に対し、中曽根首相は「ラングーン事件などからして」日本としては北朝鮮の態度を信頼し難いと一蹴した[48]。このような事情からラングーン事件に関して、韓国に対する協力姿勢を堅持していた日本政府にとって、同事件を理由とする韓国側の協力要請は拒絶しにくいものであった。

加えて、日本政府は、ラングーン事件に関する調査結果が発表されて間もない時点においてＩＭＯへの北朝鮮の加盟に日本が直ちに賛成すれば、テロ行為を許すという国際社会の誤解を招く恐れがあると懸念していた[49]。特に、当時の日本政府が協力関係を強化しようとしていた西側主要国が北朝鮮の早期加盟に否定的あるいは慎重な反応を示すなかで、日本のみが賛成することは不要な外交摩擦を生じさせかねないというのが、日本政府の考えであった。

その例として、米国政府が、北朝鮮の国際機関への加盟には原則的に反対しないものの、友邦として韓国の立場を尊重すべきであり、とりわけラングーン事件の調査結果を考慮すると北朝鮮のＩＭＯ早期加盟には賛成できないという立場を取っていたことが挙げられる[50]。また、前述のように北朝鮮の加盟を歓迎していなかった英国政府は、同問題の討議延期を支持していた。そして、フランスの外交官も日本側に対し、審議延期の理由について検討する必要があるという慎重な態度を維持しつつ、ＩＭＯが国連ファミリー諸機関の一員として国連総会における南北朝鮮加盟問題の討議結果を見守るべきであるという見解を示していた[51]。

三　日本政府の対処と対立の回避

以上のことを踏まえて検討を行った結果、日本政府は韓国の希望通りに、一九八四年六月のＩＭＯ理事会において北朝鮮加盟案の審議を延期させるのが望ましいという結論に至った。まず、日本は、海事分野における国際協力の促進を目指す「ＩＭＯ理事国」として、北朝鮮の加盟自体に反対することは適当ではないと考えていた。しかし、「西側の一員」として友邦諸国との協力を重視する観点から、北朝鮮加盟の案件に直ちに賛成することも困難であるとみた。さらに、同問題をめぐる対立の激化が南北対話の再開に悪影響を及ぼしかねず、かかる対決の末、加盟阻止の努力が功を奏しない場合には、かえって北朝鮮の国際的地位が高まって韓国を困惑させる結果になることを、日本政府は懸念していた[52]。

特に、韓国政府が北朝鮮のＩＭＯ加盟にいつまでも反対するのではなく、あくまで加盟を遅らせることを目標としていたことは、日本の対韓国協力をより容易にしたと考えられる。韓国政府は、日本を含む友邦諸国との協議において、北朝鮮がラングーン事件のような「蛮行」を繰り返さない限り、将来的な加盟には反対しないと表明していた[53]。これは友好諸国の協力を得るための戦術ではあるが、こうした韓国側の意思表明があったことから、「審議延期」は必ずしも「加盟反対」を意味しない。それ故に、日本政府としては、国際機関における普遍主義や、北朝鮮の国際社会への参加促進などの原則を破ることなく、韓国に対する外交協力を行うことが可能となった。

他方で、日本政府は、日朝関係の打開に役立たない上に、公の場で南北朝鮮間の対決を煽る恐れがあるため、日本が審議延期を直接提案することは適切ではないと判断した。その結果、日本政府は、米国などと協力して、表立つことなく静かに多数派工作を進めた上で、ブラジル、サウジアラビア、モロッコ、クウェートといった穏健な第三世界の国に審議延期を提案させるという方針を決めた。それでも、日本政府は、韓国側が開こうとする協議会には駐英大使館員を参加させ、その過程を経て理事会に審議延期が提案される場合には賛成するなどにより、韓国との友好関係に配慮して行動するつもりであった[54]。韓国側もこうした日本の立場に理解を示し、五月末時点ですでにブラジルなどに冒頭発言を行うよう働きかけた[55]。

結局、次のような方針が六月五日に外務本省から駐英大使館に伝達された[56]。第一に、前年の理事会で延期された案件であるが故に、加盟申請の議題化には反対しないこと、第二に、韓国とのみ外交関係を有する第三世界の国に働きかけて延期を提案させ、多数派工作を行った上で、審議延期が提案される場合には、早い順番で「円満な解決のためには更に時間が必要である」という名目で支持・賛成することがその内容である。

また、三つ目の方針は、審議延期が実現せず、加盟勧告が審議されれば採決を棄権すべきであるというものであった。ただし、その審議において米国を含む西側主要国が北朝鮮の加盟に賛成する場合には日本も賛成するが、米国が反対する可能性が高いと判断される場合には、韓国の立場を配慮し表決に先立ち、「北朝鮮の専門機関への加盟に原則として反対するものではないが、ラングーン事件に船舶を利用した事実に対して国際的非難もあり、かつ、特に被害国たる韓国が強く反対していることに鑑み賛成できない」という旨の発言をすることも指示された。最後に、理事会で加盟勧告が採択されれば、ＩＭＯ全加盟国の受諾手続きとして、水面下で加盟国を説得しやすい郵便投票を支持することも、日本政府の方針に含まれていた。

上記の方針には、日本が必要以上に目立った動きをして北朝鮮を孤立させ、南北朝鮮間の対立を助長することを避けながら、裏面においては西側諸国との協調の下で韓国に可能な限りの支援を与えることを目指すという重層的な思考が反映されていたといえる。言い換えれば、当時の日本政府は多国間外交の場で、韓国などの「友邦諸国との協力」及び、北朝鮮の国際社会への参加を通じた「朝鮮半島における緊張緩和」という二つの目標をバランス良く達成しようとしたのである。

日米英を含む理事国一四カ国及び非理事国九カ国が出席して北朝鮮の加盟申請について審議・交渉を行ったのは六月一三日である。一九八三年一一月から新たに理事国となった中国がソ連とともに北朝鮮の加盟に賛成を表明するなかで、同案件の審議延期を提案する冒頭発言はオランダが担当した。そして日本、米国、英国、カナダ、西ドイツ、イタリア、リベリア、ブラジル、チリなどがそれを支持する発言を行った。日本側はその他にも、休憩時間に北朝鮮の加盟を支持すべきとの訓令を本国から受けたインドネシア代表に対し、その内容を社会主義国などに明らかにしないよう要請するなど、韓国側を側面から支援した。

結局、関係諸国間の意見調整を経て、理事会での審議が一年間見合わせられたが、駐英日本大使館は、米中ソとも穏やかな発言を行うなど、対決ムードが避けられたことを評価した。他方で、韓国側は北朝鮮のテロ行為を糾弾するという外交目標が達成されたことに満足し、日本に対して謝意を表した(57)。さらに、韓国政府は、北朝鮮がテロ行為を繰り返さない場合には加盟自体に反対しないものの、北朝鮮の加盟を可能な限り遅らせるとともに、北朝鮮に駐英常駐代表部を対西欧進出拠点として利用させないように努めることを、一九八五年以降の方針として打ち出した(58)。その後、北朝鮮は一九八六年四月に加盟を果たした。

おわりに

以上述べたように、一九八四年六月のＩＭＯ理事会では北朝鮮の加盟が審議される予定であったが、韓国政府は、北朝鮮の西欧諸国への接近をけん制するとともに、北朝鮮にラングーン事件の責任を問うために審議延期を進め、日本にも冒頭発言を含む積極的な協力を期待していた。そして、日本政府は、韓国の立場を支持するという趣旨の冒頭発言はしなかったものの、基本的に韓国の要請を受け入れ、審議延期に向けて理事国としての影響力を発揮した。それは国際機関の普遍性原則やラングーン事件、朝鮮半島情勢の安定化などを幅広く考慮した上での決定であった。

結局、当時の日本政府は、「友邦諸国との協力」及び「朝鮮半島における緊張緩和」という、同時に達成することが必ずしも容易ではない二つの目標を重層的に追求していたといえる。これらの目標は一九八〇年代以前からすでに重視されてきたものであったが、米ソ新冷戦が勃発し、南北朝鮮間の対立も激化した一九八〇年代前半には、朝鮮問題の根本的な解決を模索する以前の問題として、朝鮮半島における紛争防止の重要性がさらに高まっていたのである。その後、全斗煥が訪日した一九八四年九月にも、中曽根首相は、韓国に対する協力意思を再確認し、日本が中国との良好な関係を通じて朝鮮半島の緊張緩和に資することができると明言するなど、朝鮮問題への貢献に意欲を示した。そして、同年一〇月の米国務省報告書は、日本政府が北東アジアの平和実現に向けて、朝鮮半島における緊張緩和の環境醸成を何よりも重視していると分析した(59)。

本稿で論じた考察からは、「西側の一員」(60)として友邦への協力を進める一方で、「アジアのリーダー」として局地的な紛争が地域全体に混乱をもたらさないように努力しつつ、日朝関係の打開などの「全方位外交」的な国益をも追求するという、新冷戦期における日本外交の多面性が見受けられる。

事実、米ソ新冷戦といった国際体制の変動は、日本が朝鮮問題に取り組む上で考慮すべき問題の一部に過ぎなかった。それは、朝鮮半島というローカルな舞台での対立がグローバルな規模の新冷戦と密接に連動していなかったからである。一九七〇年代における米中ソなど朝鮮半島周辺の主要諸国のコンセンサスは、南北朝鮮間に生じる軍事的・政治的な紛争に巻き込まれないように、南北朝鮮の平和共存や南北対話を支持する方向にすでに変容していた(61)。したがって、韓国側がソ連を封じ込める上での自国の戦略的な価値を米国側にアピールしたことに対し、米国政府は米韓の協力関係を対ソ戦略上のパートナーシップに格上げすることには難点があると見ていた。例えば、一九八二年三月末に訪韓したワインバーガー（Caspar W. Weinberger）国防長官は、米韓同盟の強化に対する韓国の期待値を下げようとした(62)。

さらに、一九七〇年代から模索されていた日米中または日米韓の協力関係の形成に対してソ連が抱いていた警戒心が直ちにソ朝密着につながったとは言い難い。北朝鮮が軍事面を中心にソ連との協力関係を一層緊密化したのは一九八四年五月の金日成の訪ソ以降であり、それ以降も北朝鮮が中国と激しく対立することはなかったのである。

とはいえ、朝鮮半島での緊張が激化する場合、米ソの介入によりグローバルな新冷戦の舞台が北東アジアに拡大される可能性はあった。もしそのような事態が起きれば、自由主義陣営の一員としての立場を一層明確にしていた日本が北朝鮮、ひいてはソ連と正面から対決するという困難な状況に直面することが予想された。この問題に関して中曽根首相は、局地的な国際紛争が米ソの代理戦争として行われる可能性をなくし、紛争の規模と性格を局限することを重視していた(63)。さらに、中曽根政権は、短期軍拡・長期軍縮という戦略に基づき、米国と共に安全保障と経済の両面からソ連を追い込むべきであると考える一方で(64)、ソ連を過度に刺激することは避けようとした(65)。

そのようななかで、東西冷戦の終結や朝鮮問題の根本的な解決を導くだけの政治・軍事的力量を持っていなかった日本は、東アジア地域の平和構築に向けた総合的なビジョンを提示し、南北対話や主要な大国間の調整を主導することはできなかった。しかし、南北朝鮮の平和共存に関する枠組みの形成に多大な関心を持っていた日本は、米韓などの友邦との協議・調整を行いつつ二国間・多国間外交を展開することを通じて、朝鮮半島情勢、ひいては東アジア地域の安定化に寄与しようとしたといえる。

以上を踏まえ、冷戦期、殊に新冷戦期については、冷戦の構造的変容とその特徴を解明することに加え、冷戦構造の変容に対応する各国の意図や目標、その相互作用などについて綿密な分析を行うことにより、日本外交が持つ多様な側面を考察することが必要であろう。

（1）この機関は、海上の安全、船舶による海洋汚染防止など、海事分野の諸問題に関する政府間協力を目的として一九五八年に設立された国連の専門機関である。本部はロンドンに所在し、二〇二三年一月現在で一七五カ国が加盟国、三つの地域が準加盟国となっている。また、同機関は、総会、理事会、海事関連各分野における五つの委員会、その下部組織である七つの小委員会及び事務局で構成されている。

（2）新冷戦期の日本政府においては、ハト派の政治家といわれた鈴木善幸首相が一九八一年五月の訪米中に、防衛力の拡充を行い、在日米軍への援助を拡大すると表明するなど、西側諸国との協力関係を強化することに基本的に異存はなかった。この点については、大嶽秀夫『日本の防衛と国内政治――デタントから軍拡へ』三一書房、一九八三年、三二一―三二五頁：若月秀和「一九七〇年代の冷戦的対立構造の変動と日本外交」波多野澄雄編『冷戦変容期の日本外交――「ひよわな大国」の危機と模索』ミネルヴァ書房、二〇一三年、二一六頁：有馬龍夫『対欧米外交の追憶　一九六二―一九九七　上』藤原書店、二〇一五年、三七六―三八一頁などを参照すること。

（3）駐米大使発外務大臣宛電信第七四八号「安倍大臣・シュルツ長官会談（三〇日、朝鮮半島情勢）」（一九八四年一月三日）戦後外交記録「対韓国及び北朝鮮政策」二〇一六―〇〇〇五、外務省外交史料館。

（4）小此木政夫「新冷戦下の日米韓体制――日韓経済協力交渉と三国戦略協調の形成」小此木政夫・文正仁編『市場・国家・国際体制』慶應義塾大学出版会、二〇〇一年：孫基燮「한일 안보경협 외교의 정책결정: 1981-1983 년 일본의 대한국 정부 차관（韓日安保経協外交の政策決定――一九八一―一九八三年の日本の対韓国政府借款）」『국제정치논총（国際政治論叢）』四九集一号（韓国国際政治学会、二〇〇九年）三〇五―三二八頁など。

（5）金伯柱『朝鮮半島冷戦と国際政治力学――対立からデタントへの道のり』明石書店、二〇一五年など。

（6）理事会は、総会で選出された理事国により構成され、ＩＭＯの各種業務を調整・監督する執行機関としての役割を有する。通常年二回開催されるほか、総会の開催年には、総会直前に臨時理事会が開催され、総会の最終日に通常の理事会が開催される。また、ＩＭＯの最高意思決定機関である総会は、通常二年に一度、二週間程度開催され、同機関の事業計画や予算の決定、補助機関の設置、理事国の選出、理事会の報告に関する審議などを行う。

（7）駐英国大使発外務部長官宛電信第ＵＫＷ―〇六八六号「ＩＭＣＯ 북괴침투（ＩＭＣＯへの北朝鮮の浸透）」（一九八一年六月一〇日）韓国外務部文書登録番号二〇五九七『북한의 ＩＭＯ（국제해사기구）가입 추진, 1981-84（北朝鮮のＩＭＯ（国際海事機関）加盟推進，一九八一―八四）』。

（8）面談資料「ＩＭＣＯ대책（ＩＭＣＯ対策）」（一九八一年六月一二日）、面談要録（外務部政務次官補と駐韓英国大使、一九八一年六月一二日）前掲史料『北朝鮮のＩＭＯ（国際海事機関）加盟推進，一九八一―八四』。

（9）面談要録（外務部国際機構一課長と駐韓米国大使館一等書記官、一九八一年八月二〇日）前掲史料『北朝鮮のＩＭＯ（国際海事機関）加盟推進，一九八一―八四』。

（10）面談要録（外務部政務次官補と駐韓英国大使、一九八一年六月一二日）、外務部国際機構局「북괴의 ＩＭＣＯ가입 및 상주대표부 설치 대책（北朝鮮のＩＭＣＯ加盟及び常駐代表部設置対策）」、

外務部発大統領報告「ＩＭＣＯ 북괴 가입 및 주영대표부설치 가능성 대책（ＩＭＣＯ北朝鮮加盟及び駐英代表部設置可能性への対策）」（一九八一年六月二二日）、駐英大使発外務部長官宛報告「ＩＭＣＯ대책（ＩＭＣＯ対策）」（一九八一年六月二六日）、「81년도 ＩＭＣＯ 북괴 가입 및 대표부설치문제 경과 일지（八一年度 ＩＭＣＯ北朝鮮加盟及び代表部設置問題経過日誌）」前掲史料『北朝鮮のＩＭＯ（国際海事機関）加盟推進、一九八一―八四』。

（11）駐英国大使発外務部長官宛電信第ＵＫＷ―〇六七三号「ＩＭＣＯ 북괴침투（ＩＭＣＯへの北朝鮮の浸透）」（一九八一年六月九日）、駐英国大使発外務部長官宛電信第ＵＫＷ―〇六八四号「ＩＭＣＯ 북괴침투（ＩＭＣＯへの北朝鮮の浸透）」（一九八一年六月一〇日）、外務部発大統領報告「ＩＭＣＯ 북괴 가입 및 주영대표부설치 가능성 대책（ＩＭＣＯ北朝鮮加盟及び駐英代表部設置可能性への対策）」（一九八一年六月二二日）、「八一年度ＩＭＣＯ北朝鮮加盟及び代表部設置問題経過日誌」前掲史料『北朝鮮のＩＭＯ（国際海事機関）加盟推進、一九八一―八四』。

（12）「북괴 ＩＭＣＯ 가입 저지를 위한 영국 정부의 관계국 지지교섭（北朝鮮ＩＭＣＯ加盟阻止に向けた英国政府の関係諸国支持交渉）」、面談要録（外務部国際機構一課長と駐韓英国大使館一等書記官、一九八一年八月一〇日）、面談要録（外務部国際機構一課長と駐韓米国大使館一等書記官、一九八一年八月二〇日）、駐英大使発外務部長官宛電信第ＵＫＷ―一一四〇号「ＩＭＣＯ이사회（ＩＭＣＯ理事会）」（一九八一年一一月六日）、「八一年度ＩＭＣＯ北朝鮮加盟及び代表部設置問題経過日誌」前掲史料『北朝鮮のＩＭＯ（国際海事機関）加盟推進、一九八一―八四』。

（13）「북괴의 ＩＭＣＯ 가입문제（北朝鮮のＩＭＣＯ加盟問題）」（一九八二年五月一四日）前掲史料『北朝鮮のＩＭＯ（国際海事機関）加盟推進、一九八一―八四』。

（14）「13．北傀의 ＩＭＯ加入阻止 対策（北朝鮮のＩＭＯ加盟阻止対策）」（一九八四年）前掲史料『北朝鮮のＩＭＯ（国際海事機関）加盟推進、一九八一―八四』。

（15）同機関に加盟するには、理事会での過半数の賛成により加盟承認勧告案が採択された後、全加盟国の三分の二以上の賛成を得る必要があった。なお、全加盟国の意思を問う方法としては、総会での採決、あるいは郵便投票があるが、どの方法を使うかは理事会で決定される。

（16）外務部「北傀의 国際海事機構 加入 저지（北朝鮮の国際海事機関加盟阻止）」（一九八四年六月一四日）、「13．北朝鮮のＩＭＯ加盟阻止対策」（一九八四年）、外務部国際連合課「북괴의 국제해사기구（ＩＭＯ）가입문제（北朝鮮の国際海事機関（ＩＭＯ）加盟問題）」（一九八四年七月二一日）前掲史料『北朝鮮ＩＭＯ（国際海事機関）加盟推進、一九八一―八四』；駐英国大使発外務大臣宛電信第一三〇四号「ＩＭＯ理事会（北朝鮮問題）」（一九八四年四月三〇日）、駐韓国大使発外務大臣宛電信第一三一三号「ＩＭＯ理事会（北朝鮮加盟）」（一九八四年五月四日）戦後外交記録「朝鮮問題」二〇一六―〇三八四、外務省外交史料館。

（17）外務大臣発駐英国大使宛電信第一三〇一号「ＩＭＯ第五二回理事会（北朝鮮加盟）」（一九八四年六月五日）前掲史料「朝鮮問題」二〇一六―〇三八四。

（18）駐英国大使発外務大臣宛電信第一四一六号「ＩＭＯ理事会（北朝鮮加盟）」（一九八四年五月一六日）、「ＩＭＯへの北朝鮮の加盟申請問題」前掲史料「朝鮮問題」二〇一六―〇三八四。

（19）Telegram from Embassy in Seoul to Secretary of State, Seoul 3353/1, "Foreign Policy Changes," May 25, 1973, Digital National Security Archive [以下 DNSA と略記]: *U.S. and the Two Koreas, Part I, 1969–2000* [以下 *Two Koreas, Part I* と略記].

（20）「ＩＭＯへの北朝鮮の加盟申請問題」、外務大臣発駐英国大使宛電信第一二八一号「ＩＭＯ第五二回理事会（北朝鮮加盟問題）」

（一九八四年六月五日）前掲史料「朝鮮問題」二〇一六―〇三八四。

（21）同上：駐英国大使発外務大臣宛電信第一三〇四号「ＩＭＯ理事会（北朝鮮問題）」（一九八四年四月三〇日）前掲史料「朝鮮問題」二〇一六―〇三八四。

（22）外務省北東アジア課「国連における朝鮮問題に対する対処振り（案）」（一九七二年五月一〇日）戦後外交記録「朝鮮問題」二〇一二―一七八七，外務省外交史料館。

（23）駐米大使発外務大臣宛電信第七〇二号「総理訪米（Ｗ・Ｐ・社主との朝食会）」（一九八三年一月一八日）戦後外交記録「中曽根総理米国訪問」二〇一六―一一九八，外務省外交史料館：佐藤晋「『経済大国』日本とアジア――一九八〇年代」宮城大蔵編『戦後日本のアジア外交』ミネルヴァ書房、二〇一五年、一九四頁。

（24）中曽根康弘『中曽根康弘が語る戦後日本外交』新潮社、二〇一二年、二八五頁。

（25）外務省北東アジア課「総理と金溶植韓国外務部長官との会談資料」（一九七一年八月一〇日）戦後外交記録「日韓関係（第五回日韓定期閣僚会議［1］）」二〇一〇―三九六一，外務省外交史料館：外務省アジア局「大臣ブリーフィング用資料」（一九七六年九月一六日）戦後外交記録「本邦外交政策・対アジア」二〇一三―一八五五，外務省外交史料館。

（26）劉仙姫「一九七〇年代の朝鮮半島をめぐる『四大国保障論』と日本」『現代韓国朝鮮研究』一六号、二〇一六年一一月、三三頁。

（27）Department of State, Briefing Memorandum, "Japan's Foreign Policy Trends," January 19, 1976, DNSA: *Japan and the United States: Diplomatic, Security, and Economic Relations, Part I,1960–1976*.

（28）中曽根、前掲書、二〇一二年、三六七―三六八頁。

（29）須之部量三・小此木政夫「対談・最近の日韓関係を考える」『国際問題』二八一号、一九八三年八月、一三―一四頁。

（30）谷野作太郎『外交証言録　アジア外交――回想と考察』岩波書店、二〇一五年、一三〇―一三二頁。

（31）中曽根、前掲書、二〇一二年、三二七頁。

（32）『朝日新聞』一九八三年五月一八日、七月一五日付。

（33）藤本敏和「全斗煥大統領訪日の意義と日韓関係の展望」『国際問題』二九七号、一九八四年一二月、二四頁：中曽根、前掲書、二〇一二年、三六六―三六七頁。

（34）駐日本大使発外務部長官宛電信第ＪＡＷ―一四三〇号「일・북한관계（日・北朝鮮関係）」（一九八四年三月三〇日）、駐日本大使発外務部長官宛電信第ＪＡＷ―一四六七号「일・북한관계（日・北朝鮮関係）」（一九八四年四月二日）韓国外務部文書登録番号二九一四四『북한・일본 관계, 1984. 전2권（北朝鮮・日本関係、一九八四．全二巻）』（V.1 一―四月）。

（35）Telegram from Embassy in Tokyo to Secretary of State, Tokyo 14745, "Kissinger Visit Paper: Japan and the Korean Peninsula," October 16, 1975, DNSA: *Two Koreas, Part I*：外務省北東アジア課「国連における朝鮮問題に対する対処振り（案）」（一九七二年五月一〇日）前掲史料「朝鮮問題」二〇一二―一七八七：外務省アジア局地域政策課「今後のアジア情勢とわが国のアジア政策」（一九七一年一二月三日）戦後外交記録「本邦外交政策・対アジア」二〇一二―一四八二，外務省外交史料館など。

（36）駐日韓国大使発外務部長官宛電信第ＪＡＷ―一四五三号、韓国外務部文書登録番号九〇六七『일본의 대한정책（日本の対韓政策）一九七五―七六』。

（37）「総合安全保障政策の意義と性格」『月刊自由民主』三三一号、一九八〇年一〇月、二一四―二一六頁。

（38）「日中首脳会談記録（その二　全体会議）」（一九八三年一一月二四日）四及び一二―一三頁、中国大使発外務大臣宛電信一三二五号「総理訪中（首のう会談―朝鮮半島問題）」（一九八四年三月二四

日）戦後外交記録「歴史資料としての価値が認められる文書（写し）」Vol.18、〇四―一〇二八―二・一〇二九―四、外務省外交史料館：中曽根康弘『天地有情』文藝春秋、一九九六年、四九五頁。

（39）「ワインバーガー国防長官との会談」戦後外交記録「全斗換韓国大統領一行爆弾テロ事件」二〇一五―〇九六二、外務省外交史料館。

（40）駐韓大使発外務大臣宛電信「アベ大臣の訪韓（チョン大統領との会談）」（一九八三年一〇月一四日）戦後外交記録「ビルマ爆弾テロ事件（ラングーン事件）」二〇一六―一一〇六：駐韓大使発外務大臣宛電信第二五五四号「アベ大臣の訪韓（外務部長官代理との会談）」（一九八三年一〇月一四日）前掲史料「全斗換韓国大統領一行爆弾テロ事件」。

（41）外務大臣発駐米大使宛電信「レーガン大統領訪日（第二回日米首脳会談）」（一九八三年一一月一〇日）戦後外交記録「レーガン米国大統領夫妻訪日」二〇一五―二一〇六、外務省外交史料館。

（42）ドン・オーバードーファー、ロバート・カーリン著、菱木一美訳『二つのコリア――国際政治の中の朝鮮半島』共同通信社、二〇一五年、一五七―一五八頁：申旭熙「북미관계와 한반도 평화체제: 역사적 고찰（米朝関係と朝鮮半島平和体制：歴史的考察）」『한국정치외교사논총（韓国政治外交史論叢）』三三巻二号、二〇一二年、四三頁：Department of State, Briefing Book, "Visit of Foreign Minister Abe of Japan, January 27–31, 1984," January 24, 1984, DNSA: *Japan and the United States, Part II, 1977–1992.*

（43）若月秀和『冷戦の終焉と日本外交　鈴木・中曽根・竹下政権の外政　一九八〇―一九八九年』千倉書房、二〇一七年、二六一―二六三頁。

（44）外務省ア地政「アジア・太平洋地域大使会議における局長発言用メモ」（一九七五年七月一四日）戦後外交記録「歴史資料としての価値が認められる文書（写し）」Vol.13、〇四―五―二、外務省外交史料館。

（45）外務大臣発駐英国大使宛電信第一二八一号「ＩＭＯ第五二回理事会（北朝鮮加盟問題）」（一九八四年六月五日）前掲史料「朝鮮問題」二〇一六―〇三八四。

（46）Letter from Secretary of State to Prime Minister of Japan (November 6, 1983)、戦後外交記録「日米要人間書簡（一九八三―一九八五）」二〇一六―一二一七、外務省外交史料館。

（47）駐韓国大使発外務大臣宛電信第四一六七号「ビルマにおける爆弾テロ事件（日本側措置）」（一九八三年一一月一一日）前掲史料「ビルマ爆弾テロ事件（ラングーン事件）」。

（48）駐日本大使発外務部長官宛電信第ＪＡＷ―二六〇五号「시아누크 방일（シハヌーク訪日）」（一九八四年六月三日）、第ＪＡＷ―二六一六号「시아누크 방일（シハヌーク訪日）」（一九八四年六月四日）韓国外務部文書登録番号二〇三三七『北朝鮮・日本関係、一九八四．全二巻』（V.2 五―一一月）。

（49）外務大臣発駐英国大使宛電信第一二八一号「ＩＭＯ第五二回理事会（北朝鮮加盟問題）」（一九八四年六月五日）前掲史料「朝鮮問題」二〇一六―〇三八四。

（50）駐米国大使発外務部長官宛電信第ＵＳＷ―三三八七号「미국의 대 북한정책（米国の対北朝鮮政策）」（一九八四年七月一〇日）韓国外務部文書登録番号二〇三六三『북한・미국 관계, 1984（北朝鮮・米国関係、一九八四）』：外務部国際機構課報告書「북괴가입 신청건 관련 ＩＭＯ 대책 검토자료（北朝鮮加盟申請件関連ＩＭＯ対策検討資料）」（一九八四年一一月六日）前掲史料『北朝鮮ＩＭＯ（国際海事機関）加盟推進、一九八一―八四』：駐米国大使発外務大臣宛電信第三五六七号「ＩＭＯ（北鮮加盟問題）」（一九八四年五月一九日）前掲史料「朝鮮問題」二〇一六―〇三八四。

（51）駐英国大使発外務大臣宛電信第一三二五号「ＩＭＯ理事会（北朝鮮問題等）」（一九八四年五月二日）、駐英国大使発外務大臣宛電信第一三二六号「ＩＭＯ理事会（北朝鮮問題）」（一九八四年五月二日）、駐英国大使発外務大臣宛電信第一五二二号「ＩＭＯ外交理事会（北朝鮮問題）」（一九八四年五月一六日）前掲史料「朝鮮問題」二〇一六―〇三八四。

(52) 外務大臣発駐英国大使宛電信第一二八一号「ＩＭＯ第五二回理事会（北朝鮮加盟問題）」（一九八四年六月五日）前掲史料「朝鮮問題」二〇一六―〇三八四。

(53) 駐英国大使発外務大臣宛電信第一三〇四号「ＩＭＯ理事会（北朝鮮問題）」（一九八四年四月三〇日）、駐韓国大使発外務大臣宛電信第一六〇〇号「ＩＭＯ理事会（北朝鮮問題）」（一九八四年五月三〇日）、駐英国大使発外務大臣宛電信第一九三九号「ＩＭＯ理事会（北朝鮮問題）」（一九八四年六月八日）前掲史料「朝鮮問題」二〇一六―〇三八四：駐英国大使発外務部長官宛電信第ＵＫＷ―九一九号「ＩＭＯ북괴가입문제（ＩＭＯ北朝鮮加盟問題）」（一九八四年七月二七日）前掲史料『北朝鮮のＩＭＯ（国際海事機関）加盟推進，一九八一―八四』。

(54) 外務大臣発駐英国大使宛電信第一二八一号「ＩＭＯ第五二回理事会（北朝鮮加盟問題）」（一九八四年六月五日）、外務大臣発駐英国大使宛電信第一三〇一号「ＩＭＯ第五二回理事会（北朝鮮加盟）」（一九八四年六月五日）前掲史料「朝鮮問題」二〇一六―〇三八四。

(55) 駐韓国大使発外務大臣宛電信第一六〇〇号「ＩＭＯ理事会（北朝鮮問題）」（一九八四年五月三〇日）前掲史料「朝鮮問題」二〇一六―〇三八四。

(56) 外務大臣発駐英国大使宛電信第一二八〇号「ＩＭＯ第五二回理事会（北朝鮮加盟）」（一九八四年六月五日）前掲史料「朝鮮問題」二〇一六―〇三八四。

(57) 外務部「北朝鮮の国際海事機関加盟阻止」（一九八四年六月一四日）前掲史料『北朝鮮ＩＭＯ（国際海事機関）加盟推進，一九八一―八四：駐英国大使発外務大臣宛電信第二〇一四号「ＩＭＯ理事会（北朝鮮）」（一九八四年六月一三日）前掲史料「朝鮮問題」二〇一六―〇三八四。

(58) 「13．北朝鮮のＩＭＯ加盟阻止対策」（一九八四年）、外務部国際連合課「北朝鮮の国際海事機関（ＩＭＯ）加盟問題」（一九八四年七月二一日）前掲史料『北朝鮮のＩＭＯ（国際海事機関）加盟推進，一九八一―八四』。

(59) Telegram from Secretary, "Japan's Evolving Strategy on Korea," October 3, 1984, DNSA: *Two Koreas, Part I*.

(60) 新冷戦期の日本外交についての先行研究（若月、前掲書など）では、当時の日本政府が「西側の一員」としての立場を鮮明にしたことが注目されている。

(61) 李東俊『未完の平和――米中和解と朝鮮問題の変容　一九六九―一九七五年』法政大学出版局、二〇一〇年、一五九頁。

(62) このような米国政府の認識を示す文書としては次のものがある。Department of State, Briefing Paper, "Military Security Overview," April 06, 1982, DNSA: *Two Koreas, Part I*.

(63) 中曽根康弘『新しい保守の論理』講談社、一九七八年、二一九頁。

(64) 岩崎八男「戦後政治の総決算――五五年体制変革への始動」世界平和研究所編『中曽根内閣史――理念と政策』丸ノ内出版、一九九五年、六七頁：長谷川和年『首相秘書官が語る中曽根外交の舞台裏――米・中・韓との相互信頼はいかに構築されたか』朝日新聞出版、二〇一四年、二二〇―二二一頁。

(65) 例えば、一九八三年九月の大韓航空機撃墜事件当時、中曽根首相は、日ソ関係に無用な悪影響を与えないように、対ソ制裁を含む具体的措置については米国に任せて政治的決着を図るのが得策と判断していた。（中曽根、前掲書、二〇一二年、三四三―三四四頁）

（い　びょんちょる　青山学院大学）

日本国際政治学会編『国際政治』第209号「冷戦と日本外交」（二〇二三年三月）

「米英連邦」の模索
――第二次世界大戦初期におけるアーノルド・J・トインビーの世界秩序構想――

水野良哉

はじめに

国際関係思想史（History of International Thought）という分野横断的な学問領域において[1]、過去の世界秩序に関する諸構想を、思想史の視角から再検討する一連の研究が近年盛んになされている。本稿との関連では、オア・ローゼンボイム（Or Rosenboim）による『グローバリズムの出現：英国と米国における世界秩序構想、一九三九年―一九五〇年』に代表されるように、二〇世紀の多様な世界秩序構想の歴史を再検討する研究が陸続と生み出されている[2]。ローゼンボイムは、主に一九四〇年代の米英で世界秩序を巡る言説を展開した多様な知識人に着目し、地域・世界連邦構想、機能主義的な国際機関や越境的な宗教ネットワークに関する議論、世界憲法の起草に示される主権国家体制の枠組みを超えた世界秩序構想[3]、そして米国の地政学者による世界秩序構想を検討するとともに[4]、帝国統治の正当性に関する様々な見解が当時の世界秩序を巡る言説に存在したことを解明した[5]。本稿の目的は、上記の歴史像を基本的に認めつつも、第二次世界大戦初期におけるアーノルド・J・トインビー（Arnold J. Toynbee）の米英を中心とした世界秩序構想の検討を通じて、西欧と北米の連帯を意味した「大西洋主義（Atlanticism）」の知的潮流への理解を深めることにある。具体的には、大戦時の「大西洋主義」に関する近年の研究で指摘されてきた、国際体制、神学、帝国統治の問題について補足すると同時に[6]、それらの点と比して考察されることが少なかった経済や福祉の問題についても新たな知見を提供したい。こうした検討は、二〇世紀中葉の世界秩序の構想史への理解を深めることに資するであろう。また、トインビーが、その世界秩序構想において、帝国統治を容認したことを解明することで、トインビーの国際関係思想における帝国の問題の重要性を示唆し、その思想体系の更なる理解にも寄与したい。

トインビーは、その独自の文明論により世界的な名声を博した英国の歴史家であると同時に、二〇世紀前半の国際政治学において、広範な知名度を有する国際政治学者でもあった。(7) 彼は、国際政治学研究が盛んな王立国際問題研究所（The Royal Institute of International Affairs）において、一九二五年から一九五四年の期間に研究室長としての職務を全うし、(8) 特に戦間期には、同研究所で行われた国際情勢分析をまとめた『国際問題大観』の執筆に従事した。

しかしながら、今日の国際政治学において、トインビーの名を聞くことは必ずしも多くない。その主な理由の一つは、E・H・カー（E.H. Carr）が、『危機の二十年』において、トインビーを、普遍的な国際社会全体の利益と特殊な利益である国益とを同一視し、現実政治への理解を欠く「空想主義者」と非難したことにある。(9) 実際、カーに非難された他の知識人と同様に、トインビーは、後世の国際政治学において長らく研究の対象とされない傾向にあった。そのため、一九九〇年代以降、カーに批判され、その後等閑視された知識人を再検討する研究動向の中で、(10) トインビーの国際関係に関する知的営為の再検討が進展しているものの、(11) その更なる解明が必要な状況にある。

そうした研究史の中でも、第二次世界大戦時のトインビーの議論に着目した研究は、とりわけ数が少ない。その最大の理由は、トインビーが、同時期に英国外務省の要請と資金提供を受け、オクスフォード大学のベリオール・カレッジ内に設立された海外調査報道部（Foreign Research and Press Service）での勤務に従事し、『国際問題大観』を含む著作の執筆の中断を余儀なくされたことにある。事実、トインビーは、他の多産な時期とは異なり、第二次世界大戦時には一冊しか著書を公刊しておらず、しかもそれは『キリスト教と文明』という、国際関係の問題に必ずしも直接関連するものではなかった。(12) そのため、後世の研究では、トインビーの国際関係に関する知的営為を考察する際、他の時期における議論が検討されることはあっても、第二次世界大戦時の議論が検討されることは少なかった。

しかしその中でも、大戦時のトインビーの議論に注目した研究として以下のものが存在する。例えば、ロバート・H・カイザーリンク（Robert H. Keyserlingk）の研究は、南東ヨーロッパに関する戦後構想が英国政府内で議論された際に、トインビーが果たした役割に着目し、その知的活動を分析している。(13) カイザーリンクの議論は、大戦中のトインビーの議論を理解する上で有益なものである。しかし、同研究では、彼が大戦後の世界を見据え、米英を中心とした世界秩序を構想したことは検討されなかった。他方で、トインビーの戦後世界秩序構想に関する研究としては、トインビーが、第二次世界大戦勃発以降、ドイツの脅威に対抗する形で、米英が主導する戦後世界秩序を展望したことに言及するものがある。(14) しかしながら、こうした研究においても、その秩序構想の内在的な検討は十分に行われず、一定の課題が残されている。

それゆえ、本稿は、第二次世界大戦初期の政治的文脈、そして先行する、あるいは同時期の世界秩序に関する知的文脈を踏まえながら、トインビーによるメモランダムや個人文書など、管見の限りごく部分的にしか用いられてこなかった未公刊史料を主に用いることで、彼の米英を中心とした戦後世界秩序構想がどのようなものであったかを解明する。

一　「全体主義国家」の台頭を受けて

本節では、第二次世界大戦初期におけるトインビーの米英を中核とする戦後世界秩序構想の背景として、一九三〇年代の国際関係やそれに関する彼の認識について略述する。(15)一九三〇年代の国際関係は、国際的な協調と安定が存在したとされる一九二〇年代の国際関係とは異なる状況にあった。一九二〇年代には、ヨーロッパの安全保障に関する合意と英仏独間における協調をもたらした一九二五年のロカルノ条約、戦争の違法化を約した一九二八年のパリ不戦条約が締結されるとともに、国際連盟を中心とした各種の国際機関などを通じて、人々の国境を越えた知的・文化的交流も盛んに行われた。(16)しかし、一九三〇年代に入ると、そうした国際的な協調や安定は動揺することになった。

周知の通り、一九三〇年代の国際関係においては、一九三一年の満州事変、一九三五年のイタリアのエチオピア侵攻、一九三六年に始まったスペイン内戦、一九三〇年代後半のドイツの対外拡張などが相次いで起こった。上記の一連の出来事は、対立が顕在化した一九三〇年代を特徴づけるものであり、ザラ・スタイナー（**Zara Steiner**）の表現を用いれば、当時の国際関係は「暗黒の勝利」を思わせるものであった。(17)

トインビーは、一九三〇年代の国際関係の悪化を受け、各国が自国中心主義的となり、「無制限な軍拡競争」や「同盟を獲得するための競争」が生じていると考えた。(18)彼の見解では、こうした国際関係の悪化の原因は、ドイツ、イタリア、日本など、「第一次世界大戦後の国際的な法秩序」の転覆を試みる「全体主義国家」の野心にあった。トインビーは、それら諸国が、第一次世界大戦後に構築された国際的な「法と秩序」を、各々の野心の達成の障害と見なし、破壊することを試みていると考えた。(19)

トインビーは、そのように現状に不満を持つ三国の中でも、ヴェルサイユ講和条約に対して大きな不満を持つと同時に、強大な国力を持つドイツを特に危険視した。(20)彼は、少なくとも一九三〇年代中葉まで、アフリカの植民地を国際共同管理する主体としてドイツを認める形で、同国への譲歩を考慮していたものの、(21)一九三〇年代後半におけるドイツの拡張主義的な対外行動を受け、民主主義や法の支配といった理念に適う世界秩序を再構築するため、英国が、フランス、ソ連、そして米国と共同行動を採り、ドイツに対抗することを主張するようになった。(22)加えて、トインビーは、そうした共同行動を、共通の「道徳的・政治的伝統」を基にして、言語や民族性を超えた「社会的な紐帯」を有するヨーロッパ諸国や米国などから構成される連邦制へと発展させることも示唆していた。(23)

上記のトインビーの国際情勢分析に特徴的なのは、それが彼の文明論的・神学論的な考察と関連していた点にある。文明論的な問題について、トインビーは、英国のヴィクトリア・エドワード時代に存在した、古典古代の歴史に関する知見を現代世界の理解や判断の指針とする知的潮流に根差しつつ(24)、元来の専門である古代ヘレニズム文明の歴史に関する知識を用いることで、西洋文明の問題を理解することを試みていた。

　トインビーの文明論は、全一二巻に及ぶ『歴史の研究』などで広範に展開されたものであり、紙幅の関係上その全体像を示すのは手に余るが、本稿との関連では、その古代ヘレニズム文明の解体の原因に関する考察が特徴的である。トインビーは、同文明の解体を引き起こした主な原因を、古代ギリシャの都市国家システムにみた。彼の文明史観によれば、古代ギリシャの都市国家システムは、対立や戦争により同世界に社会的な分断を引き起こした。そして、こうした闘争の最終段階において、古代ローマ帝国が、他の諸国を覇権的な軍事力で制圧し、古代ヘレニズム世界に統一をもたらした。しかし、その段階においては、古代ヘレニズム文明の精神的な活力は、統一への過程で生じた度重なる戦乱により既に失われていたのであった(25)。

　特筆すべきことは、トインビーが、そうした古代ヘレニズム文明に関する歴史的理解を用いて、当時の国際関係を分析したことである。彼は、古代ヘレニズム文明と西洋文明の類縁性を思念し、西洋諸国が国際的な無政府状態や戦争の問題を解決できず、最終的にある特定の覇権的な国家が他の諸国を制圧することで、西洋「社会がその活力を枯渇」させ衰退することを懸念した(26)。特に、ドイツが世界的な覇権を握る可能性や二度目の大戦勃発の危機が高まるにつれて、「西洋文明の死に関する認識」を持つようになった(27)。

　こうした文明論的考察と同様に、トインビーの国際情勢分析と神学的な考察との関係性にも言及したい。トインビーは、先述したヨーロッパ諸国や米国などからなる連邦制に関して、それを構成する諸国が共有する「民主主義的な理念」の土台を、「キリスト教的な基礎」から生じるものと論じた。また、トインビーは、キリスト教の教義は暴力や強制とは本来相反するとしながらも、「より少ない悪」を選ぶ「政治術」の必要性を説き、ドイツへの対抗を正当化した(28)。そうした考えを示す際、彼は、古代の神学者であるアウグスティヌス（Augustinus）に依拠した。トインビーは、アウグスティヌスが、その著作である『神の国』において、「神の国」の人々も「地の国」の人々に学ぶことがあり、建設的な目的のために権力の行使を認めたという見解を示し、英国が建設的な目的のために権力を行使してドイツに対抗することを主張した(29)。こうしたドイツへの対抗を唱える神学的な議論は、同じくアウグスティヌスに依拠しドイツへの対抗を説いた英国の国際政治学者のアルフレッド・E・ジマーン（Alfred E. Zimmern）、さらには、多少文脈は異なるが、ナチズムを宗教的自由や民主主義への脅威と認識した米国の一部のキリスト教徒による議論にも見られた(30)。

二　世界統合と地政学

　上述のように、トインビーは、第二次世界大戦勃発以前から、英国が主にフランス、米国、ソ連と共同し、ドイツに対抗する必要性を論じていた。しかしながら、トインビーは、大戦における戦況の変化、特に一九四〇年五月一〇日に始まったドイツの西ヨーロッパ地域での攻勢を受け、将来の世界秩序のあり方について再考を迫られることになった。

周知のように、第二次世界大戦勃発後の暫くの期間、ドイツと英仏の間では大規模な陸上戦闘が殆ど起こらず、いわゆる「奇妙な戦争（Phony War）」といわれる状態が続いた。しかし、そうした状況はやがて一転することになる。一九四〇年五月一〇日に、ドイツがオランダとベルギーへの攻勢を開始し、同年六月にはフランスがドイツに降伏したのである。こうしたドイツによる一連の攻勢は、特にヨーロッパ大陸における勢力均衡の構造的な変化を引き起した。ごく短期間ではあるが、ドイツの覇権的影響力が、ヨーロッパ大陸の広範囲に渡って確立されることになった(31)。

ドイツは攻勢の矛先を英国にも向けた。一九四〇年七月には、英国への上陸作戦を試み、翌八月以降には、英国本土に対する空襲を開始した。このような状況の中で、同年五月から英国の政権を引き継いだウィンストン・チャーチル（Winston Churchill）政権下の英国にとって、米国を本格的な参戦に招き入れることは極めて肝要であった。しかし他方で、チャーチルは、明確な戦後構想を打ち出すことには当初否定的であり、英国の戦後構想を世界に向けて明確に示す必要性を感じていたのは、むしろハリファックス（Lord Halifax）外相や、一九四〇年一二月にその後任に就いたアンソニー・イーデン（Anthony Eden）外相であった。ハリファックスは、英国が明確な戦争目的を示すことを望む声が米国に存在するとの報告を英国外務省から受ける中で、この様な要望を真剣に受け止めるようチャーチルに進言した。イーデンも、ドイツによるヨーロッパの支配を阻止すると同時に、より広範な目的として、戦後により良い世界を創出することを主張していた。このように、当時の英国外務省では、単にドイツに対抗するだけでなく、大戦後の秩序を構想する必要性を説く向きが存在した(32)。

こうした英国外務省の動きと同様に、トインビーも米国の世界関与を望む一方で、戦後に向けより良い世界秩序を構想する必要性を感じるようになった。彼は、第二次世界大戦が近づくにつれ、王立国際問題研究所や英国の大学に在籍する歴史家・国際政治学者を中心として、幅広い知識人による戦争協力活動を束ねることに奔走した。また、大戦が勃発して以降、同研究所における海外調査報道部の長を務め、英国外務省と連携を取り情報分析に従事した(33)。

こうした活動に従事する中で、一九四〇年六月のフランスの降伏は、トインビーにとっても大きな衝撃であった。実際、彼は、同月二三日の書簡にて、ドイツがフランスを降伏させたことを受け、ヒトラーのドイツによる世界統合か、英語圏諸国による世界統合が将来の国際関係にて達成されるとし、ドイツの覇権的台頭に対抗するため、米国と英国を中心とした世界秩序形成の必要性を思念した(34)。

それから約一〇カ月後の一九四一年四月初旬には、自身の世界秩序に関する体系的な見解を、海外調査報道部から戦時内閣向けに作成した一連のメモランダムにおいて表明した。[35] トインビーは、民主主義の理念をドイツから擁護する点で、一九三〇年代後半に抱いた問題意識を引き続き有する一方で、一九三九年八月の独ソ不可侵条約締結やフランスの降伏という国際情勢の変化を考慮に入れ、戦後世界秩序を新たに構想することに努めた。

まず、トインビーは、「平和目的のための序文」[36] というメモランダムで、現代の歴史の趨勢が世界統合にあると論じた。彼は、鉄道、蒸気船、電信などの近代テクノロジーの発展により、人々を隔てる距離が消滅したという、主に一九世紀後半以降に存在した知的文脈に連なり、[37] 近代的な技術革新により、共同体間や個人間の関係性に大きな変化が生じたことで、世界統合へと向かう歴史的趨勢が顕著になっていると論じた。[38] 加えて、トインビーは、そうした世界統合を巡る趨勢において、米国と英国を中心とした民主主義的な英語圏諸国と「全体主義」的なドイツが、将来の世界統合の主導権を巡り世界大の抗争状態にあると考えた。しかしながら彼の見解では、世界秩序の創設者になることを熱望するドイツ人とは異なり、英語圏諸国民の多くは、世界秩序を確立し維持する責任を積極的に負うことを望んでいなかった。トインビーは、そうした状況を懸念し、ドイツによる世界秩序を確立しようとする試みを阻止するだけでなく、英語圏諸国が世界秩序の構築に積極的に取り組む必要性を強調した。彼は、英語圏諸国による代替的な世界秩序が示されなければ、世界の多くの諸国は戦争を回避するため、ドイツによる「最も圧政的な秩序や最も道義にかなわない平和」を甘受する可能性があると危惧した。[39]

また、トインビーは、世界統合の問題を地政学的見地からも考察していた。トインビーは、世界が統合へ向かう際の趨勢として、海洋勢力による「海洋のパターン」と陸上勢力による「大陸のパターン」が歴史的に存在してきたという認識を、「世界統合に関する大陸対海洋のパターン」[40] にて示した。その歴史観によれば、中世においては、西洋のキリスト教国による陸上での拡大が行われ、世界の地理的構造が大陸的なものであった一方で、近代においては、英国の海洋での拡大により、その地理的構造が海洋的なものに変容した。英国は、その金融力と産業力を基盤として、自国に敵対する諸国を凌駕するようになり、海洋を通じた「社会的な結びつき」を世界に付与したのであった。[41]

しかしながら、トインビーは、近代世界において英国が構築した世界の構造が、一九世紀後半以降変容してきたと考えた。彼は、その具体例として、ロシアの中央アジアでの拡大、米国の大西洋から太平洋やラテン・アメリカ地域に跨る拡大、ヨーロッパ諸国のアフリカにおける拡大、ドイツの鉄道を活用した南東ヨーロッパから南アジアに至る拡大、そして満洲から中国全域にわたる日本の拡大を挙げた。トインビーは、こうした一九世紀後半から二〇世紀前半に至る一連の拡大を大陸的なものとし、現代のドイツの拡張行動をその延長線上に位置づけた。

トインビーは、そうしたドイツの拡張により、一九世紀の間に英国が海洋を通じて形成した「社会的な結びつき」が清算される可能性を指摘した。彼は、海洋を通じて世界を架橋する英国の取り組みとは異なり、ドイツがヨーロッパ、アフリカ、東アジアをその支配下に置き、それらの地域に他の世界と隔絶した「生存圏」の構築を通じて、世界統合を達成することを憂慮した。トインビーは、そうしたドイツの世界統合の試みを大陸的で非民主主義的とし、反対に英語圏諸国の世界統合の試みを海洋的で民主主義的と形容した(42)。

上記のトインビーの議論のように、ドイツの政治体制や政治理念を大陸的、または非民主主義的と否定的に表象する知的傾向は、特に第一次世界大戦以降の米英において存在した。例えば、ジマーンやライオネル・カーティス（Lionel Curtis）などの英国の知識人は、第一次世界大戦時において、大陸ヨーロッパ（特にドイツ）を国家主義や専制主義への称揚という点から否定的に評した(43)。また、米国の政治地理学者であったイザイア・ボウマン（Isaiah Bowman）は、第二次世界大戦時において、個人の自発性や多様性、そして人権を重んじる民主主義の理念に反する「ナチスの哲学」を批判するとともに、ドイツの対外政策の目的を「隣国の従属化」と評した(44)。

加えて、このように大陸と海洋という地理的な観点から、世界秩序の問題を考察した思想家として付言に値するのは、カール・シュミット（Carl Schmitt）である。シュミットは、一九四二年に刊行した『陸と海と』などの著作で、その世界史的観点から、陸と海という別々の空間において、異なる秩序構想が生み出されてきたという見解を示した。彼は、陸に根差した主権国家体制からなる具体的なヨーロッパ公法の秩序と、海洋に根差し具体的空間を持たない国境を超えた英国の普遍的秩序との軋轢(45)、さらには、海の支配を通じた英国による世界経済の支配を非難した。トインビーは、シュミットほど体系的ではないが、海と陸という類型に基づき世界史的な展望を提示した点で、類似した歴史認識を有していた。他方で、海洋勢力である英国による海洋を通じた「社会的な結びつき」を肯定的にみるとともに、大陸勢力であるドイツの秩序形成の試みを世界の分断を生み出すと否定的に評価した点では、相反する見解を有していたといえよう。

三　「米英連邦」による戦後世界秩序

前述の地政学的な思考を背景に、トインビーは、米英を中核とする「米英連邦（Americo-British Commonwealth）」により形成される戦後世界秩序を構想した(46)。彼によれば、この世界秩序は、ドイツの支配を基にした世界秩序とは異なり、完全に自治的な全ての参加国の委託により形成され(47)、強大な国とそうでない国との間で道徳的な不平等が存在しない連邦制から成るものであった(48)。以下では、トインビーが示した「米英連邦」による戦後世界秩序に関する構想を、戦略的・経済的・政治的側面から順に考察する。

まず、「米英連邦」における戦略的な点についてである。トインビーは、「米英連邦」における戦略上の問題について、米国の戦略的利益がアメリカ大陸を超えて拡大していることを指摘し、それが二つの重要な意味を持つとした。一つ目は、アメリカ大陸の防衛は、世界の他の海洋勢力に依存していること、そして二つ目は、それゆえに、米国が西ヨーロッパや東アジアの英国の海軍基地を使用しなければ、アメリカ大陸を防衛できないことであった。トインビーによれば、これは、米国が自国とアメリカ大陸の安全保障のため、英国やその帝国の協力を必要とすることを意味した。トインビーは、海洋を跨ぐ米国と英国の戦略上の利益が、世界大の支配を企てるドイツに対抗する形で、地球規模で不可分に結び付いていると論じた[49]。

トインビーは、戦略的観点から、米国と英国の主要なパートナーやその他の連携国にも言及した。彼の見方では、米国と、ラテン・アメリカ諸国やフィリピンとの関係、英国とドミニオン諸国やその帝国における保護領、さらには、アフリカ諸国、南東アジア、インドとの関係性は重要であった。現に、トインビーは、これらの諸国・諸地域の莫大な資源が米英側にもたらされることは、ドイツを中心とする枢軸勢力に対する勢力均衡の観点から肝要であるとした[50]。

他方で、トインビーは、英国と米国には、ヨーロッパ大陸への関与について伝統的な恐怖があると指摘し[51]、ドイツの拡張主義的な対外行動により、特に米国の「孤立主義」的な傾向が強まることを憂慮した。彼の見方では、ドイツによる世界の分割を基に支配的な地位を確立する試みにより、米国がアメリカ大陸での問題に専念し、ヨーロッパやアジアの問題に関与しない態度を取る危険性があった[52]。

「孤立主義」への危惧は米国にも存在した。スティーブン・ワースハイム（Stephen Wertheim）によれば、特に一九四〇年六月におけるフランスの降伏以降、米国が戦後世界において覇権的な役割を担う必要性が外交政策エリートを中心に広範に説かれる中で[53]、米国の覇権的な軍事力やその行使に反対する人々を、世界平和への責任を軽視する「孤立主義者」と非難する論調が、米国内で頓に流布するようになった[54]。例えば、地政学者のニコラス・J・スパイクマン（Nicholas J. Spykman）は、一九三〇年代の米国でなされた「孤立主義」と「介入主義」との対外政策論争で後者の立場を取った上で、「世界が、計画・統合された地域経済を指揮する、少数の大規模な覇権システムによって組織化されるべきだという、ファシズムの理念」を、米国の西半球におけるリーダーシップと引き換えに認めているとして、米国の「孤立主義者」を非難した[55]。スパイクマンは、米国が戦後世界においても権力政治の問題に直面すると想定し[56]、「孤立主義」に逆戻りするのではなく、大戦後も国際関係における勢力均衡の維持に努め、戦後世界秩序を擁護することを説いた[57]。

「米英連邦」における経済的な問題について、トインビーは、海洋という地理的なイメージとの関連で、自由主義経済と福祉の問題を考察した。自由主義経済について、トインビーは、海洋勢力である英国が、ヨーロッパの大陸国家による危険から、自由主義経済に親和的な経済体制を一九世紀の間に擁護したように、米国と英国が自由主義経済を擁護する必要性を感じ以下のように述べた。

> 今日の海洋世界において、何故「米国と英国による平和」が、過去の「英国による平和」と同様に、ヨーロッパ大陸における侵略を防ぐと同時に、同大陸における貿易、移住、投資を擁護しないことがあり得ようか[58]。

トインビーは、そうした経済体制と対置するものとして、ドイツの経済体制を大陸的かつ自給自足的であると非難した。彼によれば、ドイツは、特に南東ヨーロッパ地域の貿易活動に干渉することで、同地域の諸国に対して経済的支配を確立しており、それらの諸国では、ドイツの傀儡と化した政府が、経済活動全体を統制し歪めていた(59)。トインビーは、こうした非開放的で支配を生みだす経済圏の在り方を「軍事的境界」(60)と呼び糾弾した。

福祉に関して、トインビーは、「米英連邦」が、長期的で計画的な国際経済への取り組みを通じ、経済後進地域の生活水準を向上させるとした。彼によれば、そうした発展に向けた投資は経済先進諸国により行われるが、長期的にはそれら諸国も利益を得ることを期待できるのであった。加えてトインビーは、経済後進状態にある地域の生活水準を向上させることは、安全保障上の理由からも肝要であるとした。彼は、東ヨーロッパや中国での産業の発展が、それら諸地域の軍事的・政治的発展を促し、両地域におけるドイツや日本の支配を防ぐと考えた(61)。

しかしながら、トインビーは、敵国であるドイツと日本に対しても、戦後世界の福祉の恩恵を与える必要性を看取していた。彼は以下のように述べた。

> ドイツがヨーロッパとアフリカにおいて「生存圏」を支配することや日本が東アジアや南洋を支配することを阻止した後に、海洋的な連邦の指導的な諸国は、正当な期待に見合った生活水準に落ち着くことを可能にする代替的な生活手段を、米英による世界的な連邦の充足し平和的な市民と同様に、ドイツと日本の市民に与える道義的な責任があるだろう(62)。

トインビーは、こうした経済的取り組みを、より安定的な世界秩序を構築するために必要な措置とみた。彼によれば、米国と英国が主導する世界秩序を「より寛容な、受け入れ可能で、耐久性のある」ものにするため、英語圏諸国は、ドイツなどの諸国が「生存圏」を求め隣国を征服することを阻止するだけでなく、それら諸国に代替的な生活手段を与える必要があった(63)。

戦略的・経済的な問題に加えて、トインビーは、政治的価値や政治体制といった点からも検討を行った。その際、トインビーは、現代世界の統合が海洋的な勢力と大陸的な勢力のどちらかに担われるかは、戦後の世界秩序における各地域や国家の政治体制が、「民主主義的か全体主義的であるか」を決定するとし、前者を米国と英国を中心とする英語圏諸国との関連で、後者をドイツとの関連で念頭に置いた。そして、「米英連邦」が体現する「民主的な精神」が、ドイツや日本の社会的気質を徐々に変化させ、道義に適った世界統合が最終的に達成されることを望んだ(64)。

トインビーは、「米英連邦」の構成国を巡る問題にも考察を加えた。彼によれば、第一にその構成国として選任される諸国は、米国と英国による平和を全面的に支持するとともに、国内社会における法の支配や人々の権利の保障に関して、「政治的に成熟している」

ヨーロッパ諸国や西洋的文化を共有するその他の諸国であった。このため、トインビーは、イタリアやポルトガル、そしてインドなどの非西洋諸国が、直ちに「米英連邦」の構成国となることは難しいとみた。(65)

また、トインビーは、「米英連邦」の構成国になることを望まない諸国も少数ながら存在すると考え、ある程度の強制を伴っても、そうした諸国を「米英連邦」に組み込む必要があるとした。彼の見解では、この問題が生じるのは、特にドイツの場合であった。トインビーは、ドイツの強大な産業力、同国とソ連の間に存在する諸国の脆弱性、隣国のドイツへの恐怖などの問題点を考慮すると、ヨーロッパ大陸の安定のため、ドイツを長期の「軍事的占領」に置くこともありうると判断した。(66)

四　英語圏諸国の紐帯・帝国統治・英国によるリーダーシップ

先述のように、トインビーは、民主主義という共通の理念に基づき、米英を中核とする英語圏諸国の紐帯を説いたが、こうした議論は、米国と英国による連邦の形成を軸とし、英語圏諸国の統合を説く知的潮流に属するものであった。ダンカン・ベル（Duncan Bell）によれば、アングロサクソンという人種的要素と民主主義という政治的理念を基調とし、アングロサクソン諸国（特に米英）の紐帯に基づき連邦制や世界政府を構想する知的潮流が、大西洋を跨ぐ形で二〇世紀転換期の米英両国に存在していた。(67)

こうした思考様式は、二〇世紀転換期ほど人種主義的な色彩を帯びなかったものの、第二次世界大戦という危機的状況の中、主に西欧と北米の連帯を説く「大西洋主義」の潮流においても一定程度表出した。例えば、ニューヨーク・タイムズ紙（*The New York Times*）のジャーナリストであり世界連邦論者でもあったクラレンス・ストライト（Clarence Streit）は、枢軸国を打倒するため、米英の協力を唱えた。一九三四年にノーベル平和賞を授与されるなど、英国社会を中心に知名度のある人物であったノーマン・エンジェル（Norman Angell）も、将来の世界秩序における英語圏諸国のリーダーシップを強調し、米国と英国を中心とする英語圏諸国が、来るべき世界連邦の核となることを説いた。(68) 第二次世界大戦初期のトインビーの世界秩序構想は、上記の論調に親和性を持つものであり、米英の紐帯をより強調する面があった。(69) その点では、同じく「大西洋主義」の知的文脈に属しドイツへの対抗を志向しながらも、英国や英連邦の白人自治領と米国だけでなく、ヨーロッパの民主主義諸国との紐帯も説いたジマーンと多少見解を異にしていた。(70)

ここで、トインビーと「大西洋主義」に連なる他の知識人との類似性や相違について、特に神学、国際制度、経済や福祉の観点から更に言及したい。神学的な点について、トインビーは、キリスト教神学の議論を土台とし、民主主義国家の紐帯を展望したジマーンやカーティスと同様に、先述のアウグスティヌスへの言及に見られるように、キリスト教神学の議論を基に大西洋を跨ぐ欧米民主主義諸国の結びつきを説いた。(71) また国際制度に関して、一七七八年のアメリカ憲法を範型とし、世界政府を戦後世界に設立することを企図したストライトとは異なり[72]、トインビーは、構成諸国からなる緩やかな連邦制を企図した。そうした彼の見解は、基本的には各国の政府間の連帯を説く点で、よりジマーンに近いものであった。しかし他方で、トインビーは、神学的問題や立憲主義的国際関係の構築に注力したジマーンと比して、国際的な自由主義経済の擁護や経済後進地域への投資、そしてドイツや日本への福祉の提供など、戦後世界秩序を持続的なものとするため、戦後世界における経済や福祉の問題により注意を払っていた[73]。

加えて、二〇世紀転換期のアングロサクソン主義者とトインビーの人種観の違いも肝要であろう。トインビーは、後述するように、文明の階層性を前提とした委任統治制度を擁護した一方で、少なくとも二〇世紀転換期のアングロサクソン主義者の人種観よりも開明的な人種観を有していた。例えば、トインビーは、歴史的に黒人が文明の発展に貢献したことは少ないとしながらも、将来的には黒人が文明の発展に寄与することは可能であると論じた[74]。こうした人種観は、黒人を含む有色人種に対する白人の優越性を前提とした上で、白人を人類の進歩の先導者と位置付けた多くの二〇世紀転換期のアングロサクソン主義者の人種観と比して[75]、黒人等の非白人の自立性や創造性をより高く評価したものであった。

トインビーは、「米英連邦」内の指導的な諸国やその他の構成国の統治下にある非自治的な領地や保護領についても言及した。彼は、非自治的な領地や保護領での人間の権利や法の支配を擁護するため、指導的な諸国を中核とする国際機関により、それら諸国・諸地域を監察することを主張した。そして、そうした国際機関は、自治的ではない領地や保護領が「米英連邦」における完全に自治的な構成国となる機が熟した際に、指導的な諸国に進言する役割があるとした[76]。

トインビーの見解では、上記の取り組みは、英連邦の領地と保護領を完全に自治的な構成諸国に変える「英国の伝統」を体現するとともに[77]、フランスやオランダなど、一部のヨーロッパ大陸諸国の「植民地統治における寛大さ」の伝統にも連なるものであった。彼は、それら諸帝国が実践してきたように、非自治的な領地や保護領における現地人の権利、地位、福祉を改善するため、そうした人々を積極的に保護することが戦後世界秩序にとって望ましいと論じた[78]。

こうした議論を理解する際には、第一次世界大戦後に創設された委任統治制度に関する思想や実践に言及する必要がある。英国やフランスを含む帝国列強は、第一次世界大戦以降、その植民地統治の目的や原理を改めて明確にする必要性に直面した。同大戦中にウッドロー・ウィルソン（Woodrow Wilson）やウラジーミル・レーニン（Vladimir Lenin）が民族自決の原理を唱導して以降、帝国の倫理的問題を問う声が、植民地領と本国に存在するようになり、異国の人々への非民主的な支配をいかに正当化するかという問題が生じたためである。こうした問題に対して、英国のように帝国を有する諸国は、民族自決の原理を適応できる段階に至るまで、国際的な組織による監査の下で各植民地帝国が信託統治を行うことで、規範的に動揺した帝国統治に正当性を付与するという委任統治制度に回答を見出した(79)。トインビーの戦後世界秩序構想は、そうした帝国統治に関する取り組みを一定程度反映し、それを戦後世界にも展望する側面を有していた。

このようなトインビーの認識を批判的に分析する際、小説家・評論家のジョージ・オーウェル（George Orwell）による同時代的な帝国主義批判は有用かと思われる。オーウェルは、ストライトの世界連邦構想に内在した、非自治的な領地の存在を前提とする帝国主義的な認識を批判したが(80)、こうした批判は、黒人を含む非白人種の一定の自立性を認めるものの、文明の発展段階における階層性を念頭に、帝国統治を正当化したトインビーの議論にも当てはまるものであった。

また、トインビーが、その世界秩序構想において、英国のリーダーシップを強調していたことも付記したい。既存の研究は、彼の義理の父親であり、第一次世界大戦時に国際連盟協会の設立に携わったギルバート・マレー（Gilbert Murray）と同様に、二〇世紀中葉に、世界を指導する役割が英国から米国に移行することを思念した英国の代表的な知識人としてトインビーを評価してきた(81)。しかしながら、トインビーは、その戦後秩序構想において、英国が米国にその指導的な役割を単に引き渡すことを認めたわけではなかった。彼は、確かに大戦後の世界における米国の重要性を看取し、米国と比べ英国が相対的に衰退したことを認めつつも、同国が世界的な関与とリーダーシップを通じ、戦後世界でも影響力を維持することを主張した。

トインビーは、こうした見解を、「何故、英国は自国をヨーロッパ大陸から切り離すことが出来ないのか(82)」と題されたメモランダムで示した。彼は、広大な土地、人口、資源、産業力、そして大西洋と太平洋という二つの海洋に隣接する戦略的な位置のため、米国が戦後世界秩序の中心になるとする一方で(83)、英国も、米国とヨーロッパ大陸諸国との架け橋として世界的に重要な役割を果たせるとし、以下のように述べた。

> 近代世界における英国の偉大な立ち位置は、主にヨーロッパ大陸の旧世界と対岸の新世界の間における架橋国家としての役割によるものであった(84)。

トインビーによれば、英国は、そうした取り組みを通じてこそ、戦後世界においても、世界全体に平和をもたらせるほど強大かつ、寛容で正義に適う各国のパートナーシップの形成において大きな役割を果せるのであった(85)。しかし他方で、トインビーは、英国がこの役割を放棄すれば、同国は経済的繁栄の土台のみならず、国際的な知的・道義的リーダーシップの土台をも失うと考えた(86)。このように彼は、相対的に衰退する英国が、「架橋国家」として、外交的・道義的な点から戦後世界秩序の形成において重要な役割を果たし、戦後世界でも枢要な地位を占めることを企図していた。

おわりに

以上のように、本稿は、第二次世界大戦初期におけるトインビーの米英を中心とした戦後世界秩序構想について検討した。それは、ドイツの台頭とフランスの降伏という政治的変動を背景に、米国の世界関与の必要性を示す一方で、政治体制や政治的価値、国際的な経済体制、地政学、帝国統治、そして米英を中核とした英語圏諸国の紐帯といった多様な要素からなり、また、そうした総合性のゆえに、一定の独自性を有した秩序構想であった。

既述のように、ローゼンボイムは、主に一九四〇年代の米英両国における多様な知識人の世界秩序を巡る言説を分析し、主権国家の枠組みに留まらない様々な世界秩序構想や米国の地政学者の世界秩序構想、さらには、帝国統治の正当性に関して様々な見解が存在したことを明らかにした。本稿でのトインビーの戦後世界秩序構想の検討は、上記の歴史像を大筋で認める一方で、大戦時の「大西洋主義」の知的潮流における政治体制、神学、帝国統治の問題について一層の理解を促すとともに、国際的な自由主義経済の擁護、経済後進地域への投資、そして戦後のドイツや日本への福祉の提供など、経済体制や福祉の問題にも新たな知見を供するだろう。こうした点は、二〇世紀中葉の世界秩序の構想史を考察する手掛かりとなると思われる。

最後に、トインビーの国際関係思想の体系的理解への貢献に関しても指摘しておきたい。近年の研究では、トインビーが、戦間期における国際情勢分析の中で、帝国統治を容認していたことが指摘されてきた[87]。本稿での検討は、そうした認識が、彼の戦後世界秩序構想の中にも存在したことを解明した。この点は、既存研究の見解を更に推し進め、トインビーの国際関係思想体系において、帝国の問題が少なからぬ重要性を有していたことを示唆するであろう。

(1) David Armitage, *Foundations of Modern International Thought* (Cambridge University Press, 2013).

(2) Or Rosenboim, *The Emergence of Globalism: Visions of World Order in Britain and the United States, 1939–1950* (Princeton University Press, 2017); Quinn Slobodaian, *Globalists: The End of Empire and the Birth of Neoliberalism* (Harvard University Press, 2018); Adom Getachew, *Worldmaking after Empire: The Rise and Fall of Self-Determination* (Princeton University Press, 2019); Mira L. Siegelberg, *Statelessness: A Modern History* (Harvard University Press, 2020).

(3) Rosenboim, *op. cit.*, p. 272.

(4) *Ibid.*, pp. 56–99.

(5) *Ibid.*, p. 7, 279.

(6) *Ibid.*, pp. 100–121; Talbot Imlay, "Clarence Streit, Federalist Frameworks, and Wartime American Internationalism," *Diplomatic History*, 44: 5 (2020), pp. 808–833; Tomohito Baji, *The International Thought of Alfred Zimmern: Classicism, Zionism and the Shadow of Commonwealth* (Palgrave Macmillan, 2021), pp. 153–161.

(7) Cornelia Navari, "Arnold Toynbee (1889–1975): Prophecy and Civilization," *Review of International Studies*, 26: 2 (2000), pp. 289–301.

（8）前身として、一九二〇年に英国国際問題研究所（The British Institute of International Affairs）が創設されたが、一九二六年に王立国際問題研究所へと名称変更された。

（9）E. H. Carr, *The Twenty Years' Crisis, 1919–1939: Reissued with a New Preface from Michael Cox* (Palgrave Macmillan UK, 2016), pp. 71–77, 150.

（10）David Long and Peter Wilson (eds.), *Thinkers of the Twenty Years' Crisis: Inter-War Idealism Reassessed* (Clarendon Press, 1995), pp. 1–20.

（11）Luca G. Castellin, "Arnold J. Toynbee's Quest for a New World Order: A Survey," *The European Legacy*, 25: 6 (2015), pp. 619–635; Georgios Giannakopoulos, "A World Safe for Empires? A. J. Toynbee and the Internationalisation of Self-determination in the East (1912–1922)," *Global Intellectual History*, 6: 4 (2021), pp. 484–505; Robert D. Venosa, "Arnold J. Toynbee, the Colonial Question, and 'Peaceful Change,'" *Britain and the World*, 14: 1 (2021), pp. 22–46; 葛谷彩「アーノルド・J・トインビー『歴史の研究』：比較文明学と国際政治学の連関」『比較文明』第三〇号、二〇一四年、六一―七九頁。

（12）Arnold J. Toynbee, *Christianity and Civilisation, Burge Memorial Lecture* (Student Christian Movement Press, 1940).

（13）Robert H. Keyserlingk, "Arnold Toynbee's Foreign Research and Press Service, 1939–43 and Its Post-War Plans for South-East Europe," *Journal of Contemporary History*, 21: 4 (1986), pp. 539–558.

（14）Christopher Brewin, "Research in a Global Context: A Discussion of Toynbee's Legacy," *Review of International Studies*, 18: 2 (1992), pp. 125–129; Mark Mazower, *Governing the World: The History of an Idea* (Penguin Press, 2012), pp. 194–195; R. M. Douglas, *The Labor Party, Nationalism and Internationalism, 1939–1951* (Routledge, 2004), pp. 107–108.

（15）詳細な分析としては、水野良哉「アーノルド・J・トインビーと一九三〇年代後半のヨーロッパ国際情勢」『国際政治』二〇二号、二〇二一年、三一―四二頁。

（16）Zara Steiner, *The Lights That Failed: European International History 1919–1933* (Oxford University Press, 2007); Daniel Gorman, *The Emergence of International Society in the 1920s* (Cambridge University Press, 2012), pp. 173–320.

（17）Zara Steiner, *The Triumph of the Dark: European International History 1933–1939* (Oxford University Press, 2010).

（18）Arnold J. Toynbee, *Survey of International Affairs 1937. Vol. 1* (Oxford University Press, 1938), p. 53.

（19）*Ibid.*, pp. 47–48.

（20）*Ibid.*, p. 24.

（21）Arnold J. Toynbee, Typescript, "Peaceful Change," Undated, 4/TOYN/2, Chatham House Archive, London. [以下、CHAと略記]。

（22）Arnold J. Toynbee, "What is Encirclement?" *The Listener*, 1 June, 1939, pp. 1156–1157; Arnold J. Toynbee, "A Turning Point in History," *Foreign Affairs*, 17: 2 (1939), p. 320.

（23）Letter from Toynbee to Curtis, 16 Feb 1939, 9/18b, CHA. トインビーは、ソ連をそうした連邦制の枠組みに含めておらず、同国との協力関係を、あくまで対ドイツという戦略的観点から捉えていた。

（24）Christopher Stray, *Classics Transformed: Schools, Universities and Society in England, 1830–1960* (Oxford University Press, 1998), pp. 117–232.

（25）Arnold J. Toynbee, "History," in: R. W. Livingstone (ed.), *The Legacy of Greece* (Oxford University Press, 1921), pp. 289–320.

(26) Arnold J. Toynbee, "Historical Parallels to Current International Problems," *International Affairs*, 10: 4 (1931), p. 479.

(27) Arnold J. Toynbee, Record of Hobhouse Memorial Lecture, "The Downfalls of Civilizations," Undated, 1939, MS. 13967/3, Toynbee Papers, Bodleian Library, Oxford.

(28) Arnold J. Toynbee, Memo, "First Thoughts on a Peace Settlement," 26 July 1939, 9/18f, CHA.

(29) Arnold J. Toynbee, "After Munich: The World Outlook," *International Affairs*, 18: 1 (1939), p. 18.

(30) Alfred E. Zimmern, "The Ethical Presuppositions of a World Order," in Marquess of Lothian, Alfred E. Zimmern, O. H. Von Der Gablents, and Others, *The Universal Church and the World of Nations* (G. Allen & Unwin, 1938), pp. 49–50, 54–56; Andrew Preston, *Sword of the Spirit, Shield of Faith: Religion in American War and Diplomacy* (Knopf, 2012), pp. 328–329.

(31) David Reynolds, "1940: Fulcrum of the Twentieth Century?" *International Affairs*, 66: 2 (1990), pp. 325–350.

(32) 細谷雄一「「国際連合」の起源：戦後構想をめぐる英米関係、一九四一年」『法学研究』七八巻八号、二〇〇五年、三一七頁。

(33) Keyserlingk, op. cit., pp. 542–544.

(34) Christian B. Peper (ed.), *An Historian's Conscience: The Correspondence of Arnold J. Toynbee and Colmba Cary-Elwes* (Beacon Press, 1986), p. 67.

(35) Toynbee to George Chrystal, 10 April 1941, CAB 117/79, The National Archives, London. [以下、TNAと略記]

(36) Arnold J. Toynbee, "Prolegomena to Peace Aims," 5 April 1941, pp. 1–4, CAB 117/79, TNA.

(37) Vanessa Ogle, *The Global Transformation of Time: 1870–1950* (Harvard University Press, 2015), p. 204.

(38) Toynbee, "Prolegomena to Peace Aims," pp. 2–3.

(39) Ibid., pp. 4–5.

(40) Arnold J. Toynbee, "The Continental versus the Oceanic Pattern of World Unification," 5 April 1941, pp. 1–7, CAB 117/79, TNA.

(41) Ibid., p. 1.

(42) Ibid., pp. 1–2.

(43) Tomohito Baji, "The British Commonwealth as Liberal International Avatar: with the Spines of Burke," *History of European Ideas*, Online (2020), pp. 3–4.

(44) Isaiah Bowman, "Geography vs. Geopolitics," *Geographical Review*, 32: 4 (1942), pp. 647–648.

(45) カール・シュミット『陸と海と』生松敬三他訳、慈学社、二〇〇六年。

(46) Arnold J. Toynbee, "The Structure of an American-British World Order," 9 April 1941, pp. 1–16, CAB 117/79. TNA. 同史料にて示された構想では、ドイツへの対抗を念頭に米英の紐帯を強調したためか、戦後世界秩序における他の諸国や地域の主体性が矮小化された。現に、トインビーの記述の多くは、米国、英国、ドイツに集中し、日本やソ連に関しては僅かな言及に留まり、その他の諸国や地域に関しては殆ど記載がなされなかった。

(47) Ibid., pp. 6–7.

(48) トインビーは、「米英連邦」の領域性について、それが、ソ連より西側のヨーロッパ大陸諸国と東アジア諸国、そして大西洋から地中海、インド洋、太平洋を跨ぐ地球規模での海洋地域を包摂するとした。また、ソ連をそうした連邦の枠組みに取り入れる必要はなく、同国との間には「暫定協定」の余地が存在するとみた。Toynbee, "The Continental versus the Oceanic Pattern of World

Unification," p. 7.

(49) Ibid., pp. 3–4.

(50) Ibid., p. 4.

(51) Ibid., p. 5.

(52) Ibid., p. 2.

(53) Stephen Wertheim, *Tomorrow, the World: The Birth of U.S. Global Supremacy* (Harvard University Press, 2020), pp. 48–52.

(54) *Ibid.*, p. 34, 161.

(55) Nicholas J. Spykman, *America's Strategy in World Politics: The United States and the Balance of Power* (Harcourt, Brace and Company, 1942), p. 195.

(56) *Ibid.*, p. 461.

(57) *Ibid.*, pp. 464–465.

(58) Toynbee, "The Continental versus the Oceanic Pattern of World Unification," p. 6.

(59) Toynbee, "The Structure of an American-British World Order," p. 15.

(60) Toynbee, "The Continental versus the Oceanic Pattern of World Unification," p. 5.

(61) Toynbee, "The Structure of an American-British World Order," p. 15.

(62) Ibid., p. 16.

(63) Ibid., p. 16.

(64) Toynbee, "The Continental versus the Oceanic Pattern of World Unification," p. 4.

(65) Toynbee, "The Structure of an American-British World Order," p. 11.

(66) Ibid., p. 13.

(67) Duncan Bell, *Dreamworlds of Race: Empire and the Utopian Destiny of Anglo-America* (Princeton University Press, 2020), pp. 301–356.

(68) Duncan Bell, "The Project for a New Anglo Century: Race, Space and Global Order" in Peter Katzenstein (ed.), *Anglo-American and Its Discontents: Civilizational identities beyond West and East* (Routledge, 2012), pp. 46–47.

(69) Mazower, *op. cit.*, p. 194.

(70) Baji, *The International Thought of Alfred Zimmern*, p. 154, 158.

(71) Toynbee, "The Continental versus the Oceanic Pattern of World Unification," p. 4. トインビーは、神学的観点からも世界統合のパターンに言及し、英語圏諸国による海洋的かつ民主的な世界統合のパターンを「神への信仰」との関連で捉えた。

(72) Clarence Streit, *Union Now, A Proposal for a Federal Union of the Democracies of the North Atlantic* (Harper & Brother Publishers, 1939), pp. 3–4, 6–7.

(73) Baji, *The International Thought of Alfred Zimmern*, pp. 158–159.

(74) Arnold J. Toynbee, *A Study of History, Vol I: Introduction; The Geneses of Civilizations* (Oxford University Press, 1934), pp. 232–233.

(75) Bell, *Dreamworlds of Race*, p. 360.

(76) Toynbee, "The Structure of an American-British World Order," p. 12.

(77) Ibid., p. 10.

(78) Ibid., pp. 12–13.

(79) Susan Pedersen, "The Meaning of the Mandates System: An Argument," *Geschichte und Gesellschaft*, 32 (2006), pp. 571–572.

(80) Geroge Owell, "Not Counting Niggers," in Sonia Owekk and

Ian Angus (eds.), *The Collected Essays, Journalism and Letters, Vol. 1: An Age Like This, 1920–1940* (Penguin, 1970), pp, 396–397.

(81) Mazower, *op. cit.*, pp. 202–203.

(82) Arnold J. Toynbee, "Why Great Britain Cannot Cut Herself off from the Continent," 9 April 1941, pp. 1–6, CAB 117/79, TNA.

(83) Toynbee, "The Structure of an American-British World Order," p. 7.

(84) Toynbee, "Why Great Britain Cannot Cut Herself off from the Continent," p. 2.

(85) Ibid., p. 3.

(86) Ibid., p. 2.

(87) Venosa, "Arnold J. Toynbee, the Colonial Question, and 'Peaceful Change'," pp. 26–46.

〔付記〕本稿は、財団せせらぎ・高梨学術奨励基金・キヤノンヨーロッパ財団の研究助成による成果の一部である。

（みずの　りょうや　　ロンドン・スクール・オブ・エコノミクス大学院）

日本国際政治学会編『国際政治』第209号「冷戦と日本外交」（二〇二三年三月）

〈書評論文〉

徘徊するシュミットとマルクスの亡霊
――岐路に立つ自由民主主義――

山 崎 望

ドミニク・ルソー著、山元一監訳『憲法とラディカルな民主主義――「代表民主制」の限界を問う』（日本評論社、二〇二二年、二〇〇頁）（Dominique Rousseau, *Radicaliser la démocratie: Propositions pour une refondation*, 2017, Éditions du Seuil, p. 264）

アンドレアス・ヴィルシング他著、板橋拓己・小野寺拓也監訳『ナチズムは再来するのか？――民主主義をめぐるヴァイマル共和国の教訓』（慶應義塾大学出版会、二〇一九年、一六〇頁）（Andreas Wirsching, Berthold Kohler, Ulrich Wilhelm (Hrsg.), *Weimarer Verhältnisse?: Historische Lektionen für Unsere Demokratie*, 2018, Reclam Philipp, p. 119）

はじめに

自由民主主義は、第二次世界大戦ではファシズムから、冷戦では共産主義から挑戦され、対テロ戦争ではイスラーム主義過激派から、そして現在は中国やロシアなどの権威主義から挑戦され危機に晒されている。

こうした危機は国際政治の次元に留まらない。国内政治の次元でも自由民主主義の危機が指摘されている。自由民主主義の歴史を素描すると、一九世紀末から二〇世紀にかけて、欧米諸国の一部で、民衆による自己支配の仕組みである民主主義が、人々の信教の自由や私有財産の擁護を重視する自由主義と結合し、政治体制の正統性原理として定着した。

既述したように自由民主主義は何度も危機に晒されてきたが、今日の自由民主主義の危機を概観するならば、第一に「ポストデモクラシー」化が挙げられる。新自由主義的なグローバル化は、瞬時に国境を越えた人々、経済、文化、情報、思想などを結びつける。とりわけ市場のアクターが国境を越えて相互連結し、主権国家による制御が困難になった。C・クラウチが『ポストデモクラシー』(1)で論じたように、自由民主主義体制では、選挙制度があり政権交代も可能である。しかし議会で議論される多くの事柄は、実質的に官僚や政府の諮問会議など、選挙で選ばれていない専門家による議論に委ねられ、投票率も低下し有権者の政治に対する受動性も高まっている。政党の支持基盤となってきた宗教組織や労働組合も形骸化している。いまや自由民主主義の実態は、国境を越える一部の巨大企業の利益を代表するエリート間の交渉による統治と化している。それは自由民主主義ではなく「ポストデモクラシー」と呼ぶべき政治体制である。

もう一つの危機は、「権威主義化」である。「権威主義化」は三つに分類できる。第一は中国やロシアなど、従来から権威主義体制であった諸国で、国内の統制が強化される傾向である。形式的には議会や選挙制度が存在していても、実態は恒常的に特定の政治勢力のみが権力を掌握し続ける仕組みが作られ、少数派の弾圧が日常化している事例である。第二は「民主化の逆行（back sliding）」である。権威主義体制から民主化を経て、再び権威主義体制へ移行する事例である。ポーランド、ハンガリー、トルコなどの事例が挙げられる。これらの国では選挙を通じて、国民の多数派の支持を得た政権が権力を独占し、権力分立の制度を破壊し、野党や政権に批判的なメディア、民族的・宗教的・性的少数派を弾圧している。多数派の国民に支えられているという点で「民主的」だが、少数派の自由を弾圧しているという点で非自由主義的な、「イリベラルデモクラシー」である。第三は自由民主主義が定着し安定していた諸国において、自由民主主義を部分的に否定する可能性を持つポピュリズムが台頭する事例である。アメリカのトランプ大統領当選、イギリスのEU離脱（Brexit）、また政党レベルでは、フランスの国民連合やドイツのAfDなどを想起されたい。右派ポピュリズムの特徴として、①同質的な人民（people）を正統性の源として希求②人民と直接に向き合うカリスマ的なリーダーの存在③「自分たちだけが人民を代表している」として他の政治勢力を否定する反多元主義④「徳のある我々／不道徳な彼ら」という道徳政治およびアイデンティティポリティクスに基づく敵対の政治の展開（エリートや既得権益層とみなした人々および移民や難民、少数民族などのマイノリティの敵視）⑤体系的なイデオロギーの不在を指摘できよう。

新自由主義的なグローバル化による「ポストデモクラシー」化と、「権威主義化（とりわけ国内政治の次元では右派ポピュリズム）」により、自由民主主義は危機に陥っていると言えよう。本論文で取り上げる二つの書物は、各々フランスとドイツを念頭におき、こうした共通の現象を背景とした民主主義の危機をめぐる診断と、民主主義の可能性を模索している。

一　民主主義の危機から持続的民主主義へ

ドミニク・ルソーは憲法裁判研究を専門とするフランスの憲法学者であり、時事的な問題について積極的な発言をしてきた。監訳者の山元一の秀逸な解題を含めて本書を概観しよう。第一部でルソーは「民主主義の危機論」が歴史的に繰り返されてきたことを指摘しつつも、現代フランスの民主主義を「代表と市場という二つの強い波によって骨抜きにされている」（一二頁）と診断する。ルソーによれば現代の代表制は「融合としての代表」（三一頁）となっており、国民の多様な意見が代表者の意思と同一視され、個々の意見は捨象されている。換言すれば、代表者と代表される者が分離されず、代表者により国民の意思が簒奪された状態である。代表される国民は「均質的な政治体を構成する人民」として観念され、「それぞれが個別の事情を抱えた諸個人」の「声」は捨象されており、そうした多様な諸個人の集合体としての人民は形成されていない。

「融合としての代表」を背景として、フランスでは一九八〇年代から右派ポピュリズム政党の国民戦線（現在の国民連合）が台頭し、その勢力を拡大させている。ルソーは「あとがき」（一四七頁）でポピュリズムを二つの点で批判する。第一はポピュリズムの非民主的性格である。民主主義では「人民」の「声」を反映することが必要であるが、ポピュリズムは「人々」の「声」を反映するものに過ぎない。「人々」とは「人間集団がありのままの状態で集まった相互に区別出来ない集まり」で「紐帯を欠いた一群」である。それに対して「人民」は「市民の政治的結合体」「共通の利益と分かち合う価値による結合体」であり、法が人民という名を与えることを通じて、法的な主体から創り出される。神や自然などの超越的存在ではなく、法という世俗的媒体によって結合した「人民」が民主主義の担い手とされる。この意味で「人民」ではなく、「人々」を参照するポピュリズムは非民主的である。第二はポピュリズムにおける理性の位置づけである。ポピュリズムは理性に対し情緒を対置させる。ルソーは情緒の働きの重要性を認めつつも理性の重要性を主張し、ポピュリズムが理性を軽視する点で、民主主義にとって危険であると指摘する。

次にルソーは民主主義に危機をもたらしている、市場原理の支配を指摘する。市場は封建的な身分制秩序から個人を解放し、社会活動の一般的原理として個人の平等という民主的効果をもたらした。しかし現代の市場は個人をもっぱら「経済的主体」として捉えるようになり、雇用・教育・健康・住居へのアクセスにおける不平等が拡大している。また政府は人民よりも市場に大きな責任を負うように変化している。いまや社会の諸領域は自律性を失い、市場原理が社会の全領域に貫徹していると指摘する。

代表と市場という二つの波によって危機に晒されているフランスの民主主義に対して、ルソーは持続的民主主義を提唱する。持続的民主主義とは、憲法裁判を必須の要素として組み込んだ民主主義であり、違憲審査制を起点として社会全体を包括する立憲主義的民主主義プロジェクトである。従来の代表制民主主義では、議会の意思と国民の意思が同一視され、選挙に由来する正統性が過度に重視されてきた（選挙至上民主主義観）。いわば代表制民主主義とは、「代表者が常に口を開き、人民は選挙の時に口を開く」制度である。これに対して持続的民主主義は「常に人民が口を開き持続的に語る」過程である（一五四頁）。ルソーは、議会のみならず議会外で規範形成をめぐって競合する多様な世論が存在し、①世論調査に基づく代表②メディアによる代表③憲法院による代表という複数の代表が存在することを重視する。複数の代表により、執行権と立法権に対して継続的で実効的な監視と制御を行うのが持続的民主主義である。とりわけ憲法院による代表は他の代表よりも卓越する。その理由として、憲法院は第五共和制において立法権を制約する法的拘束力を保持し、さらに一九七一年の「結社の自由」判決を契機に近年では人権保障機関へと変化し、新たな憲法規範を創造していることを挙げている。

持続的民主主義は社会における多様な結社、専門家、知識人、国内／超国家的レベルの裁判所が立法過程に参加して討議を行い、それを参照して憲法院が憲法解釈を行い、さらにそれを契機に開始される多様な討議を経た法律制定というダイナミズムによって成立する。ルソーは第二部において、動態的な民主主義は制度と緊張関係を持ちつつも、制度なしには存在できないことを論じ、持続的民主主義を可能とする制度改革を提唱する。具体的には、司法省の廃止と独立行政委員会化、コンセイユ・デタの廃止と英米法流の最高裁判所創設、憲法院の事前審査制の廃止と憲法裁判所化である。

ここで現代のフランスの民主主義を襲う二つの波との関係を確認しておこう。「融合としての代表」をもたらす選挙至上主義的な民主主義観と異なり、持続的民主主義は、違憲審査制の導入を通じた「分離としての代表」観を成立させ、代表されるべき「それぞれが個別の事情を抱えた諸個人の集合体としての人民」を創造する。そして二院制の議会に加えて、「社会討議院」および、くじ引きにより選出された市民が公共の事柄について提案する「市民会議」により「一般意思形成の競合的体制」の設立が提唱される。

次に市場との関係ではどうであろうか。社会の多様な領域における自律性の確保を擁護するルソーは、憲法院判例で承認されている一七八九年人権宣言一六条、すなわち「諸権利が保証されておらず、権力分立が規定されていない、すべての社会は、憲法を持っていない」ことへの注目を促す。「国家」ではなく、「すべての社会」と書かれているように、憲法と国家との関係は一時的な歴史的関係にすぎず、社会こそが憲法の対象である（七〇頁）。ルソーは憲法を国家から解放し、社会へ再接続することを訴える。憲法は国家権力の分立や規制だけではなく、社会の諸領域の自律も任務とする。ゆえに市場権力による独占も規制され、社会の諸領域の他の権力と分立されるべきなのである。

　こうした持続的民主主義は、社会の変化に意味を付与する政治的物語の不在という状況下で、旧来の秩序の再建を擁護する「納屋の思想」ではなく、「他者の語りに開かれており、人間の経験を議論し、いつも自明の事柄に疑問を持ち、人間たちの批判能力を真剣に捉える」「庭園の思想」に根差したもの（一五〇頁）である。

　持続的民主主義論は、国家からも市場からも自律性を持つ市民社会を基礎として、多様なアクター間の熟議を通じた合意形成／問い直しの多層的な過程を重視する近年の熟議民主主義論や、多様なステークホルダーが機能的なデモスとして、熟議を通じて越境的なガバナンスを行うグローバルステークホルダー・デモクラシー[2]論と類似性を持つ。同質的な国民＝人民像を基礎とした代表制民主主義の限界を指摘し、憲法と国家の結合を切り離し社会へと接続し、多様な人々から構成される社会からの「声」による合意形成を志向する持続的民主主義は、国境や公／私の境界線を越える現代民主主義論と共鳴する。他方で持続的民主主義においては、人々を結合させる媒体として法の機能が重視され、とりわけ第五共和政のフランスにおける憲法院の役割の推移（立法府の規制から人権擁護の法創造へ）を重視する点では独創的なものになっている。

二　「ヴァイマル状況」の到来？

『ナチズムは再来するのか？』は、右派ポピュリズム政党（AfD）の躍進に象徴される民主主義の基盤の揺らぎを背景に、ヴァイマル共和国の没落が民主主義の瓦解につながった歴史的経験を持つドイツで、「ヴァイマル状況（現在のわれわれが置かれている状況は、ヴァイマル共和国の状況に似ている）」（p.i）と現在の比較、すなわち、いかなる歴史的経験があり、そこからいかなる推論を導き出せばよいのか、という問題群を専門家が論じた論文集である。政治文化、メディア、政党システム、有権者像、経済状況、国際環境、海外からの視点、という多角的な議論が展開されている。本書は二〇一七年四月から七月までバイエルン放送でラジオ放送、『フランクフルター・アルゲマイネ新聞』に掲載された原稿に加筆修正されたものである。訳者の一人である板橋拓己によるヴァイマル共和国の成立から解体に至る過程の解説を助けに、本論の要旨を概観しよう。

　さて政治文化を論じるアンドレアス・ヴィルシングによれば、ヴァイマル共和国の政治文化は、社会が多元的であることの正統性に対する根深い不信があり、ゲマインシャフトイデオロギーへの傾斜がみられた点を指摘する。ここでは「経験と理性にもとづいた多元主義的な世界像」ではなく「友敵対立の世界像」が現われる。かかる傾向は現代の右派ポピュリズムと共通する。近年のドイツでは、自由民主主義を支えてきた政治的な言語が変化し、過去の政治的・文化的な明瞭さや経済的な安定が与えていた既存のアイデンティティがグローバル化の圧力に晒されていることが指摘される。ヴィルシングは「見通すことが可能な単位に立ち戻ることの魅力」(一一頁)、すなわちナショナリズムや一国保護主義の台頭を指摘している。その上で、近代の民主主義と、啓蒙や自由主義とのつながりの深さ、政治的な理性の重要性を主張し、こうした傾向に警鐘を鳴らしている。

政党システムを論じるホルスト・メライは、ヴァイマル共和国の政党システムは「分極化した多党制」であり、政党数の多さに加え、イデオロギー距離が大きく妥協が困難であったと指摘する。これに対して現代のドイツの政党システムは、現在変容の過程にあるとはいえ、極端な友／敵思考はなく、憲法下で政府の安定性が保障されている、と相違を指摘する。むしろ「隣の民主主義国家が危機にさらされることになれば、あるいは完全に崩壊することになれば、『至福者の島』を保つことはほとんど不可能」(三一頁)として各国の変化に注意を促している。

メディアを論じるウーチ・ダニエルは、ヒトラーの武装クーデタ計画の暴露による突撃隊の禁止を素材に、ヴァイマル共和国のメディアを論じている。そこでは①同じ政治的ミリューに属する政党・政治家とジャーナリストの距離の近さ②政党政治によって派閥化した新聞、共通の政治的言語の不在③反共和国的な方向にしか機能しない、メディア固有のダイナミズムという特徴が挙げられる。こうしたメディア環境が、対立や分断を強化したことを指摘するが、今日のドイツでは政治勢力間の敵対関係やメディアの分断は弱まっている、と相違を指摘する。

有権者を論じるユルゲン・W・ファルターは、ナチス党への投票者とAfDへの投票者の比較を試みる。AfDが当初の国民自由主義的な政党から右翼ポピュリズム政党へ変化していることを踏まえながら、両党の相違を挙げている。その上で両党を指示する有権者が持つメンタリティの類似性として、政治的な疎外、政治的エスタブリッシュメントに対する拒否反応、自分たちの存在がきちんと受け止められていない、という感情を挙げている。さらに長期的で深刻な経済危機といった環境が、右派ポピュリズム政党を躍進させる可能性に注意を促している。

経済環境を論じるウェルナー・プルンペは、ヴァイマル共和国の社会国家としての自己理解や莫大な費用支出の必要性を確認し、ドーズ案によって形成された、ドイツがアメリカに賠償を受けて賠償債権国へ支払いをし、その一部の資金がアメリカへわたり、それをアメリカがドイツへ再融資するという「債務の回転木馬」の仕組みを説明する。しかし、こうした仕組みは世界恐慌によって機能不全に陥った。これに対して現在のドイツでは社会国家が発達し、世界恐慌とリーマン・ショックの比較は不可能とする。興味深いことにプルンペはヴァイマル共和国を崩壊させた経済環境について、経済問題の制御が難しくなる中で、「それにもかかわらずそれぞれの国々が民主主義という条件のもとで国家としての行動能力を（ふたたび）作り出そうとした結果、国際協力が崩壊した」（八四頁）と指摘しており、民主主義よりも国際協力の重要性を指摘している。

国際環境を論じるヘルフリート・ミュンクラーは、ヴァイマル共和国の成立時には、三大帝国が崩壊し、国家の領域と民族的帰属の不一致が生じていた点を重視し、「つくり出された秩序を維持するために、秩序を保障する諸国はどのような努力を引き受ける意思がなければならないのか」（九三頁）という問題を指摘する。当時の英仏は、死活的利益に抵触しない限り秩序維持のための軍事行動を取らなかった。そのため英仏の死活的利益に抵触しない限りで、欧州が軍事的手段による秩序変更が可能な「番人なき秩序」となっていたことを指摘する。現在の欧州秩序も「番人なき秩序」としての側面を持つものの、各国のエリートたちが戦間期の諸関係の再現を阻止する重要性を認識している点を強調している。

「外国からのまなざし」を論じるエレーヌ・ミアル・ドラクロワは、現在のドイツは海外から観察する範囲では、民主主義の不安定さを懸念する材料は不在であり、ドイツは反全体主義という基本的合意とナチズムへの対峙という長期の経験を持っている、と論じる。それは前体制から引き継いだ負担、脆弱な社会経済的状況、議会主義の浸蝕にさらされたヴァイマル共和国とは異なる状態である。現在のドイツは「意に反しての世界強国」であり、ヴァイマル共和国の失敗は、ドイツだけではなく全欧州諸国にとっての戒めとすべき、と主張している。

こうした多角的な分析を通じて、ウィルシングは経済的な不安、腐食しつつある国際秩序と新たな敵イメージの構築、右派急進主義の台頭、政党システムの変化といった「ヴァイマル状況」との類似性を認めつつも、現在のドイツは政治システムが大きく変わっており、厳格な代議制、国民投票など直接民主制的要素の不在、巨大な反体制議会政党の不在、過激な言葉に対する敏感さの存在と法的な対応の制度化、社会的不平等の規模の小ささ、国際関係における信頼の高さや安定性を挙げ、両者の相違点を強調している。（もっとも政党システムの変化や新自由主義が与える影響も指摘している）その上で、「ヴァイマル状況」との比較を無意味とはせずに、ドイツだけではなく全欧州諸国にとっての戒めとし、「警戒を怠らないということ」の重要性を指摘している。「あとがき」で訳者の一人である小野寺拓也が提起する「過去の歴史から何かを学ぶことはできるのだろうか」（一四一頁）という深淵な問いも多くの読者による議論に開かれるべきであろう。

本書は現代のドイツを拙速に「ヴァイマル状況」と結びつけて民主主義の瓦解とファシズムの台頭を恐れる必要はないものの、警戒すべき状況にあることを（筆者による温度差はあるものの）多角的に示している。興味深い点として、経済について扱ったプルンペの議論を挙げよう。ブルンペの議論によれば、国境を越える経済危機に対しては、国家は民主主義に基づく行動を行うよりも、むしろ超国家的（supranational）な国際機関や「未知の政体」ともよばれる

EUによる行動の必要性を指摘しているように解釈できる。

グローバル化の進展により、国境を越える諸問題の深刻化に対して、はたして諸国家は国民の合意に従うべきなのか、それとも国境を越えるガバナンスを機能させることが肝要なのか。国境を越えるガバナンスと市場がナショナルな自由民主主義を「植民地化」していく中で、権力を国民の手に取り戻すことを訴えるポピュリズムは解となるのか、危機の兆候に留まるのか。ポピュリズムと共に民主主義の評価をめぐる問いが投げかけられている。

またウィルシングたちは「ヴァイマル状況」をドイツの文脈に閉じ込めず、欧州全域に広げることを提唱する。たしかに個々の論点については普遍性が存在し、問題をドイツのみに閉じるべき理由はないだろう。しかし各国の相違には慎重を期すべきである。戦間期の欧州で自由民主主義体制の崩壊後の政治体制の多くは、ファシズム体制ではなく権威主義体制であった。今日「ヴァイマル状況」からファシズムに至る怖れが少ないとしても、それは権威主義体制へ移行する可能性を否定するものではない。選挙制度や複数政党制を備えつつも、実態は単一の政党や政治家に権力が集中し続けるハイブリッドレジーム(3)が増える中、「ヴァイマル状況」の教訓がどこまで活かせるのか、については慎重な議論が必要となる。

三　シュミットとマルクスの問い

両書籍は、現在の仏独、さらには欧州の自由民主主義における(一定の)危機という認識で共通している。右派ポピュリズムの台頭という背景をふまえ、ルソーは自由民主主義に危機をもたらすものとして代表と市場を挙げ、現在のフランスでは、同質的な国民像に根差す代表が、現実の多様な人間から構成される社会に対応できていないこと、国家のみならず社会を規制する憲法が、社会の全領域を席巻する市場原理を制御できていないことを指摘する。ウィルシングたちは、「ヴァイマル状況」と現在のドイツの相違点を指摘しつつも、「それ以外に選択肢がないと喧伝されている競争社会」と化したドイツにおける不平等の拡大と新自由主義的な個人像の広がり、メディア環境の変化の中でつくられる新たな「敵」のイメージの拡散、右派ポピュリズムの台頭と政党システムの変化といった兆候を挙げて、それらを民主主義の危機になり得るもの、として警戒を促している。

両書は国民投票など「純粋な」民主主義に対する一定の警戒感という点でも共通しており、自由主義と民主主義が均衡した自由民主主義を擁護している。こうした意味では、両書の議論は仏独に限定されず、欧州さらには世界の自由民主主義においても有意義な、危機に対する視座と構想を提唱する書籍である。

かかる両書の議論は、ファシズムと共産主義という、自由民主主義の「外部」の喪失、それに伴う自由民主主義の正統性の自己調達という問題が前景化する現代という歴史的位相ゆえのものである。二〇世紀と異なり現代ではファシズムや共産主義への対抗からだけでは、自由民主主義は十分な正統性を調達することは難しい。しかし両書は明示的・直接的にはこうした「外部」への言及は乏しい。

ここで不可視化される「外部」を明らかにするため、自由民主主義の正統性を脅かしたファシズムと共産主義による問題提起に密接にかかわるC・シュミットとK・マルクスに光を当てたい。シュミットは政治における「政治的なもの」、すなわち「友・敵の区別」をめぐる思考を展開した学者であり、国際政治学のリアリズムにも影響を与えている。

シュミットは「政治的なもの」の重要性を指摘したが、その議論を応用するならば、今日の自由民主主義は、国外では中国やロシアなどとの軍事的対立を、国内では右派ポピュリズムとの対立を抱えている。国境を横断するイスラーム主義過激派との戦いもある。国際政治の次元における軍事的手段を含む安全保障政策や反テロ戦争の遂行は、国内において自由や民主主義を浸蝕する可能性を持っている。「政治的なもの」を自由民主主義の枠内で飼いならす(4)ことができるのか。ルソーは憲法と国家を切り離して社会との再接続を訴え、ブルンペが民主主義への一定の警戒を示したが、主権国家体系や自由民主主義は「政治的なもの」への対応の前提となるのか。民主主義というシンボルがグローバル化し、権威主義体制でも自由民主主義の諸制度（議会制や選挙など）を導入して正統性を維持するハイブリッドレジームに変容し、自由民主主義と権威主義の境界線の曖昧化も指摘されている。シュミットが論じた「政治的なもの」をめぐる問いは、自由民主主義（ないし持続的民主主義）を提唱した両書においては十分なのか、論争の余地がある。そして友／敵の区分を宣言する者を主権者としたシュミットの議論に鑑みれば、今日誰が主権者たり得るのか――同質的な国民の代表により選出された少数のエリートか、同質的な人民に訴えるポピュリストか。それとも多様な人民から構成される社会の諸アクターの熟議の過程の中に見出せるのか、代表制を経ずに自然発生的に路上や広場を占拠した民衆集会（assembly）に集う人々なのか――という問題が浮上している。

他方、マルクスは唯物史観に基づき資本主義を分析した上で批判し、階級闘争から革命、プロレタリアート独裁を経て共産主義社会の到来を指し示し、ロシア革命や世界各地の共産主義運動に影響を与えてきた。国際政治学では、マルクス主義的アプローチ（世界システム論から批判的国際政治経済学まで）に影響を与えている。マルクスが剔抉した世界規模の資本主義による収奪メカニズムに対して、「ワイマールの経験の全欧州化」という魅力的な提言をするウィルシングたちですら、（本の性質を鑑みるとしても）欧州の外部への言及は少ない。A・ンベンベは『死政治』(5)において、欧米の自由民主主義の成立は、非欧米の民衆からの収奪や弾圧と一体であり、そのことが不可視化されている、と批判した。欧州の外部の人々の「声」が誰にも代表されず、「声」を聴きとられない「サバルタン」と化しているならば、ルソーの持続的民主主義論の構想すらも欧州／非欧州の境界線の前で止まってしまう。さらに今日の自由民主主義体制においてもマルクスが光をあてた問題は持続している。ルソーが社会の全領域を貫徹する市場を批判し、ウィルシングが新自由主義による自由民主主義への影響を憂慮した点からも、それは明らかであろう。いまや「グローバルサウス」は自由民主主義体制の諸国の内部にも社会的排除という形で広がっており、「外部」は既に内部にも（不可視化されがちであるが）存在している。

B・ミラノビッチは『資本主義だけが残った』(6)において、アメリカに代表される「リベラル能力資本主義」と中国に代表される「政治的資本主義」という二つの資本主義を描いた。そして、二つの政治経済体制が実質的な少数者支配ゆえの汚職と、不平等の拡大を産み出すことを指摘している。ここでは「自由民主主義対専制」が問題化されるのではなく、両体制が共通して資本主義による収奪や格差を容認していることを明らかにしている。

おわりに

自由民主主義と結合した、交換原理に根差す資本主義に対して、互酬性原理に根差した民族共同体の再生を主張したファシズムと、（共産主義社会への移行期における）国家による再配分を提唱した共産主義がオルタナティヴを提唱したことと比較するならば、現代では資本主義に代わるオルタナティヴは不在とされている。しかしそれは換言すれば、たえず自由民主主義の「外部」へと放擲され、収奪にさらされ、「声」を失って不可視化される人々を世界中で産み出すことと同義ではないだろうか。自由民主主義とは異なるタイプの民主主義を掲げ、自由主義では捉えられない「政治的なもの」の重要性を指摘したシュミットと、資本主義の暴力性を指摘したマルクスの思想は、自由民主主義やそれを発展させる持続的民主主義により退けられるのだろうか。今日、かつてと同じ形でファシズムや共産主義が復活するとは思われない。そうした中でエリート支配やグローバルな市場、右派ポピュリズムに対して、歴史的な観点を踏まえて自由民主主義を擁護することは妥当と思われる。しかし依然として、シュミットとマルクスが指摘した問題が自由民主主義に憑依し続ける以上、それに対応すべく民主主義はその歴史と同様に、たえざる自己反省を経た刷新を求められる。かかる作業のために有益な材料を提供する両書は、フランスとドイツ、ないしヨーロッパという歴史／地理的な文脈を（慎重に）越えながら、広く読み継がれるべき、また民主主義のための議論を触発する書である。

（1）Colin Crouch, 2004, *Post-Democracy*, Polity Press 参照。

（2）John S. Dryzek, 2000, *Deliberative Democracy and Beyond: Liberals, Critics, Contestations*, Oxford University Press および Terry Macdonald, 2008, *Global Stakeholder Democracy: Power and Representation Beyond Liberal States*, Oxford University Press を参照。

（3）Steven Levitsky, Lucan A.Way(eds.), 2011, *Competitive Authoritarianism: Hybrid Regimes* を参照。

（4）政治共同体の正統性原理を共有する対抗者（adversary）と、共有しない敵（enemy）を分離して闘技民主主義を理論化した Chantal Mouffe, 2005, *On the Political*. Routledge を参照。

（5）Achille Mbembe, 2019, *Necropolitics*, Duke University Press.

（6）Branko Milanovic, 2019, *Capitalism, Alone: The Future of the System That Rules the World*, Harbard University Press を参照。

（やまざき　のぞむ　駒澤大学）

日本国際政治学会編『国際政治』第209号「冷戦と日本外交」（二〇二三年三月）

〈書評論文〉

ロシアを束ねるものは何か？
――ソ連解体後のロシアにおける歴史と愛国主義――

西山美久著『ロシアの愛国主義――プーチンが進める国民統合』（法政大学出版局、二〇一八年、三一四＋二二頁）
立石洋子著『スターリン時代の記憶――ソ連解体後ロシアの歴史認識論争』（慶應義塾大学出版会、二〇二〇年、三〇六＋四八頁）

溝口修平

はじめに

ソ連解体を経験したロシアにとって、国民／国家統合はきわめて重要な問題であり続けている。ソ連解体直後には、ナショナル・アイデンティティの危機が叫ばれ、共産主義に代わる統合理念が模索されていたし、二〇〇〇年代以降は愛国主義が体制維持にとって重要な役割を果たしてきたと言われている。そして、その傾向は近年さらに加速しているように見える。

二〇一四年三月のクリミア併合は、ロシア人にとって「失地回復」の意味を持ち、彼らの愛国心を大いに刺激した。実際、それまで低下傾向にあったプーチン大統領の支持率は約二〇ポイント上昇し、八〇%を超える水準にまで上がった。二〇年に行われた憲法改正においても、「歴史的真実の保護を保障する」や「祖国防衛に関する国民の功績の意義を貶めることは認められない」といった愛国主義的な文言が多く加えられた。さらに、二一年末以降、ロシアはウクライナをめぐり米欧諸国と対立し、ついにはウクライナへの軍事侵攻を始めるに至ったが、そこでも政権は国内における反米感情を利用して国内の支持を獲得しようとしている。このように、愛国主義は現在のプーチン体制を支える上で大きな役割を果たしている。

その背景には、現在のプーチン体制が抱える問題が存在する。二〇〇〇年代にプーチン大統領が高支持率を維持したのは、経済成長とそれに伴う国民の生活水準の向上によるところが大きかった。しかし、〇八年の経済危機以降成長が鈍化する中で、政権は愛国主義や伝統的価値観への回帰によって自らの正統性を獲得しようとしている。[1]このように、現在のロシアにおいて愛国主義が強調される場面が増える中で、それがどのような役割を果たしているのかを考察することの重要性は増している。

本稿で検討する二つの著書は、いずれも現代ロシアにおける愛国主義の役割を検討したものであり、上記のような現代的意義を持つ重要な研究である。以下では、第一節で愛国主義とナショナリズムの関係を整理する。第二節以下では、それぞれの著作の内容を検討し、最後に両者に共通する問題と今後の研究課題について議論する。

一　愛国主義とナショナリズム

冒頭で、ロシアにおける愛国主義の高揚を示す例をいくつか挙げたが、その内容は一様ではない。そこで、二つの著書の内容に立ち入る前に、「愛国主義」とはどのような意味を持つ概念なのか確認する必要がある。一般的な定義を示せば、「愛国主義」とは「自分の国を愛し、自国のために尽くそうとする思想や運動」である。それは何よりも「国家」への帰属意識に基づくものである。では、そのような帰属意識を持つ主体はどのような集団であるだろうか。

このことを考える上で、愛国主義の類似概念であるナショナリズムについて検討することが有用であろう。塩川によれば、ナショナリズムのもととなるネイションという概念には、そこにエスニックな意味がどのくらい含まれるかに応じて、いくつかの系統がある。そして、日本語に訳される際にもエスニックな意味合いの程度に応じて「民族」と「国民」という異なる単語があてられた。したがって、ネイションと政治的単位（国家）を一致させようとするナショナリズムがどのような意味を持つかは、そのネイションがどのような範囲に及ぶ集団であるかによって異なってくる。[2]

ナショナリズムのよく使われる分類として、エスニック・ナショナリズムとシヴィック・ナショナリズムの二分法がある。前者はエスニックな共通性に基づくネイションが想定されるのに対し、後者は、エスニックな共通性ではなく、一定の領域内に居住し、同一の政府と法のもとに結びついた人々の共通意識に基づくものである。したがって、国家への帰属意識を基礎とするという意味で、シヴィック・ナショナリズムと愛国主義の間にはある種の共通性がある。

ただし、ロシアにおけるナショナリズムと愛国主義の関係性は、もう少し複雑である。それは、かつてのソ連が多民族国家であり、その国家が解体したこと、そして現在のロシア連邦も多民族国家であることが影響している。

たとえば、ロシア国内の民族構成はロシア民族が約八割を占めるが、他民族国家を統合する上ではエスニック・ナショナリズムを強調するわけにはいかず、非ロシア民族を包摂したナショナリズムが必要である。チェチェンの独立運動を経験したことも、そのようなシヴィック・ナショナリズムの必要性を高めた。また、国家への帰属意識という意味では、ソ連の復活を望むようなナショナリズムも存在する。ただし、そこにはロシア人の民族的な優越意識が伴うことが多い。

対外的にもエスニック・ナショナリズムとシヴィック・ナショナリズムの両面が現れる。一方で、旧ソ連諸国との関係においてはエスニック・ナショナリズムが強調される場面が多い。ロシア帝国以来の領土拡張の歴史によって、旧ソ連諸国には多くのロシア系住民が居住しており、その数はソ連解体直後には約二千五百万人に上った。一九九〇年代から旧ソ連諸国における「死活的利益」を守るという名目で、ロシアはこの地域への影響力を保持しようとしてきたが、その際にしばしば持ち出されたのが「ロシア系住民の保護」という論理であった。つまり、ここではエスニック・ナショナリズムがその行動の源となっている。

他方で、欧米諸国と対峙する際にロシアがよく持ち出すのは「主権」という概念である。それは、国家間の法的平等、内政不干渉、領域的一体性などを意味し、ロシアの「大国」としての地位を尊重することを諸外国に求める。そのような形で現れてくるナショナリズムは、ある種のシヴィック・ナショナリズムである。[3]

表1　ナショナリズムの四類型

	国家主義的	民族主義的
「帝国」志向	帝国（ソ連）救済型ナショナリズム	ロシア民族至上主義的ナショナリズム
「中心」志向	ロシア連邦のシヴィック・ナショナリズム	ロシア民族中心ナショナリズム（排外主義的ナショナリズム）

出典：Kolstø, “Ethnification of Russian Nationalism,” p. 23 を一部修正して作成。

このように、民族の地理的な分布（ロシア国家の多民族性）に加えて、民族の歴史的経験（帝国的な国家の形成と解体）も相まって、ロシアのナショナリズムは複雑なものとなっている。コルステ（Pål Kolstø）は、ソ連解体後に生じたロシアのナショナリズムを、民族と国家のどちらへの帰属意識が強いかという軸と、領域の拡張を求めるか否かという軸に基づいて四つに分類した（表1）。それらは、ソ連国家の復活を主張する帝国救済型ナショナリズム、現在のロシア連邦よりも大きな国家を求めるが、ロシア民族の優越性を主張するロシア民族至上主義的ナショナリズム、ロシア連邦への帰属意識を重視するシヴィック・ナショナリズム、そしてロシア民族中心で非ロシア民族を排斥する排外主義的ナショナリズムである[4]。

前述したように、愛国主義はシヴィック・ナショナリズムとある種の共通性があるが、ロシアの愛国主義は他にもいくつかの側面を持つ。大祖国戦争（独ソ戦）に代表される歴史が国家統合に利用されるというのは、愛国主義が帝国救済型ナショナリズムの要素を持つことを示している。また、近年のロシア政府は愛国主義への傾斜が強まっていることが指摘されるが、二〇二一年七月にプーチンが発表した「ロシア人とウクライナ人の歴史的一体性」という論文は、ロシア人、ウクライナ人、ベラルーシ人が歴史的に一つの民族であったと主張しており、その考えにはロシア民族至上主義的ナショナリズムが見られる[5]。

このように、ロシアの愛国主義やナショナリズムはさまざまな形をとって立ち現れてくることを踏まえると、それが単に強まっているか否かではなく、どのような意味で強まっているのかを考えることが重要である。

二　『ロシアの愛国主義』

(1)　概要

さて、以上を踏まえて、ここで評する二冊の本の内容を紹介しよう。『ロシアの愛国主義』は、序章と終章を含む全九章で構成される。ソ連解体後にロシアではナショナル・アイデンティティの再定義が急務となり、プーチン政権になると、愛国主義が国民統合の理念として浮上してきた。そのような背景のもとで、本書は「プーチンは、国民を統合するためになぜ愛国主義に依拠するようになったのだろうか。また、統合にあたっていかなる政策を策定してきたのであろうか」（一頁）という問題に取り組んでいる。西山は、プーチンの掲げた愛国心とは「国家への帰属意識を育み、さまざまな民族をロシアへ統合する理念」（一五頁）だと定義している。そして、先行研究は「プーチン政権のトップダウン型の政策策定を強調し、愛国主義政策の形成過程をやや単純化する傾向」や、その政策が「当初から青年層が対象だったと決めつける傾向」（一八頁）にあるのに対し、本書では政策形成過程における様々なアクターの関与を指摘し、その政策の変遷に注目している点に特徴がある。

以上のような問題意識に基づき、本書ではロシアにおける愛国主義政策の変遷が考察されている。第一章では、二〇〇〇年のプーチン政権の誕生以降、政府が国民統合に取り組んだことが説明される。プーチン政権下で、国歌、国旗、国章といった国家シンボルが法制化され、「愛国心プログラム」も策定された。また、歴史教科書の検定、愛国映画の製作、戦勝記念パレードの政治利用など「帝政期やソ連期の伝統や偉業をなんでも活用して、国民の愛国心を鼓舞しようとした」（六二頁）。

続く第二章から第四章では、愛国主義プログラムの策定や独ソ戦の記憶の喚起が進む中で、退役軍人や地方からの動きが政策決定にいかに関与したかが論じられる。独ソ戦の記憶はロシア人にとって重要であるが、その戦勝が退役軍人によって「下から」愛国主義に結びつけられた。その一方で、タタルスタン共和国が目指したラテン文字の復活は、連邦政府の反発により頓挫し、同共和国は教育面で民族の伝統と文化とともにロシアに対する愛国心も学ばせるような方針をとるようになった。

第五章から第七章では、カラー革命後に体制が青年層を取り込むために設立した青年組織「共に歩む」がその後「ナーシ」として再編され、その「ナーシ」が解散するまでのプロセスが描かれている。二〇〇三年にはジョージア（グルジア）で、〇四年にはウクライナで、選挙結果への抗議運動が政権交代を引き起こした。これらの政変（カラー革命）の担い手が各国の青年組織であったため、ロシアはそれに対抗すべく「ナーシ」という官製の青年組織を組織した。「ナーシ」は選挙マシーンとしても機能したが、カラー革命の脅威がロシアで去った〇八年ごろからその影響力は低下し、体制側も徐々に愛国主義政策の対象を社会全体に拡大した。こうして、「ナーシ」は一三年には解散することになった。

終章では、ロシアの愛国主義の特徴は「特定民族のナショナリズムに偏らず全ロシア的な価値観による諸民族の統合、国家の一体性を担保する理念」だとまとめられる。前節に記した四類型に基づくと、これは「ロシア連邦のシヴィック・ナショナリズム」による国家統合の理念だと言える。そして、プーチンによる愛国主義政策は、ナショナル・アイデンティティの再構築という点において一定程度成功したというのが本書の結論である。

(2)　疑問点

冒頭で述べたように、現在ロシアにおいて愛国主義が果たす役割が拡大していることを考えると、プーチン政権誕生以来、どのような愛国主義政策がとられてきたかを検討したこと、そしてそこに地方の動きや退役軍人など社会からの働きかけがどのように作用したかを明らかにしたことは、本書の大きな意義であろう。プーチン政権の特質や愛国主義の性格上、それは「上から」押し付けられたものと捉えられがちだが、ロシアの愛国主義が「下から」の動きも相まって形成されていることを示した点は、本書の大きな貢献である。

その一方で、いくつかの疑問点もある。第一に、本書の中心的主張に関する疑問である。西山は、序章において「ロシアでは、いかなる理念に基づき統合が進められたのであろうか」という問いを掲げ、「一言でいえばそれは、『愛国主義』である」（一三頁）と答えている。また終章では、「二〇〇〇年に政権を掌握したプーチンは、国内の対立を煽りかねない特定民族のナショナリズム（民族主義）を抑制し、多民族国家ロシアを一つにまとめあげる理念として愛国主義に着目した」（二九七頁）とも述べている。プーチンは「ロシア連邦のシヴィック・ナショナリズム」に依拠して国家統合を図り、それはある程度成功したというのが本書の結論である。しかし、本当にそうだろうか。

このような主張には二つの面から反論が可能である。一つには、エリツィン政権期にもそのような形での国民統合は目指されていたため（成功したかはまた別問題ではあるが）、この種の愛国主義はどの程度プーチン政権独自のものと言えるのかという点である。(6) そして二つ目には、「ロシア系住民の保護」のようにエスニックな要素が強調される傾向は、ソ連解体以降常に存在し、特に近年その傾向が強まっていることを踏まえると、プーチンが主にシヴィック・ナショナリズムに依拠して国家統合を試みたと評価することは妥当なのかという疑問も生じる。

要するに、プーチン政権がどのような愛国主義に依拠して国民統合を図ったかは、より精緻に議論する必要があるというのが評者の考えである。そのために、第一節で行ったような類型化が議論の補助線になるだろう。しかし、本書ではそれに必要な先行研究の検討がやや不十分であるように思われる。もちろん、序章では愛国主義に関する研究がいくつか紹介されているが、膨大にあるロシアのナショナリズムに関する研究には言及がない。その整理のもとで本書の立場を位置付ければ、本書の独自性はより明確になったのではないだろうか。

第二の疑問点は、二〇一四年三月のクリミア併合において愛国主義がどのように作用したか、反対にクリミア併合によってロシアの愛国主義にどのような変化が生じたかという点である。周知のとおり、クリミア併合直後にロシア国民の愛国心は高揚し、プーチン大統領の支持率は大きく上昇した。この問題はロシアの愛国主義を考える上で欠かせないテーマであるが、一八年出版である本書がそれについて序章の冒頭で簡単に触れているだけであるのは物足りなさを感じる。

また、本書は内外情勢の変化がロシアの愛国主義政策に与えた影響を重視していると述べるが、その際に実例として挙げられているのは「カラー革命」のみである。二〇〇〇年代後半以降、ロシアの対外的な強硬姿勢、特に反米的な姿勢は徐々に強まり、後述する『スターリン時代の記憶』が扱っているように欧州諸国との間にも歴史認識をめぐる論争が起こった。もしそのような変化と愛国主義政策が連動しているのであれば、なぜ「ナーシ」はその時期にむしろ活動が縮小し、一三年に解散することになったのかといった点は、説明されるべきポイントではないだろうか。

三 『スターリン時代の記憶』

(1) 概要

一方、『スターリン時代の記憶』において検討されているのは、ソ連解体によりナショナル・アイデンティティの危機に瀕したロシアが、自らの歴史、特にスターリン時代の歴史とどのように向き合ってきたかという問題である。スターリン時代の大規模な抑圧は、一部の旧ソ連諸国や中東欧諸国では、ソ連・ロシアという「他者」によって強制されたものと認識されている。それに対し、ロシア国内ではその抑圧の加害者と被害者の区別が困難であるがゆえに、自国史の再検討は精神的苦痛を伴い、社会に分裂を引き起こしかねない問題であった。本書は、ペレストロイカ期以降のロシアにおいて、この問題をめぐる議論が、社会の「和解」を目指して展開されてきたことを膨大な資料に基づいて丹念にたどっている。

本書は「はじめに」と終章を含めた全一〇章から構成される。第一章は、本論に入る前の準備作業として、本書の立場が表明されている。スターリン期の大規模な抑圧については、ペレストロイカ期にその実態の解明が始まり、現在までその歴史を「記憶」するための取り組みが続けられている。しかし、先行研究ではその全体像は明らかにされておらず、ロシアでは過去の再検討がほとんどなされていないと主張する研究もある。本書は、近年の移行期正義研究が、加害者の処罰、公職追放などの措置に加え、真実を解明するための組織の設置、分裂した社会の和解のための努力、教育制度の改革などを重視していることに注目し、ロシアでは抑圧の記憶がどのように共有され、歴史教育という形でその記憶が世代間で引き継がれようとしているのかを検討する。

第二章から第八章では、ロシアにおける歴史認識論争がほぼ時系列に考察されている。第二章では歴史の見直しが始まったペレストロイカ期、第三章から第四章は一九九〇年代のエリツィン期が扱われている。ソ連解体後のロシアでは、経済危機を経験しエリツィン政権への批判が強まったこともあり、国家統合の理念が模索され、歴史教育のあり方も議論された。そこでは、一部の教科書が「反ロシア的」と批判された一方で、教科書の多様性を前提とした教科書審査制度ができ、特定の歴史観を示す教科書を禁止しないことになった。

第五章、第六章は、二〇〇〇年代の一〇年間が扱われている。この時期には、政府が歴史教育に関与しようとする傾向が強まった。その背景にはまず、九〇年代後半から社会が自国史の評価を共有する必要性が認識され始めたことがある。それに加え、ＮＡＴＯ、ＥＵに加盟したバルト諸国や中東欧諸国が自らの歴史像を欧州全体の歴史像にしようと試みたり、ウクライナが一九三〇年代初頭の飢餓をウクライナ人に対する「ジェノサイド」と認定したりするという国際的な動きも影響した。そうした中で、二〇〇九年には「ロシアの利益を害する歴史の歪曲に対抗する委員会（大統領委員会）」が設置され、ロシアの国際的地位を低下させる「歴史の歪曲」を止めようとする動きが強まった。このような動きは市民の間で一定の支持を集めたものの、それに対する反対も強かった。一方、大統領委員会は第二次世界大戦に関する史料公開も進め、プーチンがカティンの森事件の犠牲者の慰霊碑の前にひざまずいたことで、ロシアとポーランドの関係が一時的に改善した。

第七章と第八章が対象とするのは、二〇一〇年代である。この時期は、二〇一四年にウクライナ政変とクリミア併合があり、国際社会におけるロシアの立場が厳しくなるとともに、ロシア国内で愛国主義が高揚した時期であった。実際に、推薦教科書の数が減少し、歴史解釈の多様性が制限されるような動きも見られた。しかし、それらの教科書の作成、そして「悲しみの壁」の記念碑の建設などを行った「政治的抑圧の犠牲者の記憶の永続化に関する国家政策構想」に対して、筆者は「特定の見解を選んで正しい歴史解釈とするのではなく、できる限り多くの人が共有しうる自国史像を提示する試みだった」（二九二頁）という評価を下している。

「和解のために」と題された終章では、本書の主張がまとめられている。すなわち、現在の歴史認識、歴史教育に関する政策は、エリツィン期、プーチン期を通じて曲折はありながらも今日まで基本的にほぼ一貫して続いており、そこでは、さまざまな歴史観の対立という前提のもとで多くの人が受容しうる妥協点が探されているということである。負の歴史を持つ社会において「和解」を実現するためには、抑圧の実態を解明し、犠牲者の記憶を保存すること、その負の歴史を自国史から排除しないこと、そして歴史認識の対立を前提としながら、対話や議論を継続することが必要である、とまとめられている。

(2) 疑問点

本書を読んだ読者がまず驚かされるのは、ロシア社会においてスターリン時代の過去を明らかにし、その悲劇を繰り返さないために歴史教育を改革するという取り組みが、ソ連末期から一貫して続けられているという事実だろう。ロシアでは、特定の個人や集団にその悲劇の責任を負わせるのではなく、歴史解釈の多様性を認めることで社会の分裂を防ごうとする「和解」に向けた議論が展開されてきた。

このような「和解」に向けた試みがソ連解体後一貫して進められてきたことには光が当てられるべきだし、その点を明らかにした点が本書の大きな貢献であることは上で述べた通りである。その一方で、近年のプーチン政権の行動を見ていると、歴史の政治利用が顕著であり、本書で描かれたこととの乖離が広がっているように感じた。ソ連時代の弾圧の記録と犠牲者の名誉回復に取り組んできた「メモリアル」が解散に追い込まれたのはその象徴である。

そのことを考えると、たとえロシア社会において「和解」に向けた試みが続けられたとしても、それは必ずしも政権の動きを押し止められるわけではないことには注意が必要である。そのこと自体は本書も強く警戒しており、「和解」を阻害する動きを注視する必要性がたびたび指摘されている。ただし、そうした動きは、本書が考えるよりも見えにくい形で進行することもあるのではないだろうか。

たとえば、スターリン期の抑圧や侵略の歴史を記録・記憶することは、確かに欧州諸国による「歴史の歪曲」と戦おうとする政権にとって不都合であろうが、同時に、過去の過ちとの対比で現政権の正統性を主張できるかもしれない。実際に本書は、ドルツキーの教科書の推薦が取り消された理由を、スターリン期に関する否定的な記述ではなく、プーチン政権が「権威主義的独裁」と言えるかを考えさせる課題にあったと分析している（一三八─一四四頁）。このような事実は、「歴史認識の多様性を尊重し、その対立を前提としながら、対話や議論を継続する」という「歴史学のあるべき姿」を政権が否定するとは限らないことを示している。また、過去の過ちや歴史認識の多様性を認めることは、必ずしも現在のロシアにおける言論の多元性を担保するわけではないということにも注意が必要である。

本書では、政権が特定の歴史認識を広めようとし、それに歴史学者が抵抗するという構図が暗黙のうちに前提になっているように思われる。しかしそのような前提をおくことは、政権が巧妙に歴史の政治利用を行うという可能性に対しややナイーブな見方なのではないかという印象を持った。

おわりに――両書を比較して

本稿で紹介した二冊の書籍は、ソ連解体によるナショナル・アイデンティティの喪失という状況で、ロシアがいかに愛国主義的政策の形成や歴史認識論争を行ってきたかを検討している。アイデンティティの危機を経験したロシアが、国家を統合する理念を必要とし、徐々に愛国主義を強めてきたという認識は両書に共通していると言えよう。また、大祖国戦争（独ソ戦）の位置づけが重要なポイントとなっている点も共通している。スパーリング（Valerie Sperling）が指摘するように、大祖国戦争とその称揚は、ナーシのような体制側の組織だけでなく、野党勢力や反体制活動家も支持しており、祖国防衛の歴史がロシア人の愛国主義にとっていかに重要であるかが分かる。(7)

その一方で、愛国主義がどのような段階を経て強まってきたかという点には両書の評価に違いがある。立石は、歴史教育の面では一九九〇年代後半から自国史に対する評価の共有という問題意識が存在したとして、エリツィン期とプーチン期の連続性を強調する。それに対し西山は、エリツィン期にも愛国心の高まりがあったことを指摘しつつ、プーチン期の始まりとともに国民の間に愛国心を根付かせるための政策が打ち出されるようになったとしている。連続性と非連続性はどんな問題にも存在するが、どのような点において連続性を見出すことができ、どのような点に変化が生じているのか、今後さらに議論が深められることを期待する。

同様に、プーチン期における愛国主義の変化についても今後さらに研究の進展が求められる。西山が指摘するように、プーチン政権の初期においては、多民族を包摂する愛国主義（シヴィック・ナショナリズム）が顕著であったが、対外的に大国主義や反欧米的な傾向を強めた二〇〇〇年代後半以降、その言説にはエスニックな要素が強まっているように見える。そのような愛国主義の質的な変化がいかに生じたのか、そして、そこに大祖国戦争のような歴史に対する認識がいかに関わっているのかは、ロシア国内の動向を見るだけでなく、ロシアの対外的な行動を分析する上でも重要な問題である。

本稿執筆中の二〇二二年二月にロシアによるウクライナへの軍事侵攻が起きた。プーチンは、「ウクライナ政府がロシア系住民に対して行っているジェノサイドを防ぐため」にウクライナ侵攻はやむを得なかったと主張し、ウクライナの「非ナチ化」を要求した。ここでも、プーチンはロシア民族至上主義的ナショナリズムを用いて自身の行動を正当化し、独ソ戦のアナロジーを使ってゼレンスキー政権を非難するという形をとった。このように、ロシアにおける愛国主義や歴史認識の問題は、ますますアクチュアルなものとなっている。ここで紹介した二つの研究は、この問題を理解するための基礎となることは間違いない。（二〇二二年三月二四日脱稿）

(1) Daniel Treisman, "Introduction: Rethinking Putin's Political Order," in Daniel Treisman ed. *The New Autocracy: Information, Politics, and Policy in Putin's Russia*, (Washington D.C.: Brookings Institution Press, 2018), pp. 1–28; Magnus Feldmann and Honorata Mazepus, "State-Society Relations and the Sources of Support for the Putin Regime: Bridging Political Culture and Social Contract Theory," *East European Politics* 34-1 (January 2018), pp. 57–76.

(2) 塩川伸明『民族とネイション――ナショナリズムという難問』岩波書店、二〇〇八年、三一―二六頁。

(3) デイヤモンドは、ロシアは自国に対してはこのような「主権」概念を適用することを求めるが、ロシア自身は旧ソ連諸国との関係をより浸透性のあるものと捉えているとし、ロシアが二つの主権概念を使い分けていることを指摘する。Ruth Deyermond, "The Uses of Sovereignty in Twenty-First Century Russian Foreign Policy," *Europe-Asia Studies* 68-6 (July 2016), pp. 957–84. 小泉悠『「帝国」ロシアの地政学』東京堂出版、二〇一九年、第二章も参照。

(4) Pål Kolstø, "The Ethnification of Russian Nationalism," in Pål Kolstø and Helge Blakkisrud, eds. *The New Russian Nationalism" Imperialism, Ethnicity and Authoritarianism 2000-15*, (Edinburgh: Edinburgh University Press, 2016), pp. 18–45. この四類型については以下も参照。Sven Gunnar Simonsen, "Raising 'the Russian Question': Ethnicity and Statehood - *Russkie* and *Rossiya*," *Nationalism and Ethnic Politics* 2-1 (March 1996), pp. 91–110.

(5) Владимир Путин «Об историческом единстве русских и украинцев» 12 июля 2021 года. (http://kremlin.ru/events/president/news/66181)

(6) それとの関連で言えば、本書は冒頭で掲げた「なぜプーチンは愛国主義に依拠するようになったのか」という問いには明示的には答えていないように思われる。

(7) Valerie Sperling, *Sex, Politics, and Putin: Political Legitimacy in Russia*, (Oxford, New York: Oxford University Press, 2014), pp. 127–136.

（みぞぐち　しゅうへい　　法政大学）

書　評

川名晋史著

『基地の消長 1968–1973――日本本土の米軍基地「撤退」政策』

（勁草書房、二〇二〇年、三〇四頁）

玉　置　敦　彦

二〇二三年現在、在日米軍基地と関連施設の約七割が沖縄に集中している。半世紀前の一九七二年、米国統治下にあった沖縄は日本に返還された。日本外交の成果であったが、沖縄の米軍基地が削減されることはなかった。他方で日本本土の米軍基地は、六八年に始まり、七三年のいわゆる「関東計画」等に至る一連の基地縮小計画によって減少していく。なぜ本土の基地は縮小されたのか。またそのことは沖縄の基地問題にいかなる影響を及ぼしたのだろうか。

本書はこの問題に対して、著者が二〇一三年から発表してきた一連の研究成果を基礎に、外交史的手法と基地政治論の理論的知見を組み合わせて挑んだ意欲作である。

本書は一章と終章で分析の枠組みと含意を示し、二章から七章で歴史分析を展開するという構成をとる。一章では、理論から導かれた基地政策に影響を与え得る要因として、①米国の戦略（脅威認識と予算制約）、②同盟（基地の実効性と運用性）、③基地の地理、④日本の国内要因という四つの仮説が提示され、終章で⑤米軍の組織防衛という媒介要因が追加される。本書は以上を基礎に、一九六八年から七三年にかけての米国政府内部の日本本土基地縮小計画をめぐる政治過程を一次史料に基づいて分析し、その決定要因として、戦略、予算制約、日本の国内要因、軍の組織防衛が重要であると結論する。

本書は歴史研究として結論をまとめており、また冒頭の問いの答えとして、基地受け入れ国たる日本国内における基地の政治的な許容度（政治的受容性）の重要性を特に強調している。さらに上記諸仮説は全て一定の有効性があるとされ、従来の理論との差別化は行われていない（二一九頁〜二二二頁）。本書の理論的議論は、基地の「政治的受容性」の意義を確認し、これを焦点に歴史分析を行うための概念整理と理解すべきだろう。

本書の歴史分析は、本土基地削減政策の始点から終点までを描き切った初の試みである。とりわけリチャード・ニクソン（Richard Nixon）政権期の基地政策の分析は、国防総省、軍、国務省、議会といった多様な米国側のアクターの動向を精緻に跡付けた重要な貢献である。史料面では、本書には大統領図書館所蔵史料への言及がない。また後述のように、本書の注目点を鑑みれば国務省・大使館史料を精査すべきであった。だが軍・国防総省史料の本格的活用という点は特筆すべきである。記述としては、少数の史料の紹介に五～一〇頁以上が費やされるなど工夫の余地はあるが（七四～八五、一〇四～一一六頁、第五章など）、各基地の状況が詳しく紹介されており有益ともいえる。この詳細は本書に譲りたい。

他方で、米国の基地削減計画の起源についての本書の貢献と、ニクソン政権期の分析から導出された本書の議論については慎重な検討が必要である。以下、この点に絞って本書の成果を吟味したい。

まずリンドン・ジョンソン（Lyndon B. Johnson）政権末期の六八年を扱った二章と三章の成果を確認しよう。本書はこの時期の在日米軍基地再編の起源を、六九年・七〇年のニクソン・ドクトリンではなく六八年に置き、その要因として同年前半の基地問題の頻発と日本国内の反発を重視する（一月の原子力空母エンタープライズ入港問題、五月の原子力潜水艦ソードフィッシュ放射能漏れ問題、六月の米軍戦闘機の九州大学構内墜落事件等）。これに強い危機感を抱いたU・アレクシス・ジョンソン（U. Alexis Johnson）大使が主導する在日米国大使館は、ジョン・マケイン（John S. McCain Jr.）司令官率いる米太平洋軍とともに、ジョンソン・マケイン計画と呼ばれた基地縮小計画を取りまとめた。また同時期には、国防総省がさらに大規模な削減案を提示している。この二つの計画が七〇年代の米軍基地再編計画の出発点となった。

このように要約した内容に、評者は既視感がある。二〇〇九年に発表した拙稿の一部で論じた内容だからである（玉置敦彦「ジャパン・ハンズ――変容する日米関係と米政権日本専門家の視線、一九六五―六八年」『思想』第一〇一七号、二〇〇九年）。基地削減計画の始点が六八年にあること、大使館が基地削減を主導したこと、これに日本の内政状況と基地問題（特に六月の米軍機墜落事件）が決定的な影響を及ぼしていたこと、国防総省が国際収支改善の観点から大使館・太平洋軍よりも大規模な削減案を構想していたことは拙稿で指摘している。本書の基地削減案の起源の解釈が斬新であるということは難しい。

米国の基地再編計画立案をめぐる政治力学に関する限り、二章と三章は以上のような要約（同様のまとめとして、野添文彬による本書書評を参照。『国際安全保障』第四八巻第四巻、二〇二一年）と評価にならざるを得ない。他方でこの二つの章には、要約すると抜け落ちてしまう豊かな情報量が盛り込まれている。第一に、本書は国防総省の基地削減案、つまり本書のいうOSD（国防長官府）計画をはじめとした米政府の諸構想の各基地に対する判断を詳しく紹介している。第二に、六八年後半期の政治過程の詳細や、七〇年代の展開を踏まえたOSD計画の重要性については学ぶことが多かった。第三に、本書の主題からは外れるが、二章は日本側の野党や社会運動の動きにも触れている。米国側の認識と日本の実態の相違点の解明に踏み込んでいない点が惜しまれる。

とはいえ、先行研究との接点をより積極的に探るべきではないかとの思いも残る。六〇年代後半から七〇年代前半は、日米関係史研究において、米国が、急速な経済発展を遂げた日本の軍事大国化と核武装、さらに日本が米国から離反する可能性への懸念を強めた時期と捉えられている。評者も含めて、中島信吾、潘亮、黒崎輝、昇亜美子、吉田真吾などの二〇〇〇年代後半から二〇一〇年代はじめに発表された諸研究は、この観点から、日米防衛協力、自衛隊PKO派遣問題、核不拡散、東南アジア政策、同盟の制度化、負担分担問題などの多様な問題群に検討を加えている。そして一九六八年は特に米国が日本の動向を懸念した時期であり、また拙稿で明らかにしたように、日本本土の基地問題は、沖縄返還と共に、米政府関係者に日本の離反を誘発しかねない懸案と認識されていた。何よりも、基地縮小計画の重要な起点の一つとなった六八年六月のデイビッド・オズボーン（David L. Osborn）首席公使名の電報は、米国の日本の軍事大国化への不安に注目した諸研究が頻繁に言及してきた文書なのである。

　以上の研究蓄積を生かすことができていれば、七〇年代の基地政治をめぐる本書の議論は、より説得的なものとなったであろう。本書後半部の議論を紹介しつつ、この点を敷衍したい。

　本書四章から七章は、ニクソン政権期の基地削減計画を分析対象とする。読み応えのある内容だが一点付言したい。本書は七〇年一月末の段階で、在日米軍は「OSD計画の存在を知らなかった」、また大使館と在日米軍からなる「カントリーチーム」はOSD計画の「蚊帳の外」だったと述べる（一三八～一三九頁）。だが六八年九月二八日の段階で大使館及び在日米軍はこの原案の情報を把握・警戒しており、ジョンソン大使が国務省アジア太平洋局日本部長リチャード・スナイダー（Richard L. Sneider）に事態の注視を依頼している（玉置、前掲、注一三二掲載史料参照）。OSD計画の存在は「噂」（一五六頁）では広がっていたが詳細が明らかになっていなかったということかもしれないが、本書の関連個所はより正確な記述に修正されるべきだろう。

　さて四章から七章の議論は多岐にわたるが、本書全体の含意として著者が強調する以下二点を取り上げたい（二二一頁）。第一に、本書六章は、本土からの移転が予定されていた米軍基地の機能（横田のF―4戦闘機等）が、グアム等の遠方ではなく近隣の沖縄へと移転されたと指摘する。その背景にあったのは、米政府関係者が、これによって日本政府が米国のコミットメントに疑念を抱くのではないか、と危惧したことにあった。また第二に、四章によれば、本土で反対運動に直面した基地を、米国は沖縄に移転した。厚木のヘリ部隊の普天間移転が代表的事例とされる。本書は、沖縄が本土基地の「収納先」とされたと表現し、返還後にも沖縄の基地がさらに拡充されたと指摘する。

　これは奇妙な事実である。少なくとも本書の枠組みとは整合しない。本書は、基地受け入れ国がどの程度米軍基地を政治的に許容するのかを重視する。この二つの議論は共に、米国は日本本土では国内の反発を懸念して基地を移転したのに対して、沖縄ではこれを考慮する必要がなかったということを含意する。ならば本土と沖縄では基地の「政治的受容性」が異なるはずだが、本書にはこの点の実証はなく、理論的根拠も示されていない。

本書には軍が復帰前に本土基地の機能を沖縄に移転しようと試みたとの記述があることから（一一八、一二二頁）、著者は沖縄が未だ米国統治下にあったことを重視しているのかもしれない。だがすでに複数の書評の指摘があるように（野添前掲書評や大野光明の本書書評『週刊読書人』二〇二〇年一一月一三日号を参照）、六八年のB52移駐への反対運動や七〇年末の「コザ暴動」をはじめとして、沖縄の基地への反発は強かった。またこれでは返還後の在沖米軍基地の維持・拡充を説明することはできない。なぜ米政府関係者は沖縄の反発を意に介さなかったのか。個々の基地の「政治的受容性」から説明することは難しい。

この問題を考える時、評者には、日本本土基地削減が、沖縄返還と並んで、米政府関係者に、対処を誤れば日本の離反を招きかねない問題だと認識されていたことが改めて重要となるように思われる。沖縄の返還という領土問題も、また本土（とりわけ首都圏）の基地問題も、日本政府の親米姿勢の維持を困難としかねないナショナルな課題であった。

これに対して、沖縄の基地問題は、日本の離反を招く危険性がある問題であると米政府関係者に認識されていなかったのではないか。つまり沖縄の基地問題は、すでに返還以前に、ローカルな課題であって同盟全体を揺るがすナショナルな事態に発展する危険性は高くないと、米国に判断されていた。それゆえに米軍から本土基地の「収納先」とみなされ、さらに基地が増強されるという事態も生じたのではないか。九〇年代中頃を例外として、この構図は現在まで継続しているように思われる。

以上のように、詳細な調査に基づく本書の議論は、理論的にも歴史的にもより広い文脈に置きなおすことで、その価値をさらに増すだろう。本書は、多くの事実関係を解き明かした、今後の基地研究・日米関係史研究の基盤となる必読の一冊である。

（たまき　のぶひこ　中央大学）

篠田英朗著

『パートナーシップ国際平和活動――変動する国際社会と紛争解決』

（勁草書房、二〇二一年、x＋二五四頁）

中谷純江

国際平和活動の意義と結果が問われている。NATO（北大西洋条約機構）介入下で国家再建を試みたアフガニスタンは一昨年タリバンに再び制圧され、カブール撤退に際する混乱劇は欧米の紛争解決策に影を落とした。またAU（アフリカ連合）本部を宿すエチオピアも反乱軍に脅かされ、この地域覇権国の政情不安は近隣諸国の和平プロセスも減速させる。まさにスーダンではクーデター再発のため地域機構参加停止となった。国際平和活動の実相は一九九〇年代のPKO拡大期や二〇一〇年代の国連と地域機構のパートナーシップ発展と異なり、過去五年でPKO四件終了、新規皆無という縮小方向が続く。しかし国連事務局内では新しい形の平和構想より既存のオペレーションを有効化する議論が大勢だ。PKOの効率向上のため政治過程の主要性、部隊貢献国との調整や装備訓練の必要などが強調されてきたが、紛争の構造が多種多様化する中で平和活動がどう変貌するべきなのかという抜本的な答えはない。

本書はこの過渡期において国際安全保障システムの重層性を再認識・再評価する貴重な貢献である。その切り口としてパートナーシップに焦点を当て、国際平和活動＝国連PKOという二次元的対処ではなく、国連、地域機構、加盟国など様々な役者と舞台が各々の紛争当事者との相互関係に基づき分担や競合をしていく多彩多面なマルチラテラリズムの性質を明解にした。国連平和活動局内でも紛争と平和活動のシミュレーションを行い、今後の国連PKOは①選択肢の一つであり、②地域機構や加盟国による並行ミッションのサポートや限定的マンデートに特化するケースが増え、③複数のオペレーションが意図的に分離された形で展開する場合もあると認識した。本書ではこれらの兆候が既に体系的に示唆されている。

まず序論でパートナーシップ平和活動のパターンがハイブリッド型、時系列型、機能分化型に分けらる。ハイブリッド型はAU国連ダルフールミッション（UNAMID）のみだが、時系列型としてブルンジ、リベリア、シエラレオネ、コートジボワール、マリ、中央アフリカなどで地域機構が国連に先行して展開したケース、また東チモールで多国籍軍による治安維持を経て国連暫定行政が発足した例などが該当する。マリでは更に国連PKOに並行して近隣諸国が対テロ活動を行い、この機能分化型の類似パターンとして、コンゴ民主共和国で近隣諸国軍がPKO別働部隊として反政府組織鎮圧にあたっている例や南スーダンでPKOと別枠で地域機構の停戦監視団や地域保護軍が派遣された例がある。またソマリア、アフガニスタン、ボスニアなどではAUやNATOが国連ミッションを凌ぐ形で軍事展開してきた。

第一・二章でこれら三類型の背景がＰＫＯと地域機構の平和活動の変遷と共に紹介され、更に第三章で国際平和活動の諸原則の変質と法的枠組みが分析されている。そして時系列型の場合には地域機構から国連への引継ぎが（ＵＮＡＭＩＤもＡＵミッションからの移行で時系列要素がある）、また機能分化型では地域機構と国連の住み分けなどがパートナーシップ運営の争点として取り上げられた。補足で強調するとすれば、地域機構の政治的役割もパートナーシップ平和活動に直結するという傾向だ。地域機構はその機動性を発揮し先行・並行ミッションを派遣すると同時に和平交渉の調停も多々行ってきた。地域機構が仲介を行う場合、域内安全保障の観点から対テロなどの沈静化作戦を平和活動に求める可能性も高いだろう。その軍事的措置をＰＫＯに求めるか地域機構で担うかは機能分化の議論に繋がるが、本質的には誰が平和活動のビジョンを描くかの問題でもある。紛争収束の方向性（例えばコートジボアールでは選挙を重視、アフガニスタンやリビアでは主要反政府軍抜きで暫定政権を発足）を定める交渉の調停を地域機構が行った場合、出口戦略が何になるのか、そのため国連とのパートナーシップが時系列型あるいは機能分化型になるのかは経路依存的に定まる。国連内部では紛争が勃発した際に人権・人道支援・開発など関連機関が共同分析を行い全体の方針を決める統合評価・企画政策（UN Policy on Integrated Assessment and Planning）が存在するが、これは地域機構と共有されるものではない。唯一ＵＮＡＭＩＤの撤退準備に際してＡＵと国連が共同戦略報告書を作成した。この現状は、第四章で普遍的な国際社会と地域的な国際社会の両立が「入れ子」構造と位置付けられる通り、国連も地域機構も別個の規範と人事権を持つ組織であり、政治的背景も手法も同一ではない証である。国連平和活動局は自らの役割を「戦略的本部」と位置付けてきたが、それはオペレーションを統括するという意味のみであり、地域機構の紛争介入を左右するどころか各国の派遣部隊の十分な掌握すら出来ない。

この平和活動のビジョンというテーマに関して、第五章で平和構築の「自由主義」が議論される。自由主義とは「民主国家は基本的に平和であり、よって政治経済の枠組みを法的競争にゆだねることで平和を目指す」と欧米が提唱してきたものだった。本書はこのアプローチの限界として「文明の衝突」論が示唆する自由主義の地域格差や、紛争終了には国内再統一のため権力の集中が必要というパラドックスを指摘した。実際に疲弊した国家再建のニーズと行政の縮小・民営化を奨励する自由主義には矛盾があり、世界銀行などが後者を後押しする中で紛争後に国内格差や犯罪組織を孕む不正マーケットの拡大が見られる。比較政治の分野では民主主義移行期の脆弱性も永く指摘されてきた。しかし最大の矛盾は自由主義の定着していない新興国で紛争が増えたことや国際組織の活動に地域差があることではなく、そもそも西欧の近代主権国家が長期の紛争を経て誕生したという事実だろう。チャールズ・ティリー（Charles Tilly）の論じた通り、西欧の国家体制は封建的権威、教会、都市国家など様々な政治権力が闘争を繰り返す中で、意思決定・軍事・領域支配の中央集権化を必要として発展した。現在のイスラム地域を含む紛争地域ではこの競争がまだ進行しており、不安定状態が長引く中で民兵や傭兵に反乱鎮圧や治安維持をゆだねるハイブリッド国家も増加している。つまり主権国家の必須要素である防衛や警察の非正規化・商業化であり、西欧の辿ってきたプロセスの退行に等しいだろう。こうして国家モデルそのものが変遷している地域で、自由主義の元に政治再編の支援をする平和活動はどれだけ有効と考えられるだろうか。これは文明の衝突というよりは、覇権争いの中で誰がどの様な相対的価値を持つかという安全保障の市場法則の問題である。人権や良き統治など自由主義の原則を標榜するＡＵでも、国家主権尊重の名の下に独裁政治を見過ごしクーデターによる政権交代を嫌う傾向があるのは、中央主権が確立された上での自由主義を享受していないことの表れである。

第五章ではこの国際政治の分権的現状において平和活動の「オーナーシップ」に触れている。オーナーシップのベースを和平合意調印者（消極的）とするか社会参加（積極的）を目指すか、また地域機構による平和活動参加がオーナーシップ向上に繋がるかという議論である。しかし現場では平和活動運営のオーナーシップは事実上ホスト国政府に存る。ＰＫＯ派遣に際し国連とホスト国で地位協定が結ばれ移動の自由などが確約されるが、実際にはパトロールから物資の輸送まで政府の協力なしに実施できない。第七章型のＰＫＯでも、文民保護活動が政府に不都合な時は戦闘地域に向かう前にチェックポイントで足止めされヘリ離着陸にも許可が必要など様々な制約に合っている。安全保障理事会がこれらの協定違反をホワイトペーパーとして平和活動局から提出させているが有効な手段を打てない。地域機構による和平プロセスのオーナーシップ貢献についても、マリなどでのアフリカ部隊の犠牲者数を考えると、一概に近隣諸国の参加が当事者に歓迎されているとは言い難い。本書の指摘する通り、平和プロセスに対する現地でのオーナーシップを平和活動の出口戦略とする議論もあるが、国連内部で出口戦略とは平和活動撤退後の国連カントリーチームへの引継ぎである。現場のオーナーシップ定義は技術的なままだ。

最後に第六章で対テロ戦争や地政学的考察など進化し続けるパートナーシップのジレンマが挙げられている。対テロを掲げた軍事行動は概して停戦や和平合意から免除され、また誰が誰を過激組織と定義するかという政治的判断は安全保障政策の決定権がどこにあるかに繋がる。ＰＫＯではなく地域機構が対テロに臨むことが多いが、それがいずれ国連の支援する国家再建と統合されるのかという問いはアフガニスタンを見ても明白な通り未解決である。第六章では更に海洋国家と大陸国家の対立といった非常に興味深い地勢理論にも触れており、これは近年国連平和局内で議論されている移牧と紛争の関係とも関連する。これまで地域機構の主な貢献は、ヨーロッパ地域機構による法の支配支援以外には、交渉調停やパートナーシップ平和活動といった危機管理の初動体制要素が強かった。今後は気候変動や都市化に伴うリスクの軽減など紛争予防かつ平和構築への包括的な取り組みが予測される。過激要素や犯罪組織なども含めて多様なアクターが錯綜する中で、そのマーケットに耐えうる国際平和活動の付加価値と能力とは何か。本書は国際平和活動の余力と可能性を探るツールを与えてくれている。

（なかや　すみえ　国際連合 国連平和活動局／一橋大学）

樋口真魚著
『国際連盟と日本外交――集団安全保障の「再発見」』
（東京大学出版会、二〇二一年、v＋二五五＋七頁）

湯　川　勇　人

一九三三年三月二七日、日本は国際連盟（以下、連盟）に対して、正式に脱退通告を行った。間違いなく日本政治外交史上に残る、一大事件である。ところが、これまで日本の連盟脱退に至る外交過程と、その後の日本と連盟の関係については十分に顧みられることがなかった。それはひとえに、連盟の持つ影響力の小ささと、それ故に脱退後の日本は連盟の動向を気にしなくなったという「暗黙の前提」が存在していたからであった。だが、そうではない。満州事変によって侵略国となった日本は、脱退後になって初めて連盟規約や九カ国条約などの国際諸条約に基づく集団安全保障に正面から対応せねばならなくなった。こうした新たな前提に立ち、集団安全保障への対応という観点から日本の「脱退後の連盟外交」の軌跡を跡付けることが、本書の目的である。

本書は二つの分析視角を設定している。一つは、連盟規約を中心とする国際諸条約、国際法への外交的対応の検討である。連盟による集団安全保障への対応とは、その法的根拠たる連盟規約や国際法への対応に他ならなかったからである。二つ目は、外務省内における国際法実務への注目である。対連盟外交を一手に担った外務省において、満州事変以降に省内の主流派となったアジア派外務官僚（彼らは連盟を中心とする国際秩序の打破を目指した）と、連盟外交に深く関与し連盟との協調関係の維持を図った連盟派外交官の間の、国際法や国際条約の解釈をめぐる攻防過程から、一九三〇年代の外務省の対連盟外交が検討されていく。

第一章では、満州事変の勃発から連盟脱退にいたる間の日本の対連盟外交方針について、主に連盟派外交官の動向を中心に論じられている。満州事変が連盟で俎上に載せられた際、外務官僚たちが最も懸念していたのは、連盟規約第一六条に基づく対日経済制裁の発動であった。この問題に対して、連盟派外交官らは、連盟の紛争解決手続が適法か否かという連盟規約の解釈論争を通じて連盟外交を有利にすすめることで、なんとか日本と連盟の関係をつなぎとめようとしていた。しかし、日本側の主張は連盟加盟国に尽く退けられ、さらに斎藤実内閣が熱河侵攻作戦の発動を閣議決定したことで、規約第一六条の適用が現実味を帯びることとなる。その結果、日本外交は連盟を脱退することで、連盟の枠外で対外関係の修復を試みるという方針に転換することになった。こうした「協調のための脱退」論は、一九九〇年代中頃に唱えられて以来、未だ論争的な議論であるが、第一章では連盟派外交官の戦略の変化を丹念に追うことで、満洲事変後の外務省内には確かに「協調のための脱退」論が存在していたことが示されている。

第二章では、満州国の承認問題をめぐる外務省の動向が検討されている。外務省内には、自衛権の行使という論理で満州国内に日本の軍隊（関東軍）を駐留させ続けるのは九カ国条約違反に該当するため、いっそのこと満州国承認を断行し、これと軍事同盟を結ぶことで、違反状態を回避するべきという見解が存在していた。一方、日本による満州国承認を阻止したい英国は、締約国間会議の開催を規定した九カ国条約第七条を持ち出して、日本を説得しようとする。結局、日英関係の悪化を懸念する英国はそれ以上日本を追求することはなく、日本は満州国承認を断行する。こうした満州国承認問題と九カ国条約に関する日英の角逐が日英双方の史料から展開されるなか、英国が九カ国条約第七条を持ち出したことにより、九カ国条約に「集団安全保障の疑い」を抱くようになった外務省は、同条約の打破を指向し始めたという議論は非常に興味深い。

第三章から第五章では、連盟脱退後の日本の対連盟方針が、外務省内で対立を孕みつつも次第に確立されていく過程が論じられている。連盟脱退後もなお、外務省は連盟による集団安全保障にいかに対応するのかという課題に直面していた。そうしたなか、外務省内では二つの対連盟方針が浮上する。一つは外務省条約局が主張する「連盟を排除した脱退国」路線であり、他方は連盟派外交官が提示する「連盟と併存可能な脱退国」路線である。脱退後も連盟と歩調を合わせながら、対連盟関係の強化を図ろうとした連盟派外交官に対して、連盟への関与を拒絶することで連盟の集団安全保障が日本に及ぶことを否定しようとする条約局であったが、時の外相であった広田弘毅は後者を選択したことで、日本外交は「連盟を排除した脱退国」路線のもと、「非加盟国の法的地位」の確立を目指していくこととなる。

こうした日本の対連盟方針は、一九三六年六月から開催されたモントルー会議への関与を通じて再設定されることとなる。トルコの海峡再武装問題を審議するモントルー会議では、新たに締結する国際条約の審議過程において、連盟規約援用条項の挿入が検討されることとなった。こうした状況で、時の外務大臣であったアジア派・有田八郎は、「連盟を排除した脱退国」路線に則り、連盟規約が非加盟国に及ぶことを拒否する態度をとる。だが、会議全権となった連盟派・佐藤尚武は、「連盟と併存可能な脱退国」路線を実現するため、会議参加国との交渉の傍ら、連盟規約問題での妥協を有田に迫った。結果、次第に有田は佐藤に歩み寄りを見せ、交渉は妥結に至る。こうした過程から、筆者は、モントルー会議を機に外務省が「連盟と併存可能な脱退国」路線へと対連盟方針の舵を切ったと論じるのである。

連盟脱退後の日本にとって、連盟にまつわる問題は安全保障分野だけではなかった。連盟加盟国は、西欧諸国が受任国を務める委任統治地域において通商均等待遇が付与されていた。しかし、日本は連盟を脱退したことで、通商均等待遇が喪失する可能性が生じたのである。通商均等待遇を維持する法的根拠を模索し続ける外務省が、一九三七年前半の佐藤外相期に辿り着いたのは、連盟規約が規定する自由通商原則の遵守を連盟加盟国に対して訴えることであった。非常にアクロバティックな方針であり、そこから筆者は、通商問題は積極的に「連盟と併存可能な脱退国」路線を指向することができる領域であったと指摘し、日中戦争直前の日本は安全保障と通商の両面から「連盟と併存可能な脱退国」として対連盟関係の再構築を試みる条件が整うこととなったという理解につなげるのである。

次第に外務省の対連盟方針が固まっていくなかで勃発した日中戦争は、状況を一変させることになったことが、第六章で明らかにされる。日中戦争勃発後、中国はすぐに連盟に提訴した。だが連盟は判断を九カ国条約締約会議に委ねた。一九三七年一一月三日から開催された九カ国条約会議に関する基本的な理解は、紛争当事国の日本が参加を断ったこともあり、紛争解決に何ら有効な決議は採択されることはなかったというものである。だが、集団安全保障に対する対応という本書の観点から見たとき、九カ国条約会議は日本外交にとって非常に重要な意味を持っていた。会議では、日本への制裁決議が議題に上がったこともあり、外務省は九カ国条約を集団安全保障の一環として確信するようになる。すなわち、九カ国条約と連盟が集団安全保障を媒介に結合したと見なした外務省は、「連盟と併存可能な脱退国」路線を完全に放棄することとなるのであった。

終章では、これまでの議論の総括に加えて、一九三〇年代の対連盟外交方針が戦時中・戦後の日本外交に、いかに継承されたのかが検討されている。

以上が、本書の概要である。日本の対連盟方針の決定過程とその帰結について、各章で新たな知見を提示する本書は、近年活発になっている連盟研究や日本と連盟の関係に関する研究を大きく前進させると同時に、研究蓄積の厚い一九三〇年代の外務省研究をも前進させるものである。

これまで連盟派は、連盟事務局での勤務経験などのキャリアパスからその凝集性が指摘されていた。本書はさらに一歩進めて、「連盟と併存可能な脱退国」路線という連盟派の特有の外交構想を明らかにしたことで、外務省内で連盟派とはいかなる存在であったのかをより具体的に示している。そして、本書が浮き彫りにした連盟派という存在を念頭に置いたとき、アジア派、欧米派、革新派の対中国外交政策をめぐる対立・競合から描かれる従来の一九三〇年代の外務省とは異なった様相が見えてくる。本書はアジア派と連盟派の対立を念頭に置いているが、満州事変初期には欧米派の幣原や広田、さらにはかつて連盟での折衝にあたり帰国後に外相となった芳澤とも、連盟派は連盟方針をめぐって対立していたことが論じられている。すなわち、対連盟方針に関しては、政策派閥間の対立ではなく、連盟派と本省との対立であったと言えるのではないだろうか。また、第三章や第四章で論じられるアジア派・有田の動向を見ると、重光や広田ほど「連盟を排除した脱退国」路線に固執しているようには見られない。つまり、本省内でも「連盟を排除した脱退国」路線は確固とした方針ではなかったのではないだろうか。このように、対連盟方針という対立軸を導入した場合、一九三〇年代の外務省は、従来の理解以上により複雑な政策対立が生じていたことを、本書は示唆しているのである。

「連盟を排除した脱退国」路線は外務省本省のなかでどれほど確立された方針だったのか、対連盟外交は対中国外交政策や対米外交政策を含む日本外交のなかでどのように位置づけられていたのか。これらをより踏み込んで検討することで、一九三〇年代の複雑な政策決定過程とその帰結への理解がさらに深まるであろう。日本と連盟の関係のみならず、戦前昭和期の日本外交に対する幅広い意義と展望を提示する本書は、広く読まれるべき一冊である。

（ゆかわ　はやと　広島大学）

編集後記

二〇二〇年四月に本学会編集委員会から本号特集の編集担当を打診されたとき、そのテーマに大きな魅力を感じた。その数年前に冷戦史研究の世界的拠点の一つ、ウィルソン・センターのフェローとして在外研究に従事する機会を得て以来、冷戦史研究に日本から貢献できることはないかと思案したり、そのために国際共同研究を企画したりしていた。しかし、研究助成を受けることができず、共同研究を実施できずにいた。そこに舞い込んだ編集委員会からの依頼は、学会誌という媒体を借りて数年温めてきた研究企画を部分的にせよ実現する好機のように思えた。

編集担当を引き受けた理由はそれだけではない。本特集は日本外交史研究の新たな可能性を切り拓く契機になりうるのではないかという期待もあった。近年の日本外交史研究の目覚ましい発展に伴い、冷戦期の日本外交に関する実証的な解明は進んできた。しかし、冷戦と日本外交の関係に焦点を合わせた研究に、日本国内の日本外交史研究者が精力的に取り組んできたとは言い難い。そこで編集担当として作成した特集論文の募集文では、冷戦史研究と日本外交史研究を架橋し、冷戦と日本外交の関係を多角的に検討するという特集の目的を掲げ、特集論文の研究テーマを例示してみた。

二〇二〇年六月に特集論文の応募が始まったとき、特集を組むために十分な数の論文が集まるか不安があった。新型コロナウィルス感染症のパンデミックがグローバルな問題になり、収束の見通しが立たない状況にあったからである。その影響で研究時間を確保したり、国内外で調査したりすることができず、投稿を断念した会員の方もいたのではないかと想像する。しかし、そうした困難な状況の中、二〇二一年一月末までに一一本の投稿のエントリーがあり、同年一二月の締め切りまでに一〇本の論文が提出された。そして厳正な査読を経て、特集テーマにふさわしい充実した内容の八本の研究論文を本号に掲載することができた。すべての投稿者並びに査読者の方々に深甚なる謝意を表したい。

会員のみなさま、特に本号に寄稿された会員の方々には、本号の刊行が大幅に遅れたことをお詫びしなければならない。その責任の一端は特集の編集責任者にあるからだ。編集作業が大詰めを迎えていた二〇二二年八月から、妻の仕事の都合により勤務先の大学がある福島市で幼い子と二人で暮らすことになり、その前月から一二月まで本務校の仕事をこなすことで精一杯となった。新しい環境に投げ込まれた子のワンオペ育児と仕事の両立の困難に直面し、思うように仕事ができないもどかしさと、子の気持ちに寄り添ったケアができていないのではないかという忸怩たる思いを抱きながら忙しなく過ごす日々が続いた。編集責任者を引き受けた際に想定していなかった事態のためとはいえ、特集の序論の作成が進まず、本号の刊行が遅れる結果となった。本誌の刊行スケジュールを管理する編集委員会には、ご心配をおかけした。辛抱強く原稿を待ってくださった同委員会に感謝したい。

（黒崎　輝）

編集委員会からのお知らせ

独立論文応募のお願い

『国際政治』に投稿された独立論文は、年度末に刊行する独立論文号への掲載を優先する必要性から、投稿から掲載まで時間を要しがちで、早期掲載の希望が寄せられておりました。その要望に応え、Newsletter 167号でもすでに理事会便りとしてご案内差し上げたように、二〇二一年度よりすべての独立論文を各特集号に掲載し、独立論文号の刊行は停止し、年間三号の刊行となります。それに伴って、各特集号のページ数は掲載論文数に応じて拡大することとなりますので、『国際政治』の年間総ページ数は従来通りとなります。なお、独立論文の査読・掲載条件等には、何ら変更はありませんので、会員の皆様の積極的な投稿をお待ちしています。

論文の執筆にあたっては、日本国際政治学会のホームページに掲載している「掲載原稿執筆要領」に従ってください。特に字数制限にはご注意ください。投稿いただいた原稿は、「独立論文投稿原稿審査要領」に従って審査いたします。

独立論文の投稿原稿は、メールで『国際政治』編集委員会に宛てて提出して下さい。

メールアドレス　jair-edit@jair.or.jp

特集号のご案内

編集委員会では、以下の特集号の編集作業を進めています。

210号「岐路に立つアフリカ（仮題）」（編集担当・杉木明子会員）
211号「ヘルスをめぐる国際政治（仮題）」（編集担当・栗栖薫子会員）
212号「二国間外交と多国間外交の交錯（仮題）」（編集担当・高橋和宏会員）
213号「アメリカ――対外政策の変容と国際秩序（仮題）」（編集担当・西山隆行会員）
214号「地球環境ガヴァナンス研究の最先端（仮題）」（編集担当・阪口功会員）

冷戦と日本外交　　『国際政治』209号

令和5年3月3日　印刷
令和5年3月15日　発行

〒187-0045　東京都小平市学園西町一丁目29番1号
一橋大学小平国際キャンパス国際共同研究センター2階
発行所　一般財団法人　日本国際政治学会
電話　042(576)7110

〒101-0051　東京都千代田区神田神保町2-17
発売所　株式会社　有斐閣
振替口座　00160-9-370
https://www.yuhikaku.co.jp/

ISBN 978-4-641-49992-8　　印刷・中西印刷株式会社

日本国際政治学会編　**国際政治　既刊**

一九五七年度―二〇二三年度

日本国際政治学会編　**国際政治**　既刊

CONTRIBUTORS

KUROSAKI Akira	*Professor, Fukushima University, Fukushima*
KANDA Yutaka	*Professor, Niigata University, Niigata*
OKADA Miho	*Research Associate, Global Security Center, National Defense Academy, Kanagawa*
TANAKA Shingo	*Associate Professor, Osaka University of Economics and Law, Osaka*
SHIBATA Shigeki	*Associate Professor, Oita University, Oita*
MOTOYAMA Jinshiro	*Doctoral Program, Hitotsubashi University, Tokyo*
YASHIRO Taku	*Associate Professor, Yamaguchi University, Yamaguchi*
ISHIMOTO Ryoya	*Ph. D. Student, Doshisha University, Kyoto*
LEE Byeongcheol	*Part-time Lecturer, Aoyama Gakuin University, Tokyo*
MIZUNO Ryoya	*PhD Student, London School of Economics, UK.*
YAMAZAKI Nozomu	*Professor, Komazawa University, Tokyo*
MIZOGUCHI Shuhei	*Professor, Hosei University, Tokyo*
TAMAKI Nobuhiko	*Associate Professor, Chuo University, Tokyo*
NAKAYA Sumie	*Assistant Professor, Hitotsubashi University, Tokyo/Organizational Resilience Program Manager, United Nations Department of Peace Operations, USA.*
YUKAWA Hayato	*Associate Professor, Hiroshima University, Hiroshima*

Summary

The Cold War and Japanese Diplomacy

KUROSAKI Akira

In the last three decades after the end of the Cold War, historical research on international relations during the Cold War period has made remarkable progress. This special issue aims to examine the impact of the Cold War on Japanese diplomacy, Japan's involvement and roles in the Cold War, and the impact of Japanese diplomacy on the Cold War from various perspectives in the study of diplomatic and international relations history, considering recent trends in postwar Japanese diplomatic history and Cold War history research.

As the introduction, this article looks back at the development of postwar Japanese diplomatic history research in connection with that of Cold War history research. The brief overview shows that the former's scope of research continued to expand with the improvement of access to documentary sources in Japan and abroad. As a result, empirical research on the relationship between Japanese diplomacy and the Cold War has progressed. The advancement and transformation of Cold War history research in recent years facilitated such progress in postwar Japanese diplomatic history research, which, in turn, has the potential to significantly contribute to the former's development. However, postwar Japanese diplomatic historians in Japan have not vigorously studied the relationship between Japanese diplomacy and the Cold War.

In light of this research trend, this special issue attempts to bridge Cold War studies and postwar Japanese diplomatic history research. To this end, this article proposes a research program to study the relationship between the Cold War and Japanese diplomacy, which consists of eight patterns to connect them. They are categorized by their primary research subjects and research approach. The former includes U.S-Soviet relations, the Cold War in Asia, the Cold War in the Third World, intergovernmental organizations and non-governmental organizations, significant events and issues in postwar Japanese diplomatic history, and important events and issues in Cold War history. Pursuing such a research program would revitalize postwar Japanese diplomatic history research in Japan and make it more attractive from a global perspective.

This special issue gathers eight featured articles. Each connects the Cold

War and Japanese diplomacy from its distinctive perspective and attempts to provide new insights into Japanese diplomacy during the Cold War. What emerges is a multifaceted and multilayered picture of Japanese diplomacy during the Cold War, which cannot be captured by a single image of "Cold War beneficiary" or a dichotomous picture of cooperation with and independence from the US. The featured article exemplifies how linking the Cold War with Japanese diplomacy can open up new possibilities for studying postwar Japanese diplomatic history and Cold War history.

Defining Social Democratic Foreign Policy in the Cold War: The 'Peace Debate' of the Japan Socialist Party and Comisco/the Socialist International

KANDA Yutaka

Historians of Cold War international relations have rarely discussed the significance of social democracy in an international context. Recent exceptions have shed light on the non-communist socialist internationalism within Europe, focusing on the Socialist International (SI), yet little is known about the fact that the social democratic network was not limited to Europe but expanded globally. In addition, historians of modern Japanese politics have not paid much attention to the Japan Socialist Party (JSP)'s relations with international social democratic networks, to which the JSP attached great importance.

To fill these gaps, this article deals with the JSP's relationship with the organization of West European social democratic parties—the SI and its predecessor Comisco—in the late 1940s and the early 1950s. It argues that the JSP's so-called 'peace debate (kōwa ronsō)' of the same period, in which they fought over Japan's postwar peace treaty and security pact with the US, was greatly influenced by the Cold War policies of Comisco/the SI.

Among the main factions of the JSP, the rightists, who supported pro-West Cold War policies, wished to promote cooperation with European socialists due to their ideological proximity and the need to compete with the leftists, who tended to be neutralists in the East-West conflict. As a result of the rightists' effort, the JSP was admitted to Comisco in 1950.

Comisco published its first official statement on international security, the 'resolution on socialism and peace,' in June 1950. Then the JSP, especially the rightists, began to refer to Comisco's international policy in the intra-party 'peace

debate,' which was ignited by the outbreak of the Korean War. Specifically, Comisco and the JSP rightists supported the central role of the United Nations in international peace and advocated anti-communism and pro-West position in the Cold War.

Comisco was reorganized into the SI at the Frankfurt Congress in the middle of 1951, where they published a statement prioritizing military defense against communist aggression. Taking advantage of the SI's prestige, the rightists succeeded in forming a partnership with the centrists, declaring to support the SI's Cold War policy. However, disappointed with the SI, the leftists began to approach Asian socialists, many of whom supported neutralism in the Cold War, resulting in the foundation of the Asian Socialist Conference. Failing to compromise, the JSP was split into two parties in October 1951.

In short, the JSP's intra-party controversy was about defining 'social democratic foreign policy' in the Cold War, and the same question caused friction among non-communist socialists across the world. In this sense, the JSP's left-right dispute was in the context not only of Japanese political history but also of the history of global social democratic network in the Cold War period.

The Japan-Soviet Normalization Talks, 1955–56: Divergent Understanding over Japan's Position under the Cold War

OKADA Miho

From 1955 to 1956, Japan conducted a series of negotiations with the Soviet Union to normalize the bilateral relations.

By carefully analyzing already declassified and newly found archival documents, including the Soviet ones, this article re-examines the Japan-Soviet Normalization Talks and investigates how Soviet's, the US's, and Japan's negotiation strategies interacted. The focus here is how the main actors of the talks understood Japan's position under the Cold War differently.

Japan and the US carefully prepared for the talks through consultation in advance. Here, both Japan and the US did not expect the Soviet Union would make any territorial concession. In early August 1955, however, the Soviet leadership abruptly made an unexpected proposal on Habomai and Shikotan "in connection with other problems." This proposal substantially changed the overall flow of the talks. It made the US's two main strategies (one is supporting Japan's request on Habomai and Shikotan, the other is preventing Japan from recognizing Soviet's sovereignty over South Sakhalin and the Kuril Islands) incompatible because

any territorial demarcation and conclusion of the peace treaty mean de facto recognition of Soviet's sovereignty.

The US could afford a Japan-Soviet Peace Treaty, but it did not do so because the Soviet proposal was, in a nutshell, a proposal on the mutual recognition of Yalta and San Francisco, which was not an option within the US's Cold War strategy. The US had Japanese attention attracted away from the Soviet proposal, offering the aide-memoire on Kunashiri and Etorofu, explicitly supporting Japan's legitimacy over them in a historical, though not in a legal sense. Renewed ruling Liberal Democratic Party's doctrine on the Talks dragged PM Hatoyama back from concluding the talks by putting off the territorial problem. Thus the Japan-Soviet Joint Declaration itself became the symbol of a split between Japan and the Soviet Union, representing different interpretations of the possibility of continued negotiation of Kunashiri and Etorofu.

In the concluding section, the author summarizes the main findings of this research. The author argues that consciously or unconsciously, Japanese policy makers have made an important choice through these talks to be "a gainer from the Cold War" by being a contributing factor to the US Cold War Strategy, not by balancing between the two superpowers. For the Soviet Union, this meant one major setback in the peaceful coexistence policy in East Asia.

The UK-Japan Agreement for Cooperation of Atomic Energy (1958): Seeking "Autonomous" Foreign Policy and Its Transformation

TANAKA Shingo

This paper focuses on the fact that two bilateral agreements (UK-Japan and US-Japan) concerning the peaceful use of nuclear energy were concluded on the same day, June 16, 1958. Why did Japan and the UK conclude such an agreement, which entailed the risk of deteriorating their relationship with the US, as the agreement clearly obstructed the US's Cold War strategy? Why and how were these two agreements concluded on the same day? I try to answer these questions by scrutinizing the diplomatic records.

The first section reveals that Japan approached the UK regarding the possibility of cooperation in the fall of 1955, mainly to avoid sole dependence on the US. On the other hand, the UK approached Japan not only regarding the economic matter of exporting its nuclear reactors but also regarding political interests,

such as the restoration of its status as a great world power. The author suggests that for the UK and Japan, their agreement was a means of seeking autonomous foreign policy, independent from the US.

However, as the second section shows, the US began to intervene with both countries and succeeded in diminishing their eagerness for the agreement. The UK and Japan decided to place the highest priority on recovering and enhancing their relationship with the US. The preliminary negotiations between the UK and Japan began in September 1957, but they would soon be stuck due to their distrust for each other.

The third section was an analysis of the process of two bilateral agreements that were concluded on the same day. The US-Japan negotiations began in January 1958 and quickly reached a provisional signature on April 28. The US and Japan also planned to reach the formal signature on May 27; however, it was postponed for various reasons. Although the UK-Japan negotiation was finalized on May 20, both countries had lost their eagerness for cooperation, and neither could find a reason to rush to signature. Therefore, Japan took the initiative to adjust the two agreements so that they were concluded on the same day, June 16, 1958.

Finally, this paper points out that the outcome of the UK-Japan bilateral agreement was not expected before the negotiation; however, both countries achieved their political agendas with the US soon after the date of the signature. By considering these processes, the author concluded that the original goal of autonomous foreign policy shifted to limited or partial autonomous foreign policy, which was subordinated to the U.S.-led Cold War system.

The Relationship between Japan's OECD Membership and Multilateral Burden-Sharing with Ally Countries to Defend the Dollar Value: Different Logics among the Cold War, International Trade and International Finance

SHIBATA Shigeki

Japan started emphasizing multilateral economic cooperation to improve its international status as a developed country in the early 1960s. In 1960, Japan joined the Development Assistance Group (DAG) in the Organisation for European Economic Cooperation (OEEC) which provided economic assistance to developing countries. In 1962, Japan participated in the Group of 10 (G10) which cooperated to strengthen the international monetary system with other

developed countries. In 1963, it accepted the U.S. proposition to start a trade negotiation for the Kennedy Round in the following year. In 1964, it became a member of the Organisation for Economic Co-operation and Development (OECD).

The OECD became a key institution for Japan since it served as a forum to coordinate economic policies in member countries and to improve its international status. Japan was the only non-European, non-North American, non-Atlantic and the first Asian member country in the OECD. Japan's OECD membership appeared to be symbolic rather than a substantive status. The symbolic context was significant not only for Japan, but also for other OECD member countries.

Japan expected its OECD membership negotiation would become a step to solve Western European countries' discriminative trade policies toward the country. Since its growing exports threatened other countries' domestic industries, Western countries hesitated to provide Japan the Most-Favored-Nation (MFN) status even after it became a member of the General Agreement on Tariffs and Trade (GATT). This was a typical case in the logic of international trade that countries generally apply the free trade principle but occasionally abandon the principle to stabilize domestic economy.

Western countries considered Japan's OECD accession to strengthen the multilateral relationship between them and Japan in the Cold War and the declining U.S. economic power. Since the sharp deterioration of the U.S. balance of payment caused fear of a dollar crisis, Western countries attempted to share the burden with ally countries in defending the value of the dollar in the "free world" without a "free ride". To address the issue of international burden sharing under the Cold War and the dollar crisis, developed countries strengthened their cooperation. Such cooperation among countries influenced Japan's OECD membership. This paper discusses how the issues of the Cold War, international trade, and international finance affected Japan's OECD membership to share the burden in defending the dollar value and supporting the U.S. strategy in the early 1960s.

Examining the Okinawa Factor in the U.S.-China Rapprochement: U.S. Combat Operation Against China and Non-Interference of China

MOTOYAMA Jinshiro

This article aims to clarify the effect of the US-Japan agreement in 1969, especially concerning the removal and reintroduction of nuclear weapons in Okinawa under the US-China rapprochement. The focus of previous studies was mainly on the withdrawal of nuclear weapons from Okinawa and how it affected reconciliation between the US and China. However, nuclear restoration in Okinawa and its significant effect on US-China relations have not been discussed. Revealing concealed historical facts, this paper explores a new document of the Minutes among Henry Kissinger and Zhou Enlai in October 1971, focusing on the specific part regarding the reintroduction of nuclear weapons to Okinawa, which was disclosed in 2014, far later than the other sections. Specifically, I shed new light on the "Okinawa Factors"—the reversion of Okinawa without nuclear weapons and the reintroduction of nuclear weapons to Okinawa bases under the 1969 Japan-US agreement—analyzing US Operational Plan (OPLAN) and Chinese policy. In short, this thesis argues that maintaining the use of bases and nuclear weapons in Okinawa enables the US to approach China without changing its OPLAN. China did not interfere in the re-entry of nuclear weapons to Okinawa because they assumed the probability of nuclear war with the US was low, rather, they prioritized improving relations with the US.

Since China successfully detonated its first atomic bomb in 1964, the US raised threat perception associated with China as opposed to the peripheral threat of the USSR. In this context, the Okinawa base was regarded as one of the most important sorties and military supplies to attack China. Through the negotiation of the Okinawa Reversion in 1969, the US military kept operating the bases in Okinawa without prior consultation with Japan. The Nixon administration attempted to move closer to China in order to contain the USSR and honorably withdraw from the war in Vietnam. At the same time, the Chinese government shifted its strategy to be hostile towards the USSR and to approach the US. Kissinger visited China in July 1971, holding an OPLAN against China with regard to the use of bases and nuclear weapons in Okinawa. During the conference in October, Zhou pointed out the possibility of reintroducing nuclear weapons to the Okinawa bases. Kissinger acknowledged the possibility while emphasizing the non-nuclear status of Okinawa. Despite concerns for the US nuclear capacity,

China became a bystander to observe the reintroduction of nuclear weapons based on the low likelihood of the US-led nuclear war against China as well as a willingness to enhance relations with the US. The Okinawa bases secured the US military capability against China without alarming China, and therefore, Okinawa can be viewed as a mediator in facilitating the US-China rapprochement.

Reappraisal of the 1974 Anti-Japan Riots in Southeast Asia: The Transformation of the Cold War and Student Protests in the Long Sixties

YASHIRO Taku

In the 1960s, when students were protesting against authority, domestic political conflicts and the transformation of the Cold War were closely interrelated. The student protests as a transnational phenomenon occurred not only in the Western Bloc but also in the Eastern Bloc. Because the social dynamics of the 1960s cast a shadow on the years from the late 1950s to the early 1970s, the period came to be known as the "Long Sixties". Did a similar phenomenon occur in the Third World? How did Japan's diplomacy react to it?

This paper reappraises the anti-Japan riots that broke out in Thailand and Indonesia in 1974 from the perspective of the Cold War and student movements in the Long Sixties. During Prime Minister Kakuei Tanaka's visit to Southeast Asia in January 1974, students in Thailand organized demonstrations and subversive activities. In Indonesia also, protests against Tanaka were radicalized, resulting in the Malari incident with many deaths and arrests.

Previous studies have argued that Japan's excessive economic presence, so called "over-presence", induced the riots. However, some studies using newly declassified historical records argue that the riots were outbursts of public opposition to the developmental dictatorships in the two Southeast Asian countries, and that Japan's economic expansion was used as a scapegoat by protesters. However, these studies focus on their bilateral economic relations with Japan and their domestic political systems without shedding light on the transformation of the international order in Southeast Asia or the structural changes in domestic societies.

In contrast, this paper argues that the anti-Japan riots were consequences of the loss of legitimacy of the pro-U.S. anti-communist administrations in Thailand and Indonesia caused by the transformation of the Cold War, and of civil resistance

to authoritarian rule propelled by social modernization. This paper, therefore, argues the anti-Japan riots were part of the transnational student movement in the Long Sixties because it was brought by civic-minded students who were against social injustice under authoritarianism.

This paper also reveals that the Ministry of Foreign Affairs of Japan (MOFA) chose "over-presence" theory as the basis to promote cultural diplomacy, which was a new policy toward Southeast Asia. In addition, without taking into account the actualities of Long Sixties on these countries, MOFA tried to alleviate anti-Japan sentiment by focusing on practical measures in the economic and cultural spheres. This policy and the diplomatic concepts of Takeo Fukuda fused into the Fukuda Doctrine. When the Fukuda Doctrine was announced, however, the Long Sixties in both countries had come to an end without producing any fundamental political change.

Japanese Diplomacy on the U.S.-Soviet Strategic Arms Limitation Talks, 1972–1979: Reactions by the "Atomic Bombed Country" as an "Ally"

ISHIMOTO Ryoya

This paper examines Japan's stance on Strategic Arms Limitation Talks (SALT) II by analyzing Japan's reactions to the briefings by the U.S. and the U.S.-Japan consultations on strategic issues. While previous studies have covered the U.S.-Japan relationship in the context of SALT, they have been limited in scope, focusing on only SALT I and the causes of the institutionalization of the U.S.-Japan alliance. This article uses diplomatic documents of the U.S. and Japan and focuses on Japan's two positions on nuclear issues to address these situations. One is the "atomic bombed nation" that aims to promote anti-nuclear weapons and nuclear disarmament. The other is the position as an "ally" that aims to improve the credibility of the U.S. extended deterrence against Japan and prioritizes its security.

Japan's stance toward SALT was inconsistent. From the signing of SALT I to 1973, Japan mainly expressed its reactions as an "ally," insisting that the credibility of the deterrent provided by the U.S. should not be diminished. However, this argument depended on individual factors. After the mid-1973, the consultation channels may have changed or disappeared, creating a different situation from the start of SALT II. The Japanese Embassy in Washington has

received regular briefings, and the Office for Disarmament Affairs has only occasionally expressed its hopes as the "atomic bombed nation." Simultaneously, SALT was also seen to resolve the issue of Japan's ratification of the NPT, which was becoming a domestic issue. When the SALT II agreement was signed, the Ministry of Foreign Affairs of Japan (MOFA) again began to express its concerns about the SALT agreement from the position of an "ally," mainly because of the existence of the SS-20 that were not subject to SALT II limitations. This had already foreshadowed the Japanese diplomacy on the Intermediate-range Nuclear Forces in the 1980s.

There are two conclusions in this paper. First, Japan tried to build a closer relationship with the U.S. regarding SALT II, but it was not long-lasting. It was different from SALT I in that there was an intention to affect SALT. The problem, however, was that this attitude was not rooted in the organization and remained personal. Second, Japan was the "atomic bombed nation" with little presence. However, in other words, the Japanese diplomacy on SALT is an example of Japan's nuclear policy, which is described as "multi-sided." The intersection of Japan's two positions on nuclear weapons was not always in the same place. This feature is not contradictory if interpreted to the dependence on nuclear deterrence and the promotion of nuclear arms control in security policy. This conclusion indicates that Japanese diplomacy on SALT may be an example of the consistency between nuclear deterrence and nuclear disarmament that the MOFA shows today.

Japan's Policy toward the Korean Peninsula During the Second Cold War: On North Korea's Participation in the International Maritime Organization

LEE Byeongcheol

This article examines why the Japanese government supported South Korea's efforts to postpone deliberations on North Korea's application for the IMO membership in 1984.

The Nakasone administration valued Japan-South Korea relations and it appears likely that Japan would have been willing to cooperate with South Korea on foreign policy. However, since the 1970s, the Japanese government had consistently supported North Korea's participation in international organizations and had been seeking to improve relations with North Korea, to stabilize the

Korean Peninsula. Soon after the Rangoon bombing incident of 1983, Japan and the U.S. agreed not to push North Korea too hard, for fear of triggering dangerous military action, but to induce inter-Korean dialogue to ease tensions on the Korean Peninsula. Taking these facts into account, Japan's decision to support Korea cannot be said to be self-evident. In addition, relatively few studies have been devoted to an analytic, detailed examination of how the Japanese government strived to achieve peace and stability on the Korean Peninsula during the Second Cold War.

In connection with these issues, I propose that Japan's diplomacy during the Second Cold War was multifaceted in that it sought to achieve the goal of cooperation with friends and partners as a member of the Western camp while promoting easing tensions on the Korean Peninsula as a leader in Asia.

In consideration of major Western countries' negative and skeptical attitudes toward North Korea, the Japanese government viewed that it was not desirable to immediately approve of North Korea's membership in the IMO. However, the principle of universality in international organizations and the stability on the Korean Peninsula were pursued simultaneously by Japan. For instance, the Japanese government believed that Japan's incitement of conflicts between the two Koreas would not only deteriorate Japan-North Korea relations but also hinder an environment conducive to the resumption of inter-Korean dialogue. Furthermore, the Japanese government remained unchanged in its position that North Korea's participation in international cooperation could contribute to weakening North Korea's belligerence in East Asia. Accordingly, the Japanese government agreed to support the postponement of deliberations on North Korea's IMO membership. However, the Nakasone administration also considered it inappropriate for Japan to directly propose the postponement as requested by Korea.

It is generally acknowledged that Japan was not competent enough to end the Cold War in East Asia or resolve the Korean problem. Nevertheless, this study argues that Japan contributed to stability on the Korean Peninsula and in East Asia through bilateral and multilateral diplomacy during the Second Cold War. It is thus important to bear in mind the necessity of examining various aspects of Japanese diplomacy during the Cold War, in addition to examining Japan's reluctant response to the Cold War structure.

'The Americo-British Commonwealth': Arnold J. Toynbee's Vision of World Order during the Early Period of WWII

MIZUNO Ryoya

Scholars have widely investigated the history of concepts of world order in the 20-century. Among those works, there has been literature on the history of world order in the mid-20th-century. This paper seeks to contribute to this scholarly trend by focusing on Toynbee's vision of the post-war world order during the early period of WWII. Arnold J. Toynbee (1889–1975) is a British historian best-known for his book *A Study of History*. Accordingly, researchers have focused on his intellectual activities as a renowned historian and have paid little attention to another aspect as an expert on International Relations until recently. Therefore, while existing scholarship revealed some aspects of Toynbee's intellectual activities in international relations, it did not adequately explore Toynbee's arguments on world order during WWII. This paper approaches this hitherto neglected aspect of Toynbee. In particular, it unearths his vision of the post-WWII world order by drawing on such primary sources as articles, private papers and memoranda.

Toynbee was also a prominent scholar in international relations between the 1920s and the early 1950s in Britain and beyond. From 1925 to 1954, serving as Director of Studies at Chatham House, he published numerous relevant articles and books. Among these works, his *Survey of International Affairs* earned a significant reputation. As the chances of WWII increased, Toynbee dedicated much effort to organising the research network of British scholars to analyse international affairs. After the outbreak of the war, Toynbee was particularly dismayed by the surrender of France by Nazi Germany. He believed that world integration by Nazi Germany or English-speaking states would be achieved in future international relations. Therefore, Toynbee advocated for the necessity of forming a world order centred on the United States and the United Kingdom to counter German domination.

In the course of this paper, we will learn that during WWII, Toynbee thought the British-American leadership would be the foundation for the post-war world order. The study demonstrates that although Toynbee's vision was designed to resist the existential threat of Nazi Germany to some extent, he also elucidated post-war world order from various perspectives at a global level: political values and regimes, international economic system, land-sea based geopolitics, and Anglo-American connection. It also argues that Toynbee held an imperial internationalist vision of world politics, endorsing the European mandate

system created after WWI as auspices of human rights and the rule of law in less developed areas and projecting it into post-war international relations. In conclusion, closely examining this argument enables us to enhance our understanding of the history of the mid-20-century discourse on world order.

INTERNATIONAL RELATIONS

MEMBERSHIP INFORMATION: *International Relations* (*Kokusaiseiji*), published three times annually—around May, August, and November—and *International Relations of the Asia-Pacific*, published three times—January, May and August—are official publications of the Japan Association of International Relations (JAIR) and supplied to all JAIR members. The annual due is ¥14,000. Foreign currency at the official exchange rate will be accepted for foreign subscriptions and foreign fees. The equivalent of ¥1,000 per year for international postage should be added for foreign subscriptions. Current issues (within two years of publication) of *International Relations* (*Kokusaiseiji*) are priced at ¥2,200 per copy and available at Yuhikaku Publishing Co., Ltd., 2-17 Jinbo-cho, Kanda, Chiyoda-ku, Tokyo 101-0051, Japan, http://www.yuhikaku.co.jp; for the back issues, please visit J-STAGE at https://www.jstage.jst.go.jp/browse/kokusaiseiji. Regarding *International Relations of the Asia-Pacific*, please visit Oxford University Press website at http://www.irap.oupjournals.org for further information. Applications for membership, remittances, or notice of address changes should be addressed to the Secretary, the Japan Association of International Relations, c/o 2nd floor, Center for International Joint Research, Kodaira International Campus, Hitotsubashi University, 1-29-1, Gakuennishimachi, Kodaira-shi, Tokyo 187-0045, Japan.

Review Articles

Book Reviews

INTERNATIONAL RELATIONS

Volume 209 **March 2023**

The Cold War and Japanese Diplomacy

CONTENTS